上海文化发展系列蓝皮书
THE BLUE BOOK SERIES ON
SHANGHAI CULTURAL DEVELOPMENT

上海文化交流发展报告（2021）

ANNUAL REPORT ON CULTURE COMMUNICATION DEVELOPMENT OF SHANGHAI (2021)

人与自然，共建人类卫生健康共同体

Human and Nature, Building a Community of Human Health and Wellness

主编/徐锦江
执行主编/李艳丽

上海社会科学院出版社
SHANGHAI ACADEMY OF SOCIAL SCIENCES PRESS

摘　要

《上海文化交流发展报告(2021)》以"人与自然,共建人类卫生健康共同体"为主题,就后疫情时代的文化交流模式、内容及传播形式、可持续性合作、国家形象塑造等问题进行了深入考察与思考。全书内容共分为:总报告、新全球化下的国家秩序与国际合作、对外文化交流的可持续性与转变、国家形象与文化传播、港澳台文化交流与实践五部分。

总报告《在不断变小的世界中寻求实用主义与保护主义的国际合作》分析了疫情之后复杂多变的世界情势,梳理了线上线下上海多重文化艺术交流态势、互联网的新传播模式,多角度阐述了在新全球化时代重塑国家文化形象、加大对外文化交流与文化传播、寻求多样化国际合作的重要性。"新全球化下的国家秩序与国际合作"从全球抗疫的角度观察了:新冠肺炎疫情防控标语中的"战争"修辞及其所内涵的复合文化意义;韩国首尔与大邱两个疫情中心城市的抗疫故事;法国抗疫中的自由民主与防疫措施之间的矛盾;口罩议题中的东西方文化差异与冲突。"对外文化交流的可持续性与转变"总结了为支持海外青年汉学家开展中国研究而搭建的全球性平台"青年汉学家研修计划"(上海班)的五年工作实践与探索经验,思考如何推动世界认识一个"真实、立体、全面的中国",以更好地实现中外文明的交流互鉴;考察了中国和印尼妈祖文化互动发展600年的主要成果,阐述了妈祖文化是人类命运共同体的生动表达形态;梳理了日本国际交流基金为应对新冠疫情所开展的活动及战略,为我们提供了参考;考察了中国民营文化企业在智利首都圣地亚哥市举办的中国彩灯节的运营状况,探讨了作为国家"走出去"战略的重要组成部分的"文化走出去"的可行性经验。"国家形象与文化传播"从多国多元文化多种视角探讨了国家文化形象、文化回归和文化输出等问题;以20世纪在西方英语世界译介传播中国文化的海外华人蒋彝为例,考察了人际传播的交际模式与传播特点;梳理了英国圣公会在华设立的广济医院的两位院长梅藤更与苏达立,为中国近代医疗卫生事业的发展所做出的卓越贡献,该院在今日演变为浙江大学医学院附属第二医院,在新冠疫情抗疫中表现出色;关注了日本第二次世界大战后文坛的一个独特存在,长谷川四郎笔下的中国,背后几乎都沉潜着鲁迅的影子;探讨了日本文学的上海书写,林京子以一系列上海题材的作品叩问历史与自我;通过对德国法兰克福书展首次因新冠肺炎疫情转向数字化的案例,立足文学公共领域和文学机制的概念,阐述了当代德语文学机制的基本形态和变革趋向。"港澳台文化交流与实践"对台湾少数民族进行了详实考察,肯定了台湾少数民族文化对加强两岸产业合作、打造两岸共同市场具有重要意义;重新梳理了以香港电影为代表的香港大众文化在20世纪70年代中后期的历史生成,充分讨论其在回归后,本地电影制作的衰落和"北上"融入中国电影版图的当代意义。

Abstract

Themed as "Human and Nature, Building a Community of Human Health and Wellness", Report on Shanghai Cultural Communication development(2021) focus on the cultural exchange modes, contents and forms of communication, sustainable cooperation, and national image building in the post-epidemic era. The book was divided into five parts: the general report, national order and international cooperation in new globalization, sustainability and transformation of external cultural exchange, nation image and cultural communication, cultural exchanges and practices in Hong Kong, Macao and Taiwan.

The general report "Seeking Pragmatism and Protectionist International Cooperation in an Ever-Smaller World" analyzes the complex and changeable world situation after the epidemic, compares the multiple situation of Shanghai's culture between online and offline, the new communication mode on the internet, and explains the importance of reshaping the nation cultural image, increasing external cultural exchanges and cultural communication, seeking diversified international cooperation in the new globalization era.

"National Order and International Cooperation in New Globalization" follows the four themes: the rhetoric and cultural meanings of the word "war" in the slogan of the fighting with COVID-19; the stories of the fight against the epidemic in Seoul and Daegu, South Korea; the contradiction between liberal democracy and epidemic prevention measures in the fight against the epidemic of France; and the cultural differences and conflicts between the East and the West from the issue of masks.

"Sustainability and Transformation of External Cultural Exchange" first reviewed the work and experiences of Young Sinologists Training Program (Shanghai Class) in this five years, the program is a global platform to support young overseas sinologists in their Chinese studies, considered how to promote a "real, three-dimensional and comprehensive China" for the world and realizing the exchange of Chinese and foreign civilizations. Second, explored the achievements of interaction between Chinese and Indonesian Mazu cultures in 600 years, explained why Mazu cultures is a vivid expression of the community of human destiny. Third, summarized the activities and strategies of the Japanese International Exchange Fund in Covid-19 which provide us with a reference. Report also focused on the operation of the Chinese Lantern Festival which organized by private Chinese cultural enterprises in the Chilean capital, Santiago, discussed the feasibility experiences of "culture going out" as an important part of the nation strategy "go globally".

"Nation Image and Cultural Communication" explores the issues of national cultural image, cultural return and cultural export from multiple perspectives of multiculturalism in multiple countries. First, report examines the communicative patterns and communication characteristics of interpersonal communication, focused on the overseas Chinese Jiang Xi who was translating and spreading Chinese Culture in the western English-speaking world in 20th. Second, report focused on the two directors of the Anglican-established Guangji Hospital in China, David Duncan Main and Stephen Douglas Sturton, who have made great contributions to the development of modern Chinese medical and health care, GuangJi Hospital changed into The Second Affiliated Hospital Zhejiang University School of Medicine and did an excellent job in the fighting of Covid-19. Third, focused on Hasegawa Sirou who was a unique presence in Japan's post-war literary scene, the China he wrote about is influenced by LuXun. Fourth, discussed the Shanghai writing in the Japanese literature, Hayasi Kyoko asked about history and self with a series of Shanghai-themed works. Fifth, studied the case of the Frankfurt Book Fair in Ger-

Abstract

many, which first turned digital due after Covid-19, explained the basic forms and trends of change in contemporary German-language literary mechanism, based on the concept of literary public sphere and literary mechanism.

"Cultural Exchanges and Practices in Hong Kong, Macao and Taiwan" provides a detailed research of ethnic in Taiwan, affirms the significance of ethnic culture which strengthened cross-strait industrial cooperation and created a cross-strait common market; compiled a list of achievements of Hong Kong popular culture which is represented by Hong Kong films in 20th 70s, and discussed the decline of local film production and the contemporary significance of Beijing and Shanghai Integrating into the Chinese film landscape after 1997.

目　录

总　报　告

在不断变小的世界中寻求实用主义与保护主义的国际合作 ⋯ 张瑞燕 / 001

新全球化下的国家秩序与国际合作

和平年代的战争修辞
　　——从新冠肺炎疫情防控标语说起 ⋯⋯⋯⋯⋯⋯⋯⋯ 郭　垚 / 017
从国内社交媒体的口罩之争看跨文化差异 ⋯⋯⋯⋯⋯⋯ 陈亚亚 / 032
双城记
　　——首尔和大邱的抗疫故事 ⋯⋯⋯⋯⋯⋯⋯⋯⋯⋯ 李成师 / 040
疫情中的法国人与法国社会文化之片影 ⋯⋯⋯⋯⋯⋯⋯ 熊若云 / 049

对外文化交流的可持续性与转变

从上海连接世界与中国
　　——青年汉学家研修计划上海班五年回顾与展望 ⋯⋯⋯ 张　焮 / 061

中国和印尼妈祖文化的互动发展 …………………………… 王海冬 / 073
新冠疫情下的日本国际交流基金
　　——活动内容及战略变化 ……………………………… 那希芳 / 087
智利·中国彩灯节：中国文化"走出去"的商业实践 … 李　忠　郑　杰 / 099

国家形象与文化传播

文化的人际传播：特点、平台、模式
　　——以民间文化使者蒋彝为例 ………………………… 任一鸣 / 114
广济医院与近代医疗卫生事业的发展 …………………………… 丁　光 / 129
"长谷川四郎与中国"初探
　　——以鲁迅与周作人为中心 …………………………… 王俊文 / 140
林京子与上海书写 ……………………………………………… 蔡钰凌 / 154
当代德语文学机制和文学公共领域 …………………………… 顾文艳 / 166

港澳台文化交流与实践

台湾少数民族文化研究 ………………………………………… 严文志 / 178
粤港澳大湾区的文化挑战
　　——"媒介都市"视域下的香港电影 ………… 孙佳山　易莲媛 / 206

CONTENTS

General Report

Seeking Pragmatism and Protectionist International Cooperation
in an Ever-Smaller World ················· Zhang Ruiyan / 001

National Order and International Cooperation in New Globalization

The "War" Rhetoric in Peaceful Times—Focused on the Slogan
of the Fighting with COVID-19 ················· Guo Yao / 017
Cross-Cultural Differences from the Argue of the Mask on Chinese Social Media
················· Chen Yaya / 032
A Tale of Two Cities—The Stories about the Fight Against the
Epidemic in Seoul and Daegu ················· Li Chengshi / 040
The French and the French Society and Culture in Pandemic
················· Xiong Ruoyun / 049

Sustainability and Transformation of External Cultural Exchange

Connect the World and China from Shanghai—Review and Outlook about Young Sinologists Training Program(Shanghai Class) in Recent Five Years .... Zhang Xin / 061

Interactive Development of the Mazu Culture Between China and Indonesia .... Wang Haidong / 073

The Japanese International Exchange Fund under COVID-19 —Activity Content and Strategy Changes .... Na Xifang / 087

Chile-Chinese Lantern Festival: The Business Practice of Chinese Culture "Going Global" .... Li Zhong, Zheng Jie / 099

Nation Image and Cultural Communication

Interpersonal Communication: Characteristics, Platforms, Patterns—Take the Example of Folk Culture Messenger Jiang Yi .... Ren Yiming / 114

Guang Ji Hospital and the Development of Modern Health Care .... Ding Guang / 129

Research of "Hasegawa Shiro and China" —Focused on Lu Xun and Zhou Zuoren .... Wang Junwen / 140

Hayasi Kyoko and Shanghai Writing .... Cai Yuling / 154

Contemporary German Literary Mechanisms and the Literary Public Sphere .... Gu Wenyan / 166

CONTENTS

Cultural Exchanges and Practices in Hong Kong, Macao and Taiwan

Study of the Culture of Ethnic in Taiwan ·················· Yan Wenzhi / 178

Cultural Challenges in the Greater Bay Area of Guangdong,
  Hong Kong and Macao—Hong Kong Cinema in the Perspective
  of "Media City" ···················· Sun Jiashan, Yi Lianyuan / 206

总 报 告

在不断变小的世界中寻求
实用主义与保护主义的国际合作

张瑞燕*

摘　要　2020年,人类遭遇了一场严重的全球公共卫生突发事件。新冠疫情发生之后,对外文化交流的方式、内容、理念及输出模式都出现了较大的改变。这一年,海外华人的民间文化交流态势依然活跃,国内的对外学术、文化交流也没有停滞;中外艺术家们通过线上讨论,集合全球最优质的资源,助力中国原创不断走向世界。疫情以来,"互联网+文化"的对外文化传播模式也在持续发酵和快速增长中,彰显出文化新业态的巨大韧劲和发展潜力。在经济全球化的时代,我们要在维护各自的经济主权包括数字网络主权的基础上,开展务实的、可持续的交流开放,尽快建立和完善风险机制,提高跨境流动文化要素的品质,提升交互式流动与文化传播力,共建人类命运共同体。

---

*　张瑞燕,上海社会科学院文学研究所助理研究员,诗人、诗评家、诗歌活动策展人,主要研究方向为国际文化交流、中外诗歌。

上海文化交流发展报告(2021)

关键词　疫情　文化外交　中国原创　互联网+文化　人类命运共同体

一、 疫情后的世界形势

习近平主席在《团结合作战胜疫情　共同构建人类卫生健康共同体——在第73届世界卫生大会视频会议开幕式上的致辞》中指出:"文明因多样而交流,因交流而互鉴,因互鉴而发展。"

2020年,人类正在经历第二次世界大战结束以来最严重的全球公共卫生突发事件,人类文明史也是一部同疾病和灾难的斗争史。面对来势汹汹的新冠肺炎疫情,国际社会汇聚起同疫情斗争的磅礴之力。习主席指出,中国始终秉持构建人类命运共同体理念,既对本国人民生命安全和身体健康负责,也对全球公共卫生事业尽责。中国承诺将在两年内提供20亿美元国际援助,用于支持受疫情影响的国家特别是发展中国家抗疫斗争以及经济社会恢复发展。中国将同联合国合作,在华设立全球人道主义应急仓库和枢纽,努力确保抗疫物资供应链,并建立运输和清关绿色通道。中国将建立30个中非对口医院合作机制,加快建设非洲疾控中心总部,助力非洲提升疾病防控能力。中国新冠疫苗研发完成并投入使用后,将作为全球公共产品,为实现疫苗在发展中国家的可及性和可负担性做出中国贡献。中国将同二十国集团成员一道落实"暂缓最贫困国家债务偿付倡议",并愿同国际社会一起,加大对疫情特别重、压力特别大的国家的支持力度,帮助其克服当前困难。

全球性的突发疫情正在迅速推动着世界格局的改变,虽然目前疫情尚未结束,但种种迹象表明,世界地缘政治中心已逐渐转变。数百年来欧洲作为全球地缘政治中心,集中了全球最主要的政治大国、军事大国和经济大国,随着欧洲一体化的加速,其GDP曾经一度超越美国。但在疫情中,欧洲和欧盟的应对显露出其内部结构的脆弱,而美国政府的应对不力,经济发展亦受到重创。相对于此,东亚的中国、日本、韩国从各国的实际情况出发,采取了积极的防疫措施,有效地遏制了疫情的蔓延。可以预见,疫情之后,东亚国家的凝聚力将会进一步增强。

新冠肺炎疫情使全球经济都遭受了重创,中国也不例外。根据世行预测,2020年全球经济整体将萎缩5.2%。[①]疫情令世界上绝大多数国家陷入了经济衰退之中,目前唯有中国经济在疫情后依然处于正增长中。由于疫情,我国在2020年上半年经济几乎处于停摆状态,一季度甚至出现了6.8%的负增长。[②]但得益于迅速控制疫情,我国的经济在恢复生产后继续实现了正增长,这更增添了其对全球经济的重要性。2020年11月15日,东盟十国和中国、日本、澳大利亚、韩国、新西兰等15个国家,正式签署了区域全面经济伙伴关系协定(RCEP)。全球规模最大的自由贸易协定正式达成,这项覆盖全球近30%人口和经济体量的协定的签署,是地区国家以实际行动维护多边贸易体制,建设开放性世界经济的重要一步,对深化区域经济一体化,稳定全球经济具有标志性意义。此消彼长,全球各国的经济实力也会重新洗牌。经济力量的对比将带来政治、文化、军事等各方面实力的变化,世界或将迎来更为多样化的格局。

二、 疫情后逐渐开放的国门

(一) 从外长出访到人员往来

2020年8月25日,中国国务委员兼外交部部长王毅在中国疫情明显缓解后首次出访,选择了意大利、荷兰、挪威、法国、德国欧洲5国。2020年是中欧关系的"大年",中国与欧盟建交45周年。双方为进一步探讨在数字经济、绿色经济等新兴领域的合作,共同发出维护多边主义、完善全球治理的一致声音,为世界和平稳定与发展做出更大的贡献。王毅表示,作为独立主权国家,都必须维护各自的经济主权包括数字网络主权。但这绝不意味着彼此向对方关闭市场,而是要使我们之间的经济融合更加规范,我们的相互开放更可持续。

[①] 人民日报微博:《世卫组织称全球新冠疫情正在恶化 世行预测今年全球经济将萎缩5.2%》,2020年6月9日。
[②] 管清友:《一季度经济负增长6.8% 明年一定会更好》,央视网,http://www.xjche365.com/xf/2020/0420/042020_40583.html, 2020年4月20日。

7月下旬,中日两国外长举行了一次电话会谈,统一尽快恢复两国人员的往来,但至8月中旬双方还没有一个重开国门的时间表。在对待新冠病毒疫情的问题上,中国追求"清零",日本追求"与病毒共存",因此单纯从感染人数多少来思考两国如何开放国门的话,估计很难迅速达成恢复人员往来的共识。理念不同,生活方式不同,便无法互通国门。①

以教育界的留学生事业为例。8月26日,日本外务省宣布政府同意从8月下旬开始允许国费外国留学生入境。文部科学省与各个大学进行沟通,积极做好国费外国留学生的入境隔离与生活安置工作。根据日本政府重开国门的计划,除了已经持有日本在留资格的外国人可以回到日本之外,需要申请赴日签证的人群中,首先将允许商务人士入境,其次是留学生,然后是游客。不过,从9月1日起,允许办理赴日签证的中国公民还只有四类:医疗签证、教育签证、教授签证、家属签证,其中还没有商务人士,更没有留学生。

在过去的10多年中,中国一直是美国留学生的最大生源国。2020年,在如此严峻的形势下,中国的国际学生占比依然高达35%。据2020年的美国留学生报告(*Open Doors Report*)发布,今年是国际教育协会(IIE)出版的 *Open Doors Report* 的第71年。受到疫情影响,美国的留学生数据变化很惊人。在疫情暴发前,美国的国际学生人数的增长幅度已在减缓,虽然连续多年有小幅度增加,但2020年的国际学生总数第一次减少了将近2万人,减至1 075 496人。②疫情发生后澳大利亚也是率先采取边境管制措施的国家之一,这让大批的中国留学生无法顺利前往澳洲。据澳洲教育部统计,这项禁令造成了1/3注册入学的在澳中国留学生无法返澳。

英国方面,随着疫情稳定,英国大学纷纷宣布正常开学,但随之而来的第

---

① 据新华社2020年11月25日电,中日两国政府已就在严格做好疫情防控前提下建立便利双边商务等必要人员往来的"快捷通道"达成共识,两国外长昨天对此进行了确认并共同对外宣布。这是双方在疫情防控常态化背景下促进双边人员往来、支持复工复产的积极举措。经双方协商同意,中日"快捷通道"将于11月30日正式启动。http://dy.163.com/article/FS-CERKCL05346936.html。

② 搜狐网:《美国国际教育协会IIE发布最新〈2020美国门户开放报告〉》,搜狐网,https://www.sohu.com/a/432590430_120617140,2020年11月18日。

二波疫情更为凶猛,有的学校又延宕了开学的日期。由于重新开放的 PSW 签证以及学制短等优势,加之近两年中美关系较为紧张,英国首次超过美国,成为中国学生首选的海外留学目的地。根据新东方前途出国与全球领先的市场研究公司凯度于 1 月—3 月进行的调查来看,在意向留学人群倾向的留学目的国的调查中,42%的受访者青睐英国,比 2019 年上升了 1%;37%倾向美国,相比 2019 年下降了 6%;澳大利亚和加拿大均为 16%,并列为第三大热门;日本、德国和新加坡紧跟其后。近两年,学生赴日本和新加坡留学的热情明显上升,亚洲国家由于相似的文化环境、低廉的留学成本和高价值的文凭而变得越来越有吸引力。[①]

"非典"疫情暴发后,2003—2004 年出国留学的学生人数有所下降。由于"新冠"疫情比"非典"的影响性更大,预测 2020 年和 2021 年出国留学的学生人数,特别是硕士和博士的学生人数,将出现类似甚至更大的下降。但随着疫苗在不久的将来得到开发,全球的流行性将减弱,出国留学的学生数量仍会增加。

(二)线上线下,多重文化交流态势

疫情后一度中断的沪台交流,随着疫情在国内的进一步稳定也得以重新开启。6 月 19 日,上海市台胞服务中心举办了"沪台青年交流活动",来自中国台湾清华大学、台北科技大学、世新大学等 10 余所高校的赴台学生和在沪实习台湾青年 30 余人参加了活动。

6 月 18 日,上海新天地、演艺大世界孵化的重点艺术节展品牌以及上海市重大文化活动——"表演艺术新天地",由中国最具国际视野的"爱丁堡前沿剧展"团体整体策展,并联手新天地一起主办,这也是中国首个大型线下艺术节。上海美术馆《召唤——上海市抗击新冠疫情美术、摄影主题展》;西岸艺术与设计博览会《众志成城——抗疫主题美术作品展》也用艺术的方式对 2020 这个特殊的年份做了真实的记录,用艺术的手段向抗疫英雄致敬。

受疫情影响,官方的许多文化交流活动几乎停摆,此时民间文化交流发挥

---

① 据新东方微信公众号 6 月 30 日发布的数据。

了重要力量。11月13日，由上海市对外文化交流协会主办的"重生——2020上海当代艺术展暨金臣·亦飞鸣美术馆开馆展"在上海虹桥商务区开幕。上海市对外文化交流协会是上海市开展民间国际文化交流的市级人民团体，本次展览以"重生"为主题，这是疫情后上海当代艺术重新走向世界的新生，展览呈现了对2020年这个特殊时期的记录与思考，展出陈逸鸣、孙良、余启平、牟桓、施勇、薛松等6位沪上知名当代艺术家的作品。

2020年正值新冠病毒疫情在全球蔓延，在我国抗击新冠疫情取得阶段性胜利的形势下，成立于2015年的上海国际文化学会发起并参与了"成长艺术节"的举办，来自几十个国家的166个儿童戏剧参加，由国际级的专家进行线上评审，并举办了相关论坛。

受新冠肺炎疫情影响，亚洲、欧洲、美洲，包括中国香港、澳门地区等在内的多个世界知名艺术节接连按下暂停键。就在这样一个"被打断"的特殊年份，中国第一个聚焦青少年表演艺术的国际交流艺术盛会，也是2020年全球第一个在线下成功举办的儿童艺术节——2020成长艺术节暨TIE2020青少年戏剧与创新教育论坛于10月31日—11月1日在中国上海成功举办。来自法国、荷兰、挪威、加拿大魁北克地区等地区领事馆领事、参赞在会场致辞，并设立单独单元推介自己国家的优质项目，同时挑选中国优质原创项目达成合作。全球超过50个艺术机构、剧院剧团也在线上向艺术节现场观众展示、介绍了自己的创作作品。此次艺术节在国家对外文化交流研究基地、陆家嘴金融城发展局、中国演出行业协会指导下，由全球主流儿童戏剧机构联合发起，包括会员遍布全球100多个国家的国际儿童与青少年戏剧联盟（ASSITEJ）、北美最大的国际性青少年演艺领域博览会（IPAY）、全球首个由教学艺术家和互动型项目艺术家创立和参与的国际教学艺术家合作组织（ITAC）、中演院线、保利院线等，得到主办方1862时尚艺术中心和小不点大视界的大力支持。短短2天时间，超过12场优秀剧目推介、15场思想大师讲堂、10场融合艺术与教育的思想论坛盛宴、10个Born and Raised原创计划、100场公益演出项目发布、30场"妈妈的力量"主题演讲、沉浸互动式剧场公共艺术项目等一系列艺术活动，通过线上、线下云聚合的方式，共同推动全社会在青少年内容聚焦合作。全球六大洲34个国家166部原创作品亮点频现。《2020成长艺术节剧目推介手册》中，定向发送给全球超过200家主流儿童艺术节艺术总监、剧院剧场负责人、制作人及经纪人，并在艺术节现场向与会代表发放，在公开、公平、专业的平台上，以高效多元的方式促进中外艺术家和演出机构的交流、交易、合作，推动中国原创走向国际舞台。在整个艺术节期间，有长达2天的国内外精选优秀剧目展示板块。全球超过300部精选剧目面向与会代表和公众做现场展示介绍，包括英国、法国、澳大利亚、德国、挪威、荷兰及加拿大等国都采取线上、线下结合形式，直接面对国内受众，开拓国内外巡演市场、收获国际艺术节、交易会参演机遇。11月1日晚，全国各界创意人士、艺术家、剧团剧院总监、艺术教育工作者以及科技创新领军人物云集上海1862时尚艺术中心现场，同来自40多个国家200多个艺术团体通过Zoom及大麦戏剧直播观看闭幕式及颁奖典礼。其他未能到场的国际评审也通过Zoom在线视频会议的方式，为全球网友揭晓奖项。

新冠肺炎疫情对全球文化生态已然造成重创，各大国际艺术展、艺博会等文化活动纷纷延期或转至线上。原定于3月下旬在香港举办的巴塞尔艺术展之前也宣布取消，随后改为在"线上展厅"举办。上海当代艺术博物馆的第十三届上海双年展主题是"水体"（主策展人是西班牙的建筑师安德烈斯·雅克），通过主流媒体、电视频道、社交网络、高校等一系列的介入活动，从2020年的11月10日持续至2021年的6月27日，这一由疫情催生的新模式也许会成为未来双年展的一个新方向。在疫情期间，上海当代艺术博物馆（PSA）策划了一系列线上活动，并通过微信平台进行推送。其中，"防疫计划"通过遴选全球20多位知名的平面设计师，进行了一系列以"防疫"为主题的海报设计，这些海报设计于7月2日—8月23日在上海当代艺术博物馆进行线下展出。"闭关练功"让大家看到艺术家们在疫情期间的居家生活。"一天世界"是一个艺术家的视频拍摄项目，在这个项目中，PSA邀请艺术家两两组合进行互拍，记录社交隔离状态下的生活与创作。"一天世界"的项目名字来源于上海话中的"ye ti si ga"，意为"糟糕透了"，这也是很多人在疫情之下的真实感受。这个项目让大家去思考生命的意义。

当前,国际新冠肺炎疫情还在持续蔓延,但文化交流并没有中断。旅居或滞留海外的中国当代艺术家们,正在世界各地用他们的全球视野和敏锐触角见证历史,记录下人类正在经历的不幸和灾难以及他们对抗命运的勇气。受尼采《悲剧的诞生》启发,艺术家、北京奥运视觉特效总设计蔡国强于9月25日北京时间晚上9点(欧洲中部时间下午3点)在法国干邑的夏朗德河,为世界带来白天烟花爆破项目《悲剧的诞生》。2万发烟花从漂浮在河上的150个酒桶中发射,致敬人类的"不屈、勇气与希望",这一场景进行了全球直播。蔡国强以总长约15分钟的三幕烟花,分别以一首诗、一幅书法、一场戏为形式,表现寂寞、隔离、反省、不屈和乐观向上等多重人生境遇。这场爆破礼赞生命的毁灭与创造,表现人类认识生活,超越苦难,与自然合一的精神。艺术家希望用烟花通过云端链接世界不同地区的个体生命,期待人类最终与自然和解,从疫情后的美丽焰火中获得些许治愈。

在人类面临灾难共克时艰的重要时刻,海外的华人民间团体的文化交流依然保持强劲态势,国内官方的对外学术、文化交流也未曾停滞,仍在有条不紊地进行中。原定2020年在我国举办的3个主场多边文学活动——第六次汉学家文学翻译国际研讨会、第三届中日韩东亚文学论坛和第二届中国-阿拉伯国家文学论坛;原定于2020年上半年在罗马尼亚举办的第三届中国-中东欧国家文学论坛、在爱尔兰举办的科克诗歌节等文学活动均因疫情而暂停,但主办方表示,疫情过后将重启活动,疫情阻隔了文学的聚会,却不能阻隔文学的交流。中国作协积极组织翻译中国作家抗疫诗歌、散文等,与全球读者分享真实生动的中国故事、中国精神;大力推进受疫情影响较小的文学译介项目,与波兰对话出版社合作推出《中国当代诗歌选》,收入近两届鲁迅文学奖诗歌奖获奖诗人作品300余首,预计明年出版发行;此外还积极筹划与其他国家作家组织或出版机构合作,翻译出版中国当代文学作品集,持续推动中国文学"走出去"。[1]

---

[1] 王婉:《中国作协妥善开展疫情期间的文学对外交流》,在线作家网,http://www.chinawriteronline.com/meiwen/8785.html,2020年5月18日。

在不断变小的世界中寻求实用主义与保护主义的国际合作

（三）文化输出新模式："互联网+文化"

疫情以来，"互联网+文化"的模式正在持续快速增长，彰显出文化新业态的巨大韧劲和发展潜力。在疫情期间，网络成为民众获取新闻消息、与外界沟通、休闲娱乐的主要渠道。网络在人们宅家生活期间起到了传递疫情信息、缓解民众焦虑的重要作用。以普通人日常生活作为切入点，真切展现中国真实面貌的视频作品在对外文化传播中起到越来越重要的作用。在疫情期间，很多短视频从中国民众视角出发，借助于影像的生活化叙事方式，用视频博客（Vlog）或短纪实片的形式还原、呈现疫情下中国社会真实现状。如日本导演竹内亮的《南京抗疫现场》短片一定程度上消除了海外民众对中国防疫抗疫措施及社会现状的疑问。以自己的方式告诉世界，让世界了解一个全面、真实、立体的中国，知名短视频博主李子柒视频所呈现的养蚕、缫丝、刺绣、竹艺、木工等，无不具有鲜明的中华传统文化意象，引发了许多国家的人们对中华传统文化的浓厚兴趣。通过生活化、娱乐化的影像，不仅可以讲好疫情之下的中国故事，还可以在国外社交媒体引发传播，扩大中国文化在国际上的影响力。作为中国传统文化代表的中国美食、武术、书法、茶艺等，也借助于网络段视频这一方式而成为疫情期间对外传播中国文化的一个个重要窗口，"润物细无声"，确实起到了给中华文化加分的传播效果。

在对外传播中，国家形象的自我塑造传播与他者接收往往存在一定差异。一种文化落地另外一种完全不同的文化语境需要技术手段也需要机缘机会，更要有有心的媒介和出色的传播人才。在疫情期间，网络时代短视频的对外流传主要是人们日常生活中的文化要素，是"俗文化"和"自为"的文化要素，确实能够提高中华文化的亲和力和传播力，"但是未必能促进核心文化要素的跨境流动，也就未必真正实现核心价值和塑造国家形象的传播"。①而有关中国古代伟大诗人杜甫的纪录片在英国的播出，就与李子柒等的网络美食视频完全不同了，这就属于国家核心文化要素的跨境流动，是中国古代文明、中国

---

① 胡健：《文化要素跨境流动与中国文化传播力提升》，《现代传播》2020年第4期。

核心文化力量的对外传播,这样的纪录片给西方社会提供了看中国的新视野,提高了中华文化跨境流动的品质。英国广播公司(BBC)4月播出了单集英文纪录片《杜甫:中国最伟大的诗人》,让隔离在家的西方观众产生了阅读杜诗的冲动。该片导演、英国历史学家迈克尔·伍德说,这部纪录片增进了英国观众对中国及中国文化的了解,他期待英中两国未来继续加强交流和合作,不要让疫情和偏见切断两国之间的文化连接。作为该片制作者和主持人,伍德在片中不仅盛赞杜甫是"中国最伟大的诗人",还借哈佛大学知名汉学家宇文所安的评价,将杜甫与西方文学巨匠但丁、莎士比亚比肩,同时对中国诗歌和文化的悠久传承给予很高评价。① 伍德曾制作并主持超过120部纪录片,他撰稿并主持的《中华的故事》2016年在BBC等媒体播出。由西方人来向西方人讲述中国从古代到改革开放的历史变迁,用正确的态度和西方人所能接受的方式来讲述中国文化和中国故事,事实上更易受到西方观众欢迎,更易被世界所接受,这也为我们今后的文化输出和文化传播提供了一个新的角度和模式。

三、 与不确定的世界共存

(一) 今天我们寻求怎样的国际合作

疫情之后,逆全球化的思潮悄然涌动。2020年上半年,美国《外交政策》杂志组织了一次由14名著名国际关系学者参加的关于"新冠疫情后世界秩序走向"(How will the World Look After the Corona-virus Pandemic)的集中讨论。② 学者们普遍认为新自由主义原则主导下的全球化正面临倒退风险,民族国家、地缘政治、保护主义将进一步兴起。疫情之下,各种类型的政府都会采取紧急措施以管控危机,并创造出一个不再那么开放、繁荣与自由的世界。专家们认为,世界很难再回到21世纪初那种互利共赢的全球化状态,各国不再有意愿保护经济全球化所带来的共同利益。疫情后,民族主义、大国对抗、战略脱钩

---

① 张代蕾:《专访:不能让疫情和偏见阻断文化交流——访〈杜甫〉纪录片导演迈克尔·伍德》,新华网,http://www.xinhuanet.com/ent/2020-05/12/c_1125971694.htm,2020年5月12日。
② [美]《外交政策》(Foreign Policy),2020年4月。

等趋势将得到强化。我们看到,2019年至新冠疫情以来,中美贸易摩擦不断升温,新一轮全球贸易保护主义来势凶猛,一向倡导自由主义和全球化经济的美国率先高唱贸易保护主义。疫情后的世界变了,一种新的实用主义和保护性的国际主义正在悄然兴起;疫情也让我们看清了澳洲的态度,澳媒、智库以及政府官员有很大一部分都是典型的亲美者,在疫情全球蔓延的当下,澳大利亚也是继美国之外最热衷于"中国有罪论""中国索赔论"的国家;疫情肆虐,除了美国以外,欧洲也是本次疫情的中心之一。欧洲国家在与中国关系的处理上,与他们平时的态度截然相反,归根结底还是因为政治制度不同的原因,保护主义的心态因此才会出现如此矛盾的态度。波兰前副总理、财政部部长格列格尔茨·W.科洛多科认为,伴随着美国对中俄两国发起冷战和贸易战,仇外主义、沙文主义、新民族主义和保护主义的幽灵正在抬头。但他判断新冠肺炎疫情最终并不会逆转全球化。无政府主义破坏世界文化和经济,为了避免它的出现,我们需要新的思想和发展理念,如新实用主义。多边主义而不是单边主义,必须成为全球经济和政治博弈的准则。①

非洲对于疾病之苦的理解并非来自其政治的成熟,而源于其过去太多痛苦的经历。在疫情发展之初,非洲一些国家领导人就已坦言,新冠病毒一旦开始大规模暴发,本国孱弱的医疗和卫生条件是远远不足以挑起这样沉重的负担的。人道主义援助组织 CARE 的非洲中部、东部和南部区域主任艾玛·内洛尔·努吉(Emma Naylor-Ngugi)说:"很难不去思考是否整个非洲将可能发生毁灭性的长期人道主义危机。"②

当疫情之后,逆全球化、反全球化的噪音不断时,亚洲似乎成了唯一坚持全球化的地区,亚洲对贸易依然是采取开放的、合作的和多边主义的态度。疫后的世界,亚洲独到的优势制度和文化最终会显现出来。清华大学国家金融研究院院长、IMF原副总裁朱民认为,疫情之后,亚洲在全球经济中的地位会

---

① 格列格尔茨·W.科洛多科:《后疫情时代 更加双赢的全球化》,光明网,http://epaper.gmw.cn/gmrb/html/2020-04/17/nw.D110000gmrb_20200417_1-12.htm,2020年4月17日。
② 刘钊轶:《看得见的抵抗和看不见的挣扎:在非学者讲述疫情下的真实非洲》,搜狐网,https://www.sohu.com/a/390584039_433398,2020年4月23日。

更加突出。在一个多边主义和开放自由贸易全球化的文化的推动下,亚洲会有一个很好的未来。①

疫情后,中国的国际影响力将进一步提升。中国发挥制度优势和产业链优势,全国一盘棋,成功地遏制了疫情的进一步扩散,不仅为全球战"疫"做出了重要贡献,也增强了世界各国战胜疫情的信心。2020年11月15日,15个国家签署了史上最大规模的贸易协定,其中承诺在新冠疫情下提高全球约1/3人口的收入并给予全球化支持者以希望,使其振兴世界贸易与合作并对抗美国的保护主义成为可能。RCEP的核心与"引擎"是中国,这是中国给予美国保护主义政策的非对称回应,也是中国寻求的国际合作方式。按照上半年的结果,东盟已然取代欧盟,位于中国贸易伙伴排行榜的首位。中国以此宣告自己是世界经济的实际领导者。11月初,第三届中国国际进口博览会在上海举行,这是疫情以来全球范围内举办的唯一大型展会。众多世界500强企业都来到进博会,以求打入这个全球最大市场。所有这些近期的事件都表明了:在美国和欧洲试图控制疫情并扑灭经济危机之火时,在他们开始用实用主义原则,用贸易保护主义保护国家利益,用单边主义开始建立国家壁垒时,世界经济中心正在悄然移向依然坚持多边主义和全球化自由贸易的亚洲和中国。②

(二)构建文化应急管理体系的思考与设想

后疫情时代的世界秩序显然将更加多元。美国前国务卿亨利·基辛格(Henry Kissinger)在《华尔街日报》撰文《新冠肺炎大流行将永远改变世界秩序》,他指出新冠疫情大流行给世界所造成的影响是前所未见的,所引发的动荡会持续几代人,会导致国家间壁垒的再现。③后全球化时代,世界正在变得

---

① 朱民:《亚洲是疫情后唯一坚持全球化的地区,有望在全球经济中占更大分量》,搜狐网,https://www.sohu.com/a/406700786_828358?_trans_=010001_grzy,2020年7月3日。
② 新华社:《俄媒文章:中国借RCEP回击美保护主义》,上观网,http://web.shobserver.com/news/detail?id=315215,2020年11月25日。
③ 基辛格:《新冠病毒大流行将永远改变世界秩序》,新浪网,http://k.sina.com.cn/article_1912715061_7201b73501900ormu.html?from=culx,2020年4月6日。

越来越小,越来越狭窄,在这样复杂的国际局势背景下,在经历了疫情所带来的危机之后,中国该如何在不断变小的世界中寻求在实用主义与保护主义气氛笼罩下的正常国际合作,并在疫情后努力建立人类命运共同体?当紧急状态成为常态,我们又如何在新民族主义、国家保护主义抬头,全球危机和逆全球化的汹涌浪潮中继续逆流而上,重建与世界各地的互动关系,继续进行对外文化交流和文化传播?如何在大国对垒,壁垒森严的当下此刻持之以恒输出我们的文化理念并能取得良好的效果?这些都是需要不断面对和深刻反思的问题。对于疫情后如何构建文化应急管理体系,笔者提出以下几点思考与设想:

1. 尊重原创,助力中国创造走向世界

在疫情中被迫中断很久的国内外市场,在国内疫情得到控制后开始逐步复苏。中演演出院线发展有限责任公司副总经理张颖琳表示:"虽然演艺市场发展困境犹存,但国内剧场的复苏令人振奋;在疫情推动下,中演开始向生产型转型,原创成果初显。"[①]

充满转折的2020年,也是"成长艺术节"诞生的年份。自疫情以来,国际、国内表演艺术行业大受损失,很多著名艺术机构都破产倒闭,而重视原创的成长艺术节却逆势而上,呼吁全世界关注艺术的作用,一是把国内的优质原创作品推介给国外的机构,持续合作,助力"中国创造"走向世界舞台。二是帮助国外艺术创作者进入中国市场,促进两地文化交流。即使在2020年,疫情让所有人的日常生活经历巨变,艺术家们的创作依然没有停摆。中外艺术家们还在疫情下,通过线上连线,讨论创作,一起集合全球最优质的资源,危机时代,只有原创不可复制,只有原创值得期待。面对当代中国,"讲好当下故事,讲好中国故事",在这个特殊的年份里,一起助力中国原创提升能级,为世界的孩子讲好中国故事。

2. 应对危机,尽快建立风险机制

在过去的几个月中,因新冠疫情全球很多艺术项目被迫推上云端,线上展

---

① 参见上海国际文化学会内部资料,以及腾讯网:《"成长艺术节"在上海举办,全面聚焦青少年表演艺术》,腾讯网,https://new.qq.com/omn/20201104/20201104A02WYM00.html,2020年12月2日。

览似乎已成为画廊、美术馆和艺博会所必需的展示方式。经过一场深刻的疫情教育,艺术家和艺术经营者必须学会提高风险意识,建立风险机制。2020年以来,一方面新冠疫情暴发迫使各实体艺术机构闭门歇业;另一方面却也推动了国内外网络虚拟画廊、云端艺术展和音乐会等线上项目爆发式的增长。面对不可知的未来,很多艺术机构已经开始意识到,如果再不尽快建立自己的数字平台,调整策展方向,再不尽快建立一系列应急机制,很多艺术项目很可能在未来风险来临时将会受到更大的挑战和冲击。

比起昙花一现的"电视艺术",基于互联网创作和传播的"互联网艺术"会在未来走得更远。疫情会过去,但互联网艺术不会消失,全球化语境下的线上与线下相结合的方式符合人类未来生活方向。在今后的对外文化交流传播的方式上,除了线下实际的交流合作,我们更要注意深入研究线上特性,充分利用好线上的独特性及不可取代性,建立和完善风险机制,让艺术在线的展览和交流不仅作为线下实际交流的补充,更作为今后文化交流的主导方式和主要方向,确保中国艺术家能持续跟海外受众进行广泛而生动、跨越时空的交流。

在经济全球化的时代,关于疫情的信息不能有半点耽误。这是经济全球化所面临的又一个急迫解决的深层次问题,全球化时代信息必须准确、畅通并能够共享。因此,信息的科学管理和信息技术的革命在疫情后将更为重要。试想,当所有的产业都在按照"人与人要保持距离"这样的基本设计理念展开的话,用这种思维来看疫情后的世界,疫情一定会刺激出更多新的科技应运而生。一场惊心动魄的灾难之后,信息科技革命、人工智能技术会不会和如何进入文化生产、文化传播领域,新的技术革命是否会更新和改变未来文化交流和传播的方式,是否会给该领域带来巨变和更深远的影响,一切未可知,值得深思、探讨和尝试。

3. 培养人才,重视文化的逆向传播力

胡健在《文化要素跨境流动与中国文化传播力提升》一文中指出,文化传播力就是文化要素流动所引发的文化影响力。文化要素跨境流动的原因是多方面的,流向也非常复杂。文化的逆向流动、文化的逆向传播往往会与同向流动所产生的文化正向传播产生交互作用,从而提升文化出境后的传播力。因此,推动中国文化走出去,我们不仅要重视文化的正向传播力,还要充分认识到文化的逆向流动和交互作用。我们要在疫情之后的世界里广交朋友,积极扩宽对话途径,拓展文化交流传播渠道,加强与世界各国著名文化人士、才艺人士之间的交流,特别是要加强与那些愿意了解中国、接近并热爱中华文化、对中国有深厚感情的中外人士交流,以他们的影响力和话语权来加深中国与世界的沟通,从而促使中华文化在更高的平台上更有效地传播出去。

同济大学中德人文交流研究中心研究员、国际文化交流学院教授孙宜学在《培养文化自信意识 促进中国对外人文交流》①一文中谈到,中华文化国际传播可以有效推动中国文化外交、有助于消解对中国的负面认知,建构中国崭新形象。疫情后,世界格局大变,刚性的军事、经济外交会更多让位给柔性的文化外交。既然建设人类命运共同体需要大量的汉语和中华文化传播人才,也需要大量具有跨文化交流能力和专业知识的外交人才,那么今后培养跨专业、跨文化的专业文化外交人才必将成为当务之急。

四、结　语

未来世界,类似新冠肺炎疫情这样的传染病大流行虽然不一定会成为常态,但各国都必须要重视以及警惕。一方面,各国应做好随时应对非传统安全威胁的必要物资准备、储备;另一方面,各国不仅要适时调整经济制度、政治制度、安全制度以及国民心态,也应推动相关国际机制以及国际组织的改革优化,使之适应人类社会不断发展进步的巨大需求。总之,面对新冠肺炎疫情,国际社会和各国人民应加强协作沟通、开展务实合作、有效管控分歧、实现互利共赢。后疫情时代,无论从政治、经济、公共卫生、公共安全、文化交流等各

---

① 孙宜学:《培养文化自信意识 促进中国对外人文交流》,同济大学新闻网,https://news.tongji.edu.cn/info/1007/74422.htm,2020年7月18日。

个方面,全球各国都应寻求新的合作互助,而不是从保护主义出发建立新的壁垒和沟通的障碍。正如波兰前副总理、财政部部长格列格尔茨·W.科洛多科所说:"后疫情时代,应通过逐步过渡到一种新的实用主义的方式,来创造一个更美好的未来,这种新的实用主义是一种旨在实现经济、社会和生态三重平衡的经济学理论和发展战略。这样人类才有机会拥有共同的未来。"[1]

---

[1] 格列格尔茨·W.科洛多科:《后疫情时代 更加双赢的全球化》,光明网,http://epaper.gmw.cn/gmrb/html/2020-04/17/nw.D110000gmrb_20200417_1-12.htm,2020年4月17日。

新全球化下的国家秩序与国际合作

和平年代的战争修辞
——从新冠肺炎疫情防控标语说起

郭 垚[*]

摘 要 新冠肺炎疫情暴发以来,许多标语口号都习惯性地将本次疫情视为"战争",并大量使用战争修辞。更有一批被称为"硬核"的防治疫情标语迅速在互联网引发热议。为何在相对和平的年代,战争修辞反而被更高频、更广泛地用于新冠肺炎疫情的标语口号中?一方面,医疗与战争的隐喻关系由来已久;另一方面,战争与传染疾病之间,有着非常深的历史文化羁绊。另外,战争修辞自20世纪40年代以来就在我国被广泛应用,受权威领袖个人语体的影响,这种带有二元对立思维、对抗性极强的修辞手法大量留存在语言习惯中,以至于民众对这类语言中的暴力元素习焉不察,忽视了其中隐藏的对患者的污名化倾向。

---

[*] 郭垚,温州大学讲师,复旦大学现当代文学博士,研究方向为当代文学生产机制。

上海文化交流发展报告(2021)

关键词　新冠肺炎　标语　战争修辞　文化　毛语体

自2020年1月新冠肺炎疫情暴发以来,与疫情相关的标语、口号频繁出现在公共空间。尤其是2020年2月—4月,全国各市镇的公共宣传空间几乎被防治新冠、限制流动、居家防疫等内容的标语所占领。这些标语根据内容可被划分为三类:

第一类侧重宣传卫生习惯,科普病毒防范办法。如"健康防护千万条,佩戴口罩第一条"(南京市小市街道宣)。"讲卫生、勤洗手、多通风、少串门,出门戴口罩"(上海市航空服务学校宣),"每天勤洗手,病毒全冲走"(武汉民族街城管宣)等。这类标语以宣传基础防护手段比如勤洗手、戴口罩、讲卫生等为主,除了新增"少串门,出门戴口罩"这样的特殊时期行为外,与日常卫生宣传差别不大,且多为中立口吻,重在提倡和引导。

第二类偏重具体防疫政策的宣导,口吻上往往带有警示、训诫或劝阻意味。由于这些对抗性较强的标语与日常标语相比更为直接、大胆、脱离书面语,有些直接模仿网络流行语,所以在警示之余生出了一种既冒犯又滑稽的意味,迅速成为网络热议话题。比如:"今年上门,明年上坟"(九集镇政府宣)、"出来聚会的是无耻之辈,一起打麻将的是亡命之徒"(嶂山林场宣)、"口罩还是呼吸机,您老看着二选一"(七里棚社区宣)、"老实在家防感染,丈人来了也得撵"(龙家圈街道宣)、"谁约吃饭,谁是坏蛋;谁约聚会,谁会有罪"(五岔路乡委宣)、"里不出村外不入屯,不听劝阻就是罪人"(兴盛村劝返点宣)、"今天走亲访友,明年家中剩狗"(金寨宣)、"今年过年不串门,来串门的是敌人,敌人来了不开门"(草坪回族乡党委、政府宣)等。这些标语最开始只是出现在部分省市的乡镇社区之中,后因其中蕴含的滑稽性快速走红网络,引得全国城乡社区宣传组织集体效仿。

第三类则是宏观精神的表达。这类标语传达的不是具体政策,多数表达的是鼓舞士气,安抚情绪的内容。内容积极,语气昂扬。和前两者不同,这类口号应用范围相当广泛,重复率很高,内容大同小异,为表明其应用之广,在此并不具体标识宣传来源。这些标语包括但不限于:"坚决打赢疫情防控仗""精准防控,共战疫情""中国加油,武汉加油""众志成城,抗击疫情""疫情就是命令,防控就是责任""防控疫情,党员先行,守土有责、守土尽责!""科学应对,群防群控,战胜疫情。""群防群控全员狙击突发疫情,再接再厉检验主题教育成果。""依法科学防控,及时诊疗救治,保障人民群众生命健康安全""在以习近平总书记为核心的党中央的坚强领导下,坚决打赢新型冠状病毒感染的肺炎防控战。""家家动员,人人参与,打赢疫情防控战。"……

第一类标语是日常卫生宣传的特殊变种,在此略过。值得注意的是第二类和第三类,这些标语口号含有大量的战争用语,不断将新冠病毒比喻为"敌人",将对新冠肺炎的防治比喻为"没有硝烟的战争"。尤其是第三类,修辞直白,"防控""战胜""打赢""守土""狙击"等字眼直接表明了对防治疫情的战争定性。第二类标语比起第三类,在修辞上略显曲折。从表面看,这些口号略显夸张滑稽,然而仔细追究就会发现,这种滑稽的色彩一方面来源于浅俗直白的用词;另一方面则得益于二元对立制造出的强烈对比感。其基本逻辑为"如果不……,就会导致……","谁是……,那么就……",含有非常明显的训诫和恫吓意图,对抗性十足。这些标语的接受者自然知道标语所言内容是夸张的,但正是因为这种几乎脱离逻辑的直接因果导致的夸张,向人传达了粗暴直接的信息——务必服从政策。如果说第三类标语是笼统地将病毒比喻成敌人,那么第二标语则利用词语的模糊多义,将违反规定秩序的人——"不戴口罩者""串门者""打麻将者""聚会者"都视为敌人。夸张的二元对立,鲜明的敌我观念,第二类标语的战争修辞引发了公众更多的关注与讨论,加深了大众对于防治新冠病毒等于"打仗"的认知。除了标语口号,具有官方背景的媒体在进行报道时也高频率地使用战争修辞,我们可以在《人民日报》等媒体上反复看到"战役""抗疫""前线""战士"等指向鲜明的字眼,这些与线下的标语相互配合,烘托出了较为浓厚的"战争"气氛。那么这种比喻得以实现的基础是什么呢?

一、普遍隐喻：疾病及医疗行为与战争的相似性

治疗疾病的过程通常被视为进行一场战争，尤其发生大规模传染性疾病时，与医疗行为相关的报道与表达中，会自然而然地带有大量战争修辞。在2003年非典型肺炎暴发之际，主流媒体多数将防治病疫比作进行战争。比如权威性较高的《人民日报》当时在2个月内"开辟《奋战在抗非典第一线》《众志成城战胜疫病》《各方协同共抗非典》《来自定点医院的报道》《预防保健之窗》《每日疫情通报》《坚持两手抓夺取双胜利》等13个专栏"。①从这些专栏的名字即可看出战争隐喻。在2003年7月28日举行的全国防治非典工作会议上，时任中共中央总书记、国家主席胡锦涛回顾了我国抗击非典斗争的艰苦历程，他指出："此时此刻，我们要向在这场斗争中英勇殉职的英烈们，向不幸被非典病魔夺去生命的同胞们，表示沉痛的哀悼。"防治非典型肺炎，在国家层面被定义为战斗，而医务以及其他相关公务人员如在防治过程中不幸患病离世，则被定义为殉职。非典型肺炎原发地原广东省委书记张德江介绍了广东抗击非典"由遭遇战、主动战到目前的攻坚战的历程，对最后战胜疫病充满信心"。

不仅是非典型肺炎，中华人民共和国成立以来各种传染病的防治，都曾被比喻为战争。如1949—1951年内蒙古频发鼠疫，当时的一些宣传报道，也将防治鼠疫看作一种斗争。《内蒙古日报》曾发出《内蒙党委、自治政府发出防疫工作紧急指示：指出内蒙地区已经发生鼠疫，应引起党政军民严重注意》《为争取全区不发生鼠疫而斗争》等社论，将防治鼠疫看作是不可忽视的战斗。1951年9月9日，毛泽东在为中共中央起草的关于加强卫生防疫和医疗工作的指示中指出："今后必须把卫生、防疫和一般医疗工作看作一项重大的政治任务，极力发展这项工作。"1952年，毛主席再次给第二届全国卫生工作会议题词："动员起来，讲究卫生，减少疾病，提高健康水平，粉碎敌人的细菌战

---

① 人民日报抗击非典报道组：《在打硬仗打大仗中发挥舆论示范作用——人民日报抗击非典报道工作综述》，《新闻战线》2003年第8期。

争！"中华人民共和国成立初期，江西长时间流行血吸虫病，范围覆盖8个区市，威胁50万余人的健康，当时最广泛的宣传语是"一定要消灭血吸虫病！"此后政府持续展开防治血吸虫病运动，一直到2018年12月14日《江西日报》还在整版登载血吸虫病防治宣传，其中一篇的标题直白地表现了对战争修辞的偏好——《血防新路：全力打好消除血吸虫病攻坚战》。

不限于国内，2020年新冠肺炎疫情蔓延全球，欧美地区国家领导人也开始使用战争修辞强调疫情的严重性。比如，法国总统埃马纽埃尔·马克龙曾在2020年3月16日的电视讲话中表示："我们正处在战争中，无可否认这是一场健康战争：我们既没有与军队作战，也没有与其他国家作战。但是敌人就在那里，看不见，难以捉摸，而且正步步紧逼。我们需要全部参与进来。"（We are at war, admittelldly a health war: we're fighting neither an army nor another nation. But the enemy is there, invisible, elusive, and it's making headway. And that requires our widespread mobilization.）美国总统唐纳德·特朗普也曾发表讲话称："我们必须和看不见的敌人做斗争。"（We have to fight that invisible enemy.）英国首相鲍里斯·约翰逊认为面对COVID-19，每个公民都在斗争，每个人都"直接入伍"（directly enlisted）。这些领导人的说法引发了西方媒体的关注和讨论：4月6日《华盛顿邮报》发表专栏文章《我们正与冠状病毒交战吗》（"Are we at 'war' with coronavirus？"），2020年5月7日《纽约时报》发表《为什么把防治新冠肺炎比作战争存在道德危险》（"Why Comparing the Fight Against COVID-19 to War Is Ethically Dangerous"），麦肯锡全球研究院2020年5月14日发表题为"The 'war' on COVID-19: What real wars do (and don't) teach us about the seven lessons …"的文章……这些将应对新冠肺炎疫情比作战争的言论引发了不小的争议，正因如此，人们得以更清晰地看到疾病、医疗与战争在修辞上的紧密相关性。

全球不约而同地用战争作喻体是因为疾病以及对抗疾病的过程与战争确有相似之处。把防治疾病的过程称为"战役"，把病毒看作是"看不见的敌人"，是抓住了病毒不易被发现，且具有致命性的特点，将它与具有相同质感的战争联系在一起，以便消化可能迎来的伤亡后果。这种将医疗与战争联系在一起的行为,已渐成习惯用语。在中医话语体系里,就有类似的战争修辞,比如"失守"(指五脏失去藏守精气的能力),"风邪入侵""热潜相搏"等。而在英文世界里,描述某种疾病发作时经常使用 attack 一词,人体感染某类病菌则使用 invade,对癌症要 kill the cancer cells,治病的过程通常会被称为 fight 或者 resist 等。苏珊·桑塔格分析:"对癌症的治疗也具有一种军事风格。放射疗法使用了空战的隐喻;患者被放射线所'轰击'。化学疗法是化学战,使用了有毒物。……这种以包围、战争等词语来描述疾病的言谈方式,因癌症而在今天获得了一种令人吃惊的明确性和权威性。"①

医疗与战争显然存在着普遍的隐喻关系,艾滋病、癌症、细菌感染等病症都曾被视作"敌人"。具体落实到本次新冠肺炎——一种传染性极强的疾病,本体与喻体之间的关联度在原有基础上有了进一步提升。我们先来看看具有普遍性质的医疗救治行为与进行战争之间的映射关系:

表1 医疗救治行为与进行战争之间的映射表

	疾病、医疗行为本体	战争喻体
对象	病毒、传染源、传染中介	敌人、对手
主体	患者、医护人员、志愿者	功臣、英雄、指挥员、战士
行为	隔离、治疗、注射疫苗、无症状	出征、防御、反击、拉锯、攻坚
后果	死亡、痊愈、后遗症	牺牲、战胜、驰援、凯旋、伤亡

作为一种结构隐喻,疾病以及相对应的医疗行为与战争之所以可以建立互相映射的关系,主要原因在于两者具备相似的后果——外力(暴力)所导致的不得已的伤亡。已经有不少人论述过医疗行为与战争的隐喻关系:《"医疗即战争"隐喻的认知话语研究》(杨洋、董方峰,2016)一文详尽地分析了当代中国医疗话语中的战争隐喻,指出战争隐喻在当代中国医学话语中是一个普遍的语言现象。这次疫情暴发后,很快涌现了再次注意到两者之间关联的文章,如《新冠肺炎疫情报道中刻意隐喻的认知力》(张薇、汪少华,2020),《抗击

---

① [美]苏珊·桑塔格:《疾病的隐喻》,程巍译,上海译文出版社2014年版,第75页。

"新冠肺炎疫情"背景下防疫宣传标语研究》(李璐,2020),《新冠肺炎疫情期间西方媒体报道中的战争隐喻话语研究》(戴亚红、郭颖,2020),《作为"他者"的病毒:关于新冠肺炎隐喻的话语分析》(丁建新、杨芸,2020)等。这些研究较为充分地分析了防治疾病与战争在结构上的相似性,包括敌我观念、救治过程的拉锯以及最终的结果——存活或者死亡。并对这种隐喻的流行表达了忧虑——将对抗疾病的过程比作战争,将会带来一种消极效应,即把病人视作"敌人",污名化个体。同时,医疗行为是一个复杂的系统,它并不能保证一定可以令病人康复,"承载过多战争想象和暴力色彩的医疗话语是一种非理性思维,也是一种简单化的思考方式。战争思维强调结果的胜或者败,排斥妥协或其他中间结局,而医疗的结果却不仅仅是胜或者败,更多时候医患都需要接受疾病与患者的长期共存,或者其他预期之外的结局。"[1]长时间将医疗行为比作战争,容易诱发医患矛盾。

既然将医疗比作战争具有普遍性,那么也就不难理解为何在新冠肺炎疫情暴发期间,会出现大量第三类标语。这些标语一方面顺应了对抗疾病等于对抗战争的思维惯性;另一方面,又通过着重强调防治新冠的"战争"性质,意图起到团结人心、振奋精神的作用。于是问题随之出现,为何将防治新冠肺炎比作"战役"会有凝聚人心的精神作用?而蕴含着尖锐对抗性的第二类标语(如上门=上坟,约会=有罪)又意指什么呢?如果说,隐喻的基本作用是通过一种概念(事物)更好地理解另一种概念(事物)的话,那么为何距离人们生活(指当下)更为接近的患病,会被认为是较难理解的,而和平年代背景下战争反而成了一个有助于理解病痛的概念?防治新冠肺炎与战争之间的隐喻关系,仅仅建立在结构的相似性上吗?

二、 隐喻的前提:层层累积的文化认知

除了疾病或说医疗结构与战争结构总体上具有相似性,本次新冠肺炎疫

---

[1] 杨洋、董方峰:《"医疗即战争"隐喻的认知话语研究》,《外国语文研究》2016年第5期。

情还具有三个特征：

第一，新冠肺炎作为传染病，具有较强的感染性，时至今日，它已经不再是地区性传染疾病，而是全球流行病。SARS和埃博拉病毒只在个别国家和地区传播，2009年的H1N1甲型流感病毒虽然也是全球范围的，但截至目前新冠肺炎的患者人数与死亡人数已经超越了H1N1甲型流感。

第二，随着全球化程度日渐加深，反全球化的声浪也随之高涨，主权国家的概念并没有随着生产消费的全球化得到削弱。在一些国家和地区，民族主义和分离主义倾向大大增强。在全球对抗新冠肺炎疫情的过程中，这一问题越发凸显，并在某些方面影响了人们对新冠肺炎以及其应对方法的认知。

第三，新冠肺炎疫情发生的年代比以往任何疫情发生的年代都要更信息化、互联化、多中心化。信息传播的去中心化扩展了人们的信息获取渠道，增加了信息总量；但信息的分层以及大数据算法影响了信息接收。尽管人们可以第一时间共享新冠肺炎疫情的咨询，但对防治病毒的认识却并不均质，这种特性正是社群之间撕裂感日益严重的原因之一。

在这几个特征的交互作用下，本次新冠肺炎疫情出现了更为全球化的对抗情绪。无论是疫情初期中国内部对疫情发生地人士的排斥，还是中后期海外国家对中国人、亚裔的歧视，微小的排外情绪在信息互联时代被急速放大，战争修辞的使用频率大大提高。而这种修辞层面的激活，建筑在长久以来的文化累积之上。正因为前期有着丰富的修辞累积，才使得当有关新冠肺炎的讨论出现某种特征时，人们会下意识地将它与过去的某些修辞进行联结。

（一）国家拟人——共同体意识的具象化

霍布斯曾在《利维坦》里将国家比作人体："因为号称'国民的整体'或'国家'（拉丁语为Civitas）的这个庞然大物'利维坦'是用艺术造成的，它只是一个'人造的人'；虽然它远比自然人身高力大，而是以保护自然人为其目的；在'利维坦'中，'主权'是使整体得到生命和活动的'人造的灵魂'官员和其他司法、行政人员是人造的'关节'；用以紧密连接最高主权职位并推动每一关节和成员执行其任务的'赏'和'罚'是'神经'，这同自然人身上的情况一样;一切个别成员的'资产'和'财富'是'实力';人民的安全是它的'事业';向它提供必要知识的顾问们是它的'记忆';'公平'和'法律'是人造的'理智'和'意志';'和睦'是它的'健康';'动乱'是它的'疾病',而'内战'是它的'死亡'。"①

国家动乱战争,好比人体患有疾病,国家借由这种隐喻而获得了人格。尽管在一般认知里,不同于过去的君主制国家,现代国家是非人格化的,非私人统治的,但现代国家的拟人修辞却并没有被放弃。晚清中国常常被拟人/动物化,最典型的当属"东亚病夫",用病夫隐喻中国积贫积弱无保卫主权能力的状况。美国也有国家拟人化的现象,在对伊拉克战争中,美国的军事行动通常被比喻为猎手打猎,勇士征讨怪兽,自然作为行为主体的美国也就是猎人、勇者以及其他类似性质的英雄。当代日本流行文化里也有国家拟人化,知名动漫作品《Axis powers ヘタリア》,就通过将世界各国变成卡通形象,以漫画的方式讲述世界史。国家的拟人化,在某种意义上可以增进共同体意识,但在分离主义渐渐抬头的今天,国家/民族情感和国家/民族的尊严往往依托于国家的"人格"而生,共同体意识过于具象化,反而会带来危害。

互联网降低了不同地域沟通的物理成本,却提高了达到精神共识的门槛。过于具象的国家拟人形象,往往带来的是地域观念冲突而非理解融合。复杂的、由无数肌理组成的、去人格化的国家被大大简化、符号化。这种简化有可能带来的后果是,政客或者政治宣传部门更为方便地将国家利益简化,以劝说国民让渡一部分个人权利——这也是欧美一些领导人使用战争形容新冠肺炎招来批评的原因之一。发生在个人身上的战争比喻是相对简单的——人体被病毒"入侵",需要"战胜"疾病;国家拟人使得个人的"战争"上升到了"国家之战",人们不但要"战胜"病毒,还需要帮助国家"战胜"因病毒引发的种种困难。医护人员作为"战士""冲锋陷阵",普通民众亦需要"外出自肃"(日本的抗疫政策之一),个人之"人"与国家拟人之"人"发生了重叠。个人的"人"与国家的"人"之间一旦产生利益不一致,那么显然,国家的"人"更具备道德竞

---

① [英]霍布斯:《利维坦》,黎思复、黎廷弼译,商务印书馆1996年版,第1页。

争力。我国第二类、第三类标语里,就蕴藏着这样的逻辑。

(二)"传染"——更易引发对立情绪的特质

新冠肺炎与一般疾病不同,作为全球流行病,它具备易引发恐慌,激发人群对立的特质。一般疾病(除具有攻击性症状外)的患者通常都会被视为不幸的、值得同情的一方。流行病、传染病的患者则不然,他们往往被视为不吉者,尤其是致病原因未明的传染病,其患者更容易获得一些负面评价,比如过去艾滋病患者被认为是恶魔,霍乱患者则是被上天惩罚的对象,在本次新冠疫情中,不少导致疾病扩散的人被称为"毒王"。

传染病的危害程度越高,个体被激发的恐慌情绪越严重,也就越容易出现排外情绪。人们惧怕被感染,对未知的病情感到恐惧,只能通过盲目的划分"我们""他们"来维持心理安全。传染病和流行病患者经常被冠以偏见标签以与"健康人"相区分——比如性放纵者、卫生情况欠佳者、无道德者等。这样的划分使得传染病、流行病更容易激发"敌与我"意识。"即便是在法国,亦不例外,在那儿,艾滋病——法语的'le sida'——被迅速补入政治恶语库。勒蓬草率地称自己的一些对手是'艾滋病似的',而反自由主义的论辩家路易·鲍韦尔斯则把去年举行示威的那些国立高等学校学生说成是受了'心理艾滋病'的折磨(sont atteintd'un sida mental)。"①中国古人则将传染病与人的品行以及鬼神之说相联系,道教有恶人不信道法招致惩罚之说,《太上洞渊神咒经》记载:"大劫之运,恶人不信道法,天遣疫鬼行七十二种病,病杀恶人。世间浩浩,鬼兵流毒。奈何,奈何。"

历史地看,传染病和流行病在全球范围内的传播通常伴随着外来行为,这样的经验印象为人们的排外情绪提供了道德支撑,增强了人们对类似疾病的恐慌感受。威廉·麦克尼尔在《瘟疫与人》一书中梳理了传染病对历史进程的影响,以及它们与贸易、战争行为的关系。"像美洲印第安人这样以往与世隔绝的人口,当与欧洲人或其他航海者接触时,通常会经历一系列严重的死

---

① [美]苏珊·桑塔格:《疾病的隐喻》,程巍译,上海译文出版社2014年版,第159页。

亡,这类死亡曾经改写了美洲历史。"①而快速机动的蒙古骑兵四处征战,可能促使鼠疫杆菌从喜马拉雅山麓向亚欧北部草原扩散。战争之后,通常会引发传染病流行,有时因传染病造成的死亡甚至会超过战争本身:"在太平天国战争期间,苏、浙、皖三省在战争中的死亡人口只占人口死亡总数的30%,死于霍乱(cholera)的占70%。"②

在现代社会背景下,人群流动性比之以往大大增加,本来这一特征有助于消除排外情绪,然而一旦经历大规模传染病,在未知病因+死亡威胁面前,对流动外来人口的排拒经验会被重新激活。尤其现代流行病学研究又向人们传递了这样的信号:疾病防控的重点在于减少流动与接触。从科学角度而言,倡议人群减少流动是没有问题的。但这种倡议一旦脱离科学语境,会迅速与传染病本身具有的对抗性符码联系在一起,使人形成敌意与偏见。在WTO组织尚未确认新冠肺炎疾病名称时,这种病被一些国家和群体称为"武汉肺炎""中国病毒",并引发了种族歧视事件。即使是在中国内部,一些城市也出现了仅以户籍所在地而非流行病学调查为根据拒绝武汉人乃至湖北人正常工作生活的情况,极个别住宅区甚至出现了拒绝医护工作者回住处休息的事件。这样的排拒反应,显然不是一般重大疾病如癌症、恶性肿瘤、心肌梗塞等所能够引发的。传染病的"传染"性,是更易引发对立排外情绪的关键与根本。

在全球遭受新冠肺炎疫情洗礼的2020年,阿塞拜疆和亚美尼亚之间发生了局部战争。对于这场真实发生的区域战争,国人并无实感。反而是防治新冠肺炎疫情,让人们更具体地感受到了文化意义上的"战争"。无论是人与病毒之间的"战争"比喻还是人与人之间、国家与国家之间的紧张对立情绪,似乎都比真实的阿塞拜疆-亚美尼亚冲突更容易让人理解"战争"所蕴含的意指:(1)服从集体利益的必要性(国家与个人被统摄在同一个比喻之下);(2)"敌与我"的对抗("健康人"vs"患者",本地居民 vs 异乡、异国输入者,遵守政策的人 vs 违反政策的流动者)。人们一边用国家拟人来号召民众团结一

---

① [美]威廉·麦克尼尔:《瘟疫与人》,余新忠、毕会成译,中信出版集团2018年版,第176页。
② 曹树基:《鼠疫流行与华北社会的变迁(1580—1644年)》,《历史研究》1997年第1期。

致对抗"病毒敌人";一边又不可避免地被传染病的特质所困扰,不自觉地将这种对抗意识延伸到个体与个体之间。这样的关联,已经不仅局限于结构隐喻,而是上升至历史文化心理层面。

三、本土因素:国内战争修辞的日常应用

"医疗——战争"的普遍隐喻以及传染病背后的文化累积有助于人们认识为何在本次新冠肺炎疫情中会出现的诸多战争修辞宣传。但是,前文所述的第二类标语却极富本土特色,有一些普遍隐喻覆盖不到的地方。第二类标语的出现,与高密度使用战争修辞的国内大环境有直接关系。

(一)对"通俗+活泼"语体的推崇

20世纪30年代,国内曾掀起一场大众语运动。运动的导火索是国民政府教育部官员汪懋祖发表《禁习文言与强令读今》,提出要"复兴文言"。上海左翼文艺界立刻对此做出反应,在报刊上发文驳斥。徐懋庸、陈望道等人连续发表系列文章,主张推行大众语。所谓大众语,陈子展认为,就是大众说得出、听得懂、看得明白的语言文字。按照这种定义,白话文中留存的所谓"雅"的成分将进一步消减,书面语会更加口语化,文学语体也会向着更通俗的方向发展。大众语运动本质上是一次"白话文"与"文言复古"的交锋,虽然运动很快结束,但它却启发了后来的延安文学。到了20世纪40年代,毛泽东发表《在延安文艺座谈会上的讲话》,从政治角度强调文艺大众化的必要性。大众化的表现之一,就是要使用工农兵听得懂、看得懂的语言进行文艺创作。口语、方言、日常语言不仅大量涌入文学写作中,更成为宣传的首选语言。这种语言首先要求通俗,比如"自己动手,丰衣足食""毫不利己,专门利人"这样直白的宣导。然而仅仅是浅白,并不能概括这类标语的特点。在通俗之上,党的宣传语言还要求具有一定的"活泼"性。"活泼",本身就是1937年毛泽东为原中国抗日军政大学所定的八字校风之一,八字分别为"团结,紧张,严肃,活泼",及至中华人民共和国成立后,很多缺乏校训的学校都会以这八个字为训。

"活泼"的表现即为一不要求严谨,拥有朦胧多义的空间;二允许冒犯,甚至允许攻击性。以20世纪40年代被树立为大众文艺标杆的赵树理的小说为例,可以更好地理解这种"活泼"。《小二黑结婚》等篇目之所以成功,不只是因为语言流畅简单,更在于其中有属于"下里巴人"的"冒犯",比如形容三仙姑"只可惜官粉涂不平脸上的皱纹,看起来好像驴粪蛋上下上了霜"。这种"冒犯",必须要和发出者的"阶级"身份相结合,像钱锺书《围城》里写鲍小姐是"熟食铺子"与"局部真理",虽然也具有攻击性和冒犯性,但显然这种手法就不是政党需要的那种"活泼"。"通俗+活泼"务必要联结在一起,达到一种微妙的平衡——"非精英的语言暴力",它暗示着虽然这样的语言不够雅正,具有攻击性,但由于发出者"文化程度不高""动机良好",旨在制造一种"效果",因而格外值得原谅。本次疫情中,当河南农村部分基层组织率先打出第二类标语遭到质疑时,亦有不少人马上从他们的经济社会身份出发,为这种"冒犯"进行辩护。

这种"通俗+活泼"的语体倾向在中华人民共和国成立之后得到了进一步发扬。"大跃进"运动诸多标语中,"肥猪赛大象,只是鼻子短,全村宰一头,足够吃半年"这种"活泼"的标语就要比"开展小麦双千斤县、三千斤社、五千斤大面积丰产田、万斤高额丰产田运动"这种虽夸张却相对平直的标语有传播度。计划生育政策的诸多标语中,形成传播效应的也多是具有"活泼"性的标语:"喝药不夺瓶,上吊就给绳""农村要想富,少生孩子多种树""一人超生,全村结扎"等。有趣的是,当这些标语不再匹配新的计划生育政策时,马上被定义为"粗俗""暴力",并被集中清理①。可见这种"通俗+活泼"也有自己的准绳所依,"冒犯"的对象和"冒犯"的程度,都必须相对精准地落在宣传范围内。

(二)战争修辞的泛用

20世纪前半期的中国始终处于动荡之中,中华人民共和国成立后,虽然

---

① 人口计生委在2007年发布《关于开展清理规范更新人口计生宣传标语口号的通知》,提出"进一步规范人口和计划生育标语口号,提高标语口号的宣传质量"。

持久战争结束了,但局部地区依然爆发着小型冲突。伴随着新政权的社会改造计划,国内一直持续不断地进行着各种政治、社会运动。1949年以来中国的语言伴随着这些战争与运动成长,自然留存了相当多的战争修辞。

因为中华人民共和国成立初期战争未平,政府除了宣传社会主义建设,还需要时时提醒人民"敌我矛盾",要求敌我分明,立场清晰,不能有丝毫的含混。比如,在"抗美援朝"的动员中,《中共中央关于在全国进行时事宣传的指示》提到:"我全国人民对美帝国主义应有一致的认识和立场,坚决消灭亲美的反动思想和恐美的错误心理,普遍养成对美帝国主义的仇视、鄙视、蔑视的态度""各机关、团体、学校、工厂、部队均应多出大幅墙报,多作专题演讲,多置有关书报。"①这种将对方视如仇敌的对立态度延续到了之后的社会运动中,并逐渐发展出二元对立的表意系统:敌/我,资产阶级/工农大众,革命战士/反动敌人,先进分子/落后分子等。"文化大革命"期间,出现了相当多以"敌我对峙"为主要宣传基点的标语,其句式通常为:"彻底粉碎……""坚决保卫……""打倒……"。并且出现很多判断简单、语气极端的标语:"谁反对……,就砸烂谁的狗头""……不投降就让他灭亡"。这些标语口号结合了"通俗+活泼"的语体特征,并以领袖毛泽东的语言风格为蓝本不断衍生,有些直接摘取了毛泽东的讲话内容,剥离上下文,制成口号标语。这些标语并非只在一时一地流行,而是相当广泛、持久地存续于全国各地。"在相当长的一段时期内,日常生活、文艺活动等无不与政治捆绑在一处,使毛泽东个人的语言风格也作为权力话语的典范被普遍推行,延伸至社会各个领域,连普通民众的日常交际语言都莫能例外。"②

即使在改革开放之后,也可以看到带有类似"敌我对峙"色彩的标语:"谁侵犯投资者,谁就是人民的罪人""谁与招商引资企业过不去,就是与蛟河人民过不去""投资者是上帝,引资者是功臣,得罪投资者是罪人"等。在文艺语言里,同样能看到这种对抗性修辞,比如将文艺界称为"文艺战线",把20世纪

---

① 中共中央文献研究室编:《中共中央关于在全国进行时事宣传的指示》,1950年10月26日,《建国以来重要文献选编》第1册,中央文献出版社1992年版,第436、439页。
② 黄擎:《毛语体时代文艺批评的话语风貌及其影响》,《闽江学刊》2009年第3期。

90年代几位陕西籍作家的走红比喻为"陕军东征"等。尽管后来的不少作家乐于解构这种充满二元对立思维的战争修辞,如王朔、王小波,但文艺语言并没有对公文语言做出更颠覆的冲击,这种"活泼"和语言里的对立思维依旧被保留了下来。近年来,公文语言似乎也掀起了"复古"潮流,日渐复归"通俗+活泼"。既有悠久的使用历史,又适逢"复古"潮流,新冠肺炎期间第二类标语的大量出现,也就不足为奇了。

让我们回归最初的问题,为何在相对和平的年代,战争修辞反而更高频、更广泛地被用于本次新冠肺炎疫情的标语口号中?这里的战争,已经脱离了战争的所指,变成一个复合的文化概念。对个人而言,战争和医疗行为有着结构上的相似之处,治疗疾病通常被比作经历战争。如果进一步探索还会发现,战争与疾病,尤其是传染疾病之间,有着非常深的历史文化羁绊。战争引发的集体主义与排外对抗情绪与传染病、流行病引发的情绪亦具备高度的可比性,"战"与"疫"密不可分。以我国的实际情况而言,战争修辞自20世纪40年代以来就被广泛应用,受权威领袖个人语体的影响,这种带有二元对立思维、对抗性极强的修辞手法大量留存在语言习惯中,以至于民众对这类语言的熟悉程度超出了对战争本身的认知。当人们看到大量的具有战争修辞的标语口号,即使没有亲身经历过战争,也能够迅速理解新冠肺炎疫情导致的"战时管制"政策,理解为取得"胜利"需要让渡的"权利"。然而,在理解和忍耐背后,战争修辞所引发的对抗和暴力思维也在起作用——对疫情扩散地的污名化、对患者的污名化以及对民众权利的不必要的限制,都在这种"今天……明天……"类标语的环绕下被迫"隐身"了。或许我们应该继续思考的是,这些标语到底是病因还是症候,是传统还是特例。

从国内社交媒体的口罩之争看跨文化差异

陈亚亚*

摘　要　本文观察新冠疫情期间国内社交媒体中的口罩争议。将相关争议大致分为三个阶段：早期国内疫情暴发期的争议；疫情在西方发展期的争议，主要凸显了中西方文化差异；疫情在西方暴发后，网民对西方口罩议题政治化的围观。笔者认为，网络社交媒体是一个跨国公共舆论空间，它促进交流的同时也可能使得公众更加分裂。在全球化进程不可逆的今天，社交媒体中的口罩之争能带给我们有益的启发，让我们学会如何与他者共处与合作。

关键词　社交媒体　口罩　跨文化差异　全球化

2020年1月，突如其来的一场新冠疫情使得社交媒体成为各方意见交流与论战的场所，其中关于口罩的争议持续不断，一直保持着较高热度，成为凸显跨文化差异的重要议题。就笔者观察而言，相关争议大致可分为三个阶段：早期疫情主要在中国，争议也局限在国内，讨论较多的是性别差异、代际差异和权力关系；疫情逐渐在西方蔓延，中西方关于戴口罩的差异经由新闻报道、海外博主的述说引起网民关注，一度形成热议；疫情在西方暴发后，各国推出口罩禁令，引起民众抗议，口罩在西方尤其美国成为焦点政治议题，此时国内网友直接参与争议的少，但通过围观的方式对西方社会增进了了解。

---

* 陈亚亚，上海社会科学院文学研究所助理研究员，主要研究领域为性别文化、城市文化。

一、国内争议：性别、代际差异与权力关系

2020年1月22日，某网络意见领袖在新浪微博发出一个"视频"投稿，内容是一位年轻女性劝说父亲戴口罩遭到粗暴拒绝。父亲反对戴口罩时提到这样几个理由，认为戴口罩是娘炮的表现，许多大教授、老板都没有戴口罩，国务院总理也没有提倡戴口罩……该女性的看法可参见其投稿文字："怎么说都没有用，我爸爸还是每天看新闻，每天刷学习强国的人，现在说什么都不听，也不肯戴口罩，说是媒体制造恐慌。一个读了点书看了点新闻，以为自己掌握国家一切动态的顽固中年人比病毒可怕多了。"

帖子发出后，网友反响强烈，短短时间就有数万评论和转发，以及十几万点赞。评论中，不少女性网友讲述了自己类似的经历，因为劝说、要求父亲戴口罩，有的被骂，有的还被打。这些父亲的看法跟视频中那位男性大同小异，认为女儿的建议是一种冒犯，甚至是犯上的行为。相比之下，女性长辈对这种建议的接受度较高，有网友这样说："戴口罩这件事是不是真有性别差异，我妈她们很痛快就戴上了，我爸就不戴，我姨夫也不戴，仿佛病毒传女不传男。"

当然，也不是所有老年男性都反对口罩，这位网友的父亲就不同："我爸爸那天晚上给我打了个电话，告诉我一定要预防防护，回家一定要戴口罩，我爸真好……"，她随即给网友建议："对了姐妹，我和你说，这种事你可以找身边比较重视的中年人去和你爸爸说，这样他才会信。"这些讨论大致说明，权力关系中的下位者提建议很难被采纳，男性对此尤为敏感，地位平等者的建议则相对容易接受。那么，高位者提出建议（更准确来说是要求）时，接纳度应该是最高的吗？在口罩相关规定出台后，猜想基本得到了验证。

关于口罩的讨论热度逐渐降低，大家不再争论该不该戴口罩，而是聚焦到如何购买口罩（此时口罩已脱销），以及如何保障弱势群体的权益。中上阶层或者有钱去买高价口罩，或者有海外途径给他们寄来口罩，即使没有充足的口罩，他们还可以选择不出门在家待着（没有太多经济压力），底层人则没有这

么幸运。此外,在口罩强制令中,具体实施时缺乏灵活性,简单粗暴不够人性化的做法,也引发了不少争议,但热度未能回升到初始阶段。

二、 夹缝中的海外华人:障碍、连接与沟通

境外的口罩议题跟疫情发展密切相关。2020 年 1 月—2 月,疫情不太严重,这个时期主要是防病毒输入,也因此造成了一波种族歧视事件,有华人、亚裔在西方国家遭遇歧视,认为他们携带病毒,有的甚至遭到辱骂和殴打。2 月 1 日,意大利佛罗伦萨市长纳德拉(Dario Nardella)在推特上发起"给中国人一个拥抱"的话题。这一新闻在国内社交媒体上传播时,网友反应多是"十动然拒":"这份好意心领了,不过现在这疫情确实不建议拥抱。"

随着境外感染人数的增长,疫情逐渐引起了政府和公众的重视,但戴口罩的人依然不多。当时国外的主流观点是健康人戴口罩起不到防护作用,有症状才需要戴口罩,普通人最有效的防护方法是洗手。国外政府多不赞成普通人戴口罩,呼吁民众把口罩留给医护人员。当时口罩在市场脱销,被认为主要是华人抢购(用于支援中国及自己囤货)所致,戴口罩的华人难免被另眼相看,乃至有人好心到医院去捐赠口罩还遭遇了白眼。

不少华人在网上谈及戴口罩都感到无奈,但同时也理解观点的改变需要一个过程。例如一位留学生网友就认为,现阶段跟外国人争论是否戴口罩没有必要,时间会证明一切:"我跟外国同学的口罩之争就是因为一个时间差,和文化差异,种种因素,我劝他们戴口罩,没有用,很多事情要他们自己去理解,他们还劝我摘口罩和取笑我们买各种防护用品。这其实是双向的强迫,他们在意识到之前都是无效的。"

这种"双向强迫"现象,在某位博主的自媒体视频及相关评论中有集中呈现。新浪博主@单蓓 Brenda,认证信息为海外资讯博主(加拿大),从事媒体工作。疫情前她的关注度不高,疫情期间却因为发布几个视频而火了。3 月 19 日,她发布的一则视频显示,她去探访一位华人朋友(前医护人员),两人在楼道讨论疫情时遭遇戏剧性的一幕。一位女邻居(退休护士)看到两个华人

女性戴口罩,当即高声反对,告诉她们戴口罩没有用,让她们不要戴口罩、要多洗手。

在这个视频下面,不少海外华人及家属的发言讲到类似经历。一位女性说:"我妈在加拿大卡尔加里某综合性大医院当护士,医院直到现在还是明文规定并重复强调不让戴口罩,说不礼貌!"一位男性说:"我在德国也是,极少有人戴口罩,我戴口罩出门真的是心理压力极大,承受的眼光太多了。"这条视频及相关评论很快吸引到网友的关注,纷纷在评论里表示难以理解,更有不少人对国外这种做法冷嘲热讽、大肆抨击。

那些身在海外、在中国有亲友的华人,大多在口罩议题上体验到了这种跨文化差异,并对此深感身心疲惫。例如瑞典一位网友这样表述道:"经历了一个多月看到国内的状况,意大利、伊朗、韩国、日本的各国状况,承载的信息太多了,我觉得非常非常的疲惫。没有精力跟国内的家人朋友一一解释为什么这边人不戴口罩,也不想受到恐慌情绪的国人影响盲目地在一个大群里跟完全不认识的人买口罩,更没办法跟对此事至少不放在优先级高位的瑞典家人说明白我此刻的心情,我整个人都很沮丧,这两天都不想跟任何人讨论。"

对于国人关于口罩的困惑,如国外政府为何不呼吁、不建议、不要求民众戴口罩。一些海外华人在网上努力解释,一个是科学的角度,戴口罩的功效当时还没有得到主流学界的认可;一个是从现实的角度,例如一位瑞士的华人网友这样说:"如果号召人人都戴口罩,每人两个口罩有用吗?是不是口罩没有备齐阶段不会号召所有人戴口罩,而寻求另外方案?口罩留给需要每天更换好几个的医护人员和公共服务人员。普通人里先全体约定俗成:有症状的戴口罩。没有的不戴。这不是正确思维吗?"

与国内产生的争议不同,这里的许多质疑背后都涉及中西方文化差异。例如有网友对西方尊重个体权利产生了怀疑:"以前对国内强制宣传出门戴口罩觉得这是专制,是不尊重个体权利和自由。那么国外强制不准戴口罩,甚至非传染性医院医护也不准戴口罩,难道不是另一种不尊重个体权利与自由吗?"还有网友指出,这些现象的背后是因为西方国家对中国的偏见:"他们是不会承认一个发展中国家的医学防护比他们还要科学的,典型的西方人的傲慢与偏见。"

三、 隔岸观火：个人权利还是党派之争？

随着时间的推移,越来越多的证据显示,无症状者也具有传染性,戴口罩对延缓病毒传播有一定的积极作用。各国政府的态度有了改变,开始建议民众戴口罩,即使是人人皆知不爱戴口罩的美国总统特朗普,其领导的美国政府也建议美国人佩戴"非医疗布料"口罩。这一时期,网上各种教大家自己做口罩(一时口罩还供应不上)的视频铺天盖地,口罩党暂时取得胜利,但不久之后,新的争议又爆发了。

在疫情严重的时期,各国均采取了程度不一的封锁措施,有些地区对普通公民外出都进行限制。一段时间过去,疫情相对稳定后,政府和民众深感有恢复正常生活的必要,如何兼顾疫情防控与重启经济成为关键议题。各国政府因此有了更大的转变,纷纷推出口罩禁令,要求公众在公共交通工具、商场超市、其他封闭或拥挤的环境中必须佩戴口罩,违者将被罚款,或者不提供服务(如商场拒绝进入)。

这时期有一些民调显示,西方民众的认知和态度发生了改变,多数人赞同口罩禁令。前面提到的新浪博主@单蓓 Brenda 在 7 月 1 日发布的一条微博也声称:"6/30 省长宣布 7 月 13 日起,魁省公交出行强制戴口罩。为什么又要再拖 14 天? 迷幻的政府。看留言,民众几乎都在跪求强制戴口罩。"可见加拿大民众对口罩的接纳度已比较高,甚至还走在了政府强制令的前面。

美国一直没有出台全国性的口罩禁令,特朗普还强调不会发布这一禁令,但现实生活中公众态度已悄然改变,高等学府戴口罩成为默认规则。9 月,一位留学生在网上这样讲述自己的亲身体验:"全国总数早已超过 600 万。平日里 covid 已然是正常生活一部分了。超市饭店等商家都贴出'无口罩不服务'的告示。我每周二回到学校办公室工作,学生们来我所在的办公楼都需要事先约定,而后排队进入,口罩更是不消说,那是必要之物,佩戴口罩是负责任的象征;而早在3月时,这是完全想不到的变化。"

与此同时,反对口罩的声音也越来越强,加拿大、英国、美国、德国……都爆发了抗议游行,参与者大多不戴口罩。相关新闻报道在国内社交媒体披露后,引起网友新一轮的困惑。有网友认为匪夷所思:"自由和口罩之间的距离到底有多远!一直不明白西方人的自由包含了哪些内容,为什么一个口罩就妨碍了。"还有人出言攻击:"脑子是不是有病?老外思想是不是被洗脑了,完全脑回路跟我们中国人不一样啊。"

而随着美国总统大选进程的逼近,社交媒体中的口罩争议越来越聚焦在美国。是否戴口罩在美国很大程度上被政治化了,成为两党的争议要点。疫情期间,美国著名播客崔娃的相关视频在国内社交媒体上逐渐走红,深得网民的青睐,其中《崔娃云录制:美国疫情下的口罩之战》这一期更是获得巨大流量,这期视频讲述的就是疫情发生以来,美国关于口罩的各种争议、各类层出不穷的新闻。

事实上,口罩争议在美国并不仅仅是党派之争。有研究显示,新冠疫情期间美国女性更多采取防护措施,自2020年6月以来,女性报告在外佩戴口罩的比例明显高于男性,6月与男性相差达到10个百分点,10月才降至4个百分点。调查显示,性别差异比党派差异更明显,在共和党内部,性别差异更加显著。[①]这些差异在媒体中大多被忽略,口罩之争不再是防疫措施之争,而是治国方针之争,是谁担任下一任总统之争,容不得丝毫退让。

在国内社交媒体上,关于特朗普与口罩的新闻层出不穷,每隔一段时间就有一条,如特朗普嘲笑加州人吃饭都要戴口罩、特朗普嘲笑记者戴着口罩提问、特朗普称85%戴口罩的人感染新冠、特朗普讥讽拜登戴口罩……最近的新闻则是,新当选的总统拜登呼吁全美民众戴口罩,结束将戴口罩政治化。如果美国总统权力顺利交接,美国的口罩之争或许不再成为社交媒体热议,但这些争议确实让国内民众对西方政权加深了认识。

---

① 达特茅斯学院:《美国女性更多采取疫情防护措施》,《社会科学报》2020年10月22日,总第1727期第7版。

四、口罩议题的背后：与他者同在、同行

网络社交媒体的存在使得跨文化传播和交流成为可能，在某些特殊时期如新冠疫情期间，大量民众被禁足、隔离在家里，社交媒体的讨论显著增多。诚然，社交媒体作为网络媒体的一种是受限的，例如国内民众大多只能登录新浪博客这类社交媒体，在这里了解到的国外新闻经过了媒体的筛选，而西方普通人的声音因为语言沟通障碍，主要由留学生、海外华人来间接传播，但这个途径仍然在很大程度上拓宽了国人的眼界，让大家更深刻地感受到全球化、命运共同体的含义。

为什么中外关于口罩的认知存在这么大的差异？1918年，西班牙大流感导致全球超过30%的人口被感染，当时西方有多国政府要求民众在公共场所必须佩戴口罩。戴口罩的习惯未能保留下来，可能与"蒙面"在西方常与抗议乃至暴力活动相关。欧美不少国家因此禁止穿戴面罩，例如奥地利禁止在公共场所穿戴遮盖脸部的物品，违者将被罚款，如果生病需要戴口罩，要请医生开证明，放在身上备查。在西方语境下，口罩不仅是疾病的象征，还与不安全、甚至恐怖暴力有暧昧关联。

另一方面，西方国家对亚洲文化、尤其中国的政治体制一直有偏见，佩戴口罩在他们眼里是服从管制和被操纵的象征，与个人权利相冲突。然而，这种看法过于简单化，民众愿意接受政府管理，暂时让渡个人自由，不一定是被迫顺从于政府，也基于对获得更多自由的期待，如尽快控制住疫情后恢复工作和社交。而且，既然"全球数字鸿沟存在不民主的情形，在线健康信息往往以欧美为中心"，①那么亚洲尤其中国的抗疫措施（包括戴口罩）获得肯定，也有助于打破这种欧美中心化的局面。

疫情在亚洲控制较好，有学者认为最重要的是亚洲动用了大规模数字监

---

① ［美］迈赫迪·萨马迪：《国际传播立论前沿》，吴飞、黄超译，中国传媒大学出版社2016年版，第80页。

控来对抗病毒,欧洲尚未认识到这种范式转变。在亚洲几乎没有反数字监控的批判意识。①对于这一点,社交媒体的讨论呈现出不同面相,普通民众更多地对抗疫成绩认可,而知识分子则对数字监控的进一步严密感到隐忧。西方国家关注个人权利、个人隐私保护的观点和举措,在疫情防控中我们也应该适当参考,以切实保障每一个人的基本权益。

新冠疫情使得人类面临危机,同时也蕴含着发展的机遇。社交媒体上围绕口罩的争议凸显了文化差异,但文化混杂也有其发展潜力,因为在"大多数情况下,混杂对于群体来说可能是一个积极的文化、政治动力"。②隔离只能在短期内抑制疫情暴发,全球合作治理才能赢得抗疫的胜利。要做到这一点,我们需要在跨国公共舆论空间通过协商来达成共识,进而在此基础上开展合作、共同抗疫。

网络社交媒体就是一个跨国公共舆论空间,它促进交流的同时,也可能使得公众更加分裂,这是需要努力避免的。"如果网络论坛促进社会分化,那么包容力的原则也会受到影响……但是这些困难是可以被克服的……不少虚拟网络通过自省和不受限制的对话,以及严肃或明确地认同对话规范而成功地促发了相互亲和性的产生。"③在全球化进程不可逆的今天,社交媒体中的口罩之争或许能带给我们一些有益的启发,让我们学会如何与他者同在、同行。

---

① 韩炳哲:《为什么东亚对疫情的控制比欧洲有效?》,苏子滢译,澎湃新闻,https://baijiahao.baidu.com/s?id=1662110468178054008&wfr=spider&for=pc。
② [美]迈赫迪·萨马迪:《国际传播立论前沿》,吴飞、黄超译,中国传媒大学出版社2016年版,第232页。
③ [英]安吉拉·克拉克:《全球传播与跨国公共空间》,金然译,浙江大学出版社2015年版,第213页。

双城记

——首尔和大邱的抗疫故事

李成师*

摘　要　首尔与大邱这两座城市是韩国疫情的风暴中心,它们在这一年之间的沉浮,恰是整个韩国疫情发展的缩影。笔者亲历其中,以详实资料真实记述韩国政府的疾控体系、防疫措施,以及因奉行民主自由精神而导致宗教引爆疫情的难题。自2020年2月大邱暴发新冠肺炎疫情以来,一年之间韩国共经历了三波疫情高峰。其中发生在大邱的第一波疫情被有效迅速控制,成为世人榜样,但8月暴发的第二波疫情则再次显露了韩国社会的宗教问题,而第三波疫情将如何渡过目前尚不得而知。对此,韩国政府将采取更为严格的"针对性"管控措施。

关键词　新冠肺炎　抗疫　首尔　大邱

时至今日新冠肺炎已经成为21世纪人类的第一个全球大流行病,它深刻地改变了人类的历史进程,每个个体都不可避免地受到了它的或大或小的影响。下面的文字,就是同时在首尔与大邱生活的我对2020年韩国新冠肺炎疫情的记述。尽管笔者限于身份只突出表现韩国的两座城市,但稍微对韩国疫情有所了解就会知道这两座城市正是韩国疫情的风暴中心,它们在这一年之间的沉浮,恰是整个韩国疫情发展的缩影。

---

* 李成师,浙江科技学院讲师,复旦大学现当代文学博士,韩国籍,主要研究领域为先锋文学和文学批评。

双　城　记

一

　　韩国是1月20日出现的第一名新冠肺炎确诊患者,并且是韩国公民。该患者前一天从武汉回国到达仁川国际机场,随即被检测出高烧,隔离后确诊。首例确诊病例出现当天,韩国疾控部门就将传染病预警级别提高到"注意",并对旅客进行详细调查,符合一定条件即作为疑似感染者而进行隔离。与此同时,中国方面也确认了新冠肺炎疫情的严重性,人传人已经显而易见,并且传染性之强被证实远超SARS。在这之后3天,武汉宣布封城,中国的疫情达到了顶点。韩国的防控措施也一天比一天严厉:1月24日,计划安排包机从中国武汉撤侨;1月27日,传染病预警级别由"注意"提升至"警戒";2月4日起限制曾到访湖北省的游客入境等。但值得注意的是,在当时世界各国相继宣布关闭中国的入境通道,唯独韩国没有完全断绝与中国的交通往来。这一方面是因为韩中之间异常紧密的经济文化往来关系,另一方面也是因为当时韩国国内的疫情形势相对可控。在首例确诊病例出现之后,韩国国内虽然陆续有确诊病例,但都是零星出现,增长速度也比较缓慢,新冠肺炎累计确诊人数一直未超过30例。2月13日,韩国总统文在寅还表示,国内疫情很快就会结束。此后直到2月21日韩国政府还表示疫情可控,没有必要继续提高传染病预警等级。

　　但是这一切在2月23日迎来了根本性的转折。在这一天,政府将新冠肺炎感染疫情升级为最高级别"严重",这是自2009年甲型H1N1流感病毒导致263人死亡之后,韩国时隔11年来又一次的"严重"疫情。扭转这一切的,是大邱的一个被正统基督教会认定为异端邪说的"新天地"教派的一名61岁的女教徒。这名女教徒是2月18日在韩国南部直辖市大邱被发现的韩国第31例新冠肺炎感染者,在她确诊的第二天,大邱市一夜之间就新增了15个病例。当天,庆北大学医院急诊室、岭南大学医院急诊室、启明大学医院急诊室都被紧急关闭,市长在电视直播中宣布,大邱进入紧急状态。2月21日,大邱感染者近100人,同时大邱市和庆尚北道也一并被国家指定为特管地区。由此,大邱成为全球第一个爆发新冠疫情的海外城市，它在当时被称为"韩国的武汉"。那名61岁的女教徒，也被认为是此前一直没有出现的"超级传染者"，被她传染的新冠肺炎患者数以百计，其中有很多人已经去世，而她本人却在得到2个多月的免费治疗之后康复出院。

韩国第31号新冠肺炎病例到底是如何感染患病的，至今还是一个谜，很可能永远无法查清。她早在2月7日就产生了喉痛发烧等新冠肺炎有关病症并去医院就医，但是尽管及时就医，由于这名女教徒在过去3个月内没有出过韩国，也没有与疫区高风险者有过"明确接触"。她跟中国产生的交集可能只在于她在2月初去过清道郡的大南医院，在医院内参加了新天地教会创始人李万熙哥哥的葬礼，并在院内接触了一批有过中国旅行史的人士。不过，韩国疾控部门至今还无法确切证明，第31号病例是否是在那里受到感染。所以我们也不难理解，在她最早去医院就诊的时候，医疗部门完全忽略了她，只把她当作普通流感患者来处理。而这也直接成了韩国防疫工作的突破口，导致了韩国新冠疫情由此从海外流入进入社区传播阶段。之前她去过的地方一一被引爆，出现了大规模聚集性感染。尤其是在2月16日这一天，这名女教徒去教会参加了一场有460多人参与的礼拜活动，这最终导致了新冠疫情在大邱的暴发，此事在韩国被称为"新天地超级传播事件"。

以新天地教会为原点，与该教会有关的病例在第31号病例之后已覆盖韩国过半行政区，就连军队也未能幸免。第一名被确诊的韩国陆军军人，曾在确诊前前往大邱与女友碰面，其女友是新天地教会的信徒，疑似在新天地教会的"超级传播事件"中受到感染。与此同时，海军和空军中也相继有人确诊。为了控制疫情影响，韩国三军严格限制士兵外出度假和会见宾客。军方开始对2月10日以后从大邱、庆北地区休假归来的士兵进行全面排查，规模可能超过5 000多人。截至2月22日下午4点，已经有1 300多名人员被隔离。

新天地教会在韩国一直是一个备受争议的基督教派，在教主李万熙的领导下，其成员对于传教极为热衷。在武汉封城后，教会中留在中国的成员甚至有利用这一机会潜入传教的想法，由此可见其疯狂的程度。另一方面，这一教派为了便于传教，往往在接触他人时隐藏自己的真实身份，甚至潜入其他教会进行伪装策反。正是因此,在韩国政府要求新天地教会交出全体成员名单以进行新冠病毒检测时,教会方面采取了拒不合作的态度,向防疫当局虚报漏报教徒人数和集会场所。直到26日,韩国政府才通过全面调查而获取了新天地教会全体21.2万余名教徒的名单,并得以采取更大范围内的防范行动。但此时距离第31号病例确诊,已经过去了1周。就这样,新仇旧恨叠加在一起,令韩国民众对新天地教会愤怒异常,政府也开始对其展开清算。李万熙本人在这一背景下于3月2日召开记者会,下跪叩头向国民谢罪,成为世界头条,其也最终在8月1日以涉嫌妨碍政府防疫工作等罪名而被逮捕。

在大邱疫情暴发最严重的时候,中国国内的疫情已经基本被控制住了,我本人所停留的湖州更是自始至终少有病例。这令我和我远在韩国的家人出现了角色互换,从最开始的他们担心我的安危而变成了我害怕他们受到传染。在2月24日的时候,我父亲长途驱车7个小时,往返大邱—首尔,把我在首尔大学念书的弟弟接回了大邱家中。这本是出于安全考虑,但没想到这之后没几个小时,我就在中国的媒体上看到了"韩国对大邱和庆尚北道实施最大程度封锁"的新闻。尽管这一消息事后被证实为媒体夸大炒作的假新闻,但大邱当时的紧张形势确实不容乐观,大邱市民排长队在超市门口买口罩的图片当天登顶全球各大媒体头条就足以说明一切,我父亲更是曾与一名"新天地"教徒新生在同一天走入过学校。

尽管形势如此严峻,但事实上韩国不仅在当时没有"封锁"大邱,直到目前政府也从未采取过任何类似"封城"这样的激进手段来控制疫情蔓延。不停工不封城也没有群体免疫,在维持社会正常运行的基础上高效率地实现疫情防控,这是韩国在新冠肺炎全球大流行中交出的一份举世瞩目的高分答卷。

二

2月18日发现"超级传播者"之后,韩国疫情快速暴发,突然成为全球第二大疫情国,总统文在寅也差点被隔离,2月29日最高峰时单日新增确诊病例数909人。然而陡然增长的曲线变平缓也同样迅速,10多天后,每日新增病例已经被控制在了100例左右。截至3月30日,韩国共确诊9 661人,死亡158人,死亡率1.65%。

3月18日,世界卫生组织总干事谭德塞提出应该"借鉴韩国和其他地区的经验"。3月23日,《财新周刊》发表封面特稿《韩国做对了什么》。3月24日,特朗普致电文在寅,希望韩国能够向美国提供医疗设备援助。3月29日,中国国家卫健委在武汉组织召开疾控系统疫情防控工作座谈会,主任马晓伟要求全国疾控系统培训学习推广武汉大会战的经验,同时尽快搜集整理日本、韩国、新加坡等国防控新冠肺炎的经验方法,为复工复产复学保驾护航。

韩国做对了什么?这个问题显然是新冠大流行背景下,世界各国都亟待弄清的关键。这一切要从韩国2015年的一场防疫失败说起。

在那年5月,韩国暴发了中东呼吸综合征(MERS)疫情,确诊186例,死亡38人,致死率20.4%。韩国成为全球第二大MERS发病国,仅次于该病毒首次被发现的沙特。首尔国立大学医学院医学管理系教授Yoon Kim曾在一篇名为《MERS暴发后的医疗改革:迄今为止的进展和下一步》的论文中,将应对失败的主要原因归纳为:最初的流行病学调查失败,政府的信息不公开,以及疾病管理本部(KCDC)的地位和权威薄弱。这之后,韩国疾控体系经历了大刀阔斧的改革。首先,KCDC的地位和权力得到了实质性的提升,并建立了一整套"传染病预防控制系统",实现了出入境、边检和医疗机构之间的互联。同时,政府要求有300个以上病床的大型综合医院必须设置一定数量的负压隔离病房;中央和17个广域市需指定临时隔离设施,有国家指定治疗隔离病床的医疗机关和全国各地区应急医疗中心将扩充负压隔离病房。而对于疫情期间的司法保障也很快被提上了议事日程。2015年底,《传染病预防及管理相关法律修正案》在韩国国会全体会议上通过。该法案包括:公开感染患者信息、打造医院间及国家和地方自治团体间的信息共享系统、开设感染病管理事业支援机构、针对护工人员及出入人员需要进行备案、培养流行病学调查相关人员。这一切的改革,都在本次韩国的新冠疫情中收获了成效。

按照韩国官方公布的战疫策略,其核心被概括为TRUST:Transparency(公开透明),根据检测和诊断能力,数小时内能获得检测结果,每日可进行约

1.9万例检测,并保障数据及时公布;Robust Screening and Quarantine(行踪轨迹和隔离监督),记录病毒感染患者的行踪轨迹,并严格实行居家隔离管控措施,如违反相关规定,可被处以监禁和罚款;Unique but Universally-applicable(创新并普遍推广检测技术),推出免下车的"Drive-thru"的检测方式,最大限度减少人员接触,且可通过手机App追踪患者的轨迹和健康状况;Strict Control(严格管控),禁止与确诊患者有过密切接触的人员在14天隔离期间内离开韩国;Treatment(治疗),向确诊患者提供先进的医疗服务,且不分国籍全部免除治疗费用。这之中在2月底由地方政府创造发明的免下车筛查诊所最为世人称道,其兼具效率与安全且与世界各国的国情都不相矛盾,至3月27日,韩国共有80个这样的检测点,并被美国等多国引进。

另外,在大规模检测之后,完善的隔离和治疗方案也必不可少。疫情之初,韩国采取了把所有感染者和隔离者都接到医院治疗的措施,随着患者数量暴增,医疗资源严重不足,使得在受灾最严重的大邱市,至少有2名患者因为等待医院床位而死亡。随后,韩国调整策略,转为"分级治疗",由各市道构成的患者管理医疗团队将确诊者分为轻症、中症、重症、危重症等4类。中症、重症和危重症患者在传染病专门医院、国家指定住院治疗机构内住院治疗。轻症患者或无症状感染者则在各市道指定的生活治疗中心(承担类似方舱医院的功能)接受隔离治疗,把医院病床留给真正有需要的重症患者。

同时,在立法使民众接受管控,强制其佩戴口罩、提供个人信息、接受检疫隔离等,以此避免侵犯人权的不法争议,实现防疫有法可依方面,韩国政府也相当高效。早在2月20日,韩国国会保健福祉委员会就召开全体会议,表决通过了旨在应对新冠病毒疫情的3项法案,具体包括《关于预防及管理传染病法律》《检疫法》《医疗法》的修订案。在一周后的2月26日,韩国国会又很快通过了法案的修订,为疫情期间个人隐私的暂时让渡提供了司法基础。

如前所述,韩国政府这一系列的防疫举措在事后被证明是非常有效的。这不仅令韩国的疫情得到了迅速的缓解,也使得文在寅政府收获了空前的支持。在5月8日,盖洛普韩国在6日—7日(5月第一周)对全韩国满18岁以上的1004人进行了电话调查。结果显示,71%的受访者认为"总统做得很好"。这一数字比上周上升了 7 个百分点。相反,回答"总统做得不对"的被调查者为 26%,比上周下降了 5 个百分点。自 2 月第 4 周(2 月 25 日—27 日)以来,文在寅总统的支持率连续 10 周呈上升趋势。10 周内上涨约 30 个百分点。同时,总统否定评价也从 51%下降至 21%,下降了 30 个百分点。对文在寅总统的肯定评价理由中,再次提到了新冠肺炎疫情。5 月第一周的肯定评价的回答者中,有 54%的人认为"文在寅总统应对新冠肺炎的对策很好"。据分析,这是因为近期新冠肺炎的确诊者减少为 10 人左右,暂时进入稳定状态。

三

文在寅政府的防疫政策,从他的亲密战友首尔市长朴元淳在 3 月 27 日晚于 31 个国家 45 座城市市长举行的共同应对新冠疫情视频会议上的发言就能得到简单概括。朴元淳说:首尔坚持"应对过度比应对迟缓更强"。也就是说,韩国自大邱暴发疫情以来,一直奉行"过度应对"的政策,而这在政府清算"新天地"教会时,就不断引发侵犯人权自由的争议,在这一点上韩国的情况与西方国家如出一辙。最终,韩国政府在 7 月颁布的一项禁令,引发了大规模的反弹,直接导致了韩国疫情在 8 月出现第二波高潮。

当时发布的这条行政命令规定,从 7 月 10 日起,禁止举行除教会正规礼拜之外的小型聚会、活动和集体就餐等,违者将被处以 300 万韩元以下的罚款。这条禁令是在当时韩国频繁发生教会聚集感染的背景下颁布的,在一定程度上来说存在合理性。但 8 日,有人在青瓦台请愿表示"请取消政府的除教会正规礼拜以外活动的禁令",请愿人在请愿文中表示"大部分媒体的报道是,新冠肺炎的集体感染是因为没有遵守防疫事项而导致的。政府的这项措施是对教会的逆向歧视。政府没有对夜店、练歌房、餐厅、咖啡店这种人更多的地方采取严格的措施,反而对教会的聚会进行限制,无法理解政府的这种做法。当然如果没有遵守防疫守则的话,是需要进行严厉处罚的。但用极少数的教会事例来限制所有教会,这是无理取闹的防疫措施,也没见对遵守了防疫措施的教会进行报道。这是对其他宗教/市政设施的逆向歧视。根据《宪法》

第 20 条第一项的规定,所有的国民都有宗教自由,政府自己违背了这项法律。为什么只打压教会呢?大韩民国的自由民主主义就是这样的吗?如果不是的话,就请取消除教会正规礼拜以外活动的禁令"。

这一请愿很快在国民中引发反响,联署人数迅速超过了 20 万人,达到了法律规定的政府必须就此进行回应的门槛。而政府的回应也相当直接,在 22 日上午的中央灾难安全对策本部的会议上,国务总理丁世均表示"将从 24 日开始解除教会防疫强化措施"。显然,在保障公民自由与维持稳定防疫这两者之间,文在寅政府虽然收获了相当的支持,但也处在左右为难的境地之中。

而就在政府陷入犹豫之时,反对文在寅政府的保守政党与教会组织开始借机发难,并最终演变成举世震惊的"8·15 光复节抗议集会"。在这场集会中,数万民众涌上街头,其中大部分是中老年群体。面对此种局面,文在寅悲观地表示,未来一段时间单日新增病例将大幅增加,韩国面临着自新天地教会发生群聚性感染事件后的最大危机。这不幸一语成谶。就在集会那一周,韩国疫情大幅反弹,14 日—17 日连续 4 天单日新增病例过 100 人。集会发起人、"爱第一"教会牧师、韩国基督教总联合会会长全光勋,这位在 2 月时就曾因顶风集会并率领民众说着"得病也是爱国"撵走赶来劝阻的首尔市长朴元淳而闻名于世的反文领袖,也在 17 日与他的家人一同确诊新冠肺炎,并由此和"新天地"教会的李万熙一样,引发社会公愤。在这种情况下,基督教界内部也对全光勋的政治行为公开提出了批评,韩国基督教牧会者协议会发表文章敦促各教团对全光勋牧师给予明确的处分。

以"8·15"集会为导火索,韩国疫情再次因为宗教问题而被引爆,并出现了 3 月以来的又一波疫情高潮。截至全光勋治愈出院的 9 月 2 日,韩国连续 20 天单日新增新冠肺炎确诊病例过百,其中与全光勋所在"爱第一"教会相关的确诊病例达到 1 083 例,仅次于年初"新天地"教会传播的 5 214 例,韩国首都首尔也由此取代了大邱而成为新的疫情中心。这样的情况不得不令首尔市政府再次推出此前被取消的禁止 10 人以上集会的禁令,自由与防疫的难题也暂时得到了解决。但这一解决注定只是暂时的,困扰韩国社会多年的宗教自由与邪教横行的矛盾必然还将存在下去,这恐怕也是所有奉行民主自由精神的国家将永远承受的代价。

结　　语

截至2020年11月28日零点,韩国新冠肺炎确诊者为504名。连续3天突破500名(581→555→504)的状况是继3月初韩国大邱庆北疫情第一次大暴发后时隔9个月再次发生,这无疑是2020年韩国的第三波疫情高潮,其后续发展如何我们尚不得而知。韩国中央防疫对策本部流行病学调查分析团团长李尚元在26日例行记者会上表示:"目前的新增病例规模会持续到本周末。目前我们正在与正式发生的第三次流行进行斗争。根据数学预测结果,到12月初为止,预计会持续出现每日400—600例新增病例的情况。"值得注意的是,与前两次疫情高潮不同,这次的大规模疫情蔓延明显是社区化的而非组织化的。全国同时出现了多个感染源,餐厅、学校、桑拿浴、教会、军队等传染源多种多样,给人一种防不胜防的感觉。韩国政府目前在推行保持社交距离的政策,希望能尽快度过这一波的疫情高峰,至于效果如何,我们也只能拭目以待。

疫情中的法国人与法国社会文化之片影

熊若云*

摘 要 自2020年初,新冠疫情席卷了整个世界。面对两次肆虐的疫情,法国社会于2020年3月17日和2020年10月30日两次采取了全国性封城禁闭的措施。在两次封城中,法国社会面临的主要问题,甚至新冠的主要感染者都有所变化。唯一贯彻始终的,是法国人天性中对独立和自由的向往。本文摘取了疫情中在法国备受关注的几个片段与话题,讨论不同年龄、背景和阶层的法国人在疫情中所面临的问题和挑战,他们精神中的同与不同。

关键词 新冠疫情 法国 自由

一、"逃跑"的巴黎人

根据法国国家统计与经济研究所(INSEE)统计,在第一次宣布封城前日,众多大城市的人口集体往农村迁移。尤其在巴黎,大约10%也就是20万巴黎人离开巴黎,数据显示这些巴黎人多数前往其位于法国各地,例如诺曼底、博戈涅和布列塔尼的海边或农村的第二居所。而这些"逃跑"的巴黎人让当地的居民们表示担忧,他们认为本地的安全受到了威胁。

初次封城前,外省的疫情感染情况尚属轻微。当地人看来,这些外来人带来了病毒,举止傲慢,"自私又自我"。他们在城市、面包店等各处溜达,就像

---

* 熊若云:(法国)液化空气集团法国家庭医疗部战略分析师,复旦大学比较文学硕士,法国ESSEC商学院管理硕士,主要研究领域为跨文化与艺术研究。

度假一样。即便一些当地的政府机构也表达了对于巴黎人到来后医疗系统能否承受的担忧。

这些"外逃"的城市人中引发争论的典型,就是被拿来和国内写作疫情日记的方方相类比的法国女作家 Leila Slimani,她的封城日记因为在法国《世界报》上连载而备受关注,而后引起大众愤慨并受到舆论攻击,以至于《世界报》放弃连载计划。Leila 在法国本身是有一定声誉的作家,她原籍摩纳哥,2016年以作品《温柔之歌》而获得法国龚古尔奖。

为何 Leila 的封城日记引发了不满?

在大部分法国人眼里,Leila 就是那些出身优越生活阔绰,拥有一栋甚至数栋郊区别墅的巴黎人的代表。Leila 出身于一个典型富裕家庭,父亲是银行家,母亲是医生。她从小衣食无忧,接受良好的教育,有让人羡慕的工作,还嫁给了一个银行家。封城期间,她和家人离开巴黎,住到了位于诺曼底的大别墅中隔离和写作。

批评家认为她的封城日记带有太多的玫瑰色彩,居住在自己的乡间大别墅写作是一种奢侈的行为,是站在另一部分人生活反面的。那些老人、低收入者、穷人、残疾人,他们的生活是没有这样的保障的。她是城堡中的"睡美人",不知晓外面的世界,拒绝质疑不平等和不公正的现状对所有人造成的拘禁。

但是,与其说 Leila 在日记中所表达的茫然与慌乱感是"无病呻吟",不如说人们所不满的更多在于 Leila 所代表的一部分条件优越、有主动选择良好居住条件权利的城市人,他们与另一部分居住状况不佳甚至条件恶劣的普通人的处境形成了对立。根据 Abbe Pierre 基金会调查,截至 2020 年 1 月,法国仍然有近 400 万人住房条件艰苦。住房权利机构的发言人让·巴蒂斯特·埃罗说:"对与住房条件不佳的人来说,封城禁足就像是被囚禁。"封城期间,四口人甚至五口人挤在 20 平方米的家中的新闻屡屡入目。住房机构发言人认为,恶劣的居住环境对人的身体和心理健康都会造成负面影响。即便是出于公共卫生原因,也应该让这些住房条件不佳的人更换较大的居所。"但政府并没有对此采取严肃的措施。"实际上,封城期间,政府已经为无家可归者征用了 2 000 个酒店名额,只是这些房间的数量远不足以安置需要改善住房的家庭。

二、 口罩与贴面礼

法国人的一天通常是从社交礼仪贴面礼开始的。行贴面礼使人们靠近,使生活充满温情。疫情开始后,贴面礼因飞沫和零距离接触易传染病情,法国政府提醒:近期不要行贴面礼。各个公司中有人力资源部门处处张贴提示,同事之间开始以击肘或击鞋花式问候。亲密朋友或家人间多数尚未改变贴面亲吻习惯,直到口罩的出现。

口罩的普及,在2020年年初国内疫情中对于抑制病毒传播起到了重大作用。然而,在法国疫情初期,对于口罩是否有用这个问题,法国政府做过多次公共发言,这些发言并不是前后一致,以至于被一些媒体攻击称口罩问题是政府的"谎言"。

在疫情之初,从政府、卫生专家到主流媒体,不断传达给民众的信息是:"健康的人不需要口罩,口罩不能有效防止病毒传播。"因此,在大部分民众的观念中,戴口罩不是必要的防护措施,在他们看来,新冠肺炎和普通流感差不多,并不是特别严重。

最初政府倡导"不戴口罩",是有多方面的原因的。

一方面,与西方历史中口罩的消极象征意义有关。和亚洲社会有因花粉过敏,防止雾霾等原因日常戴口罩的习惯不同,西方社会文化语境下,口罩始终是一个医疗层面的象征物。中世纪鼠疫肆虐,著名的"鸟嘴面罩"被发明出来,用以隔绝病毒和环境中的异味。但即便如此,欧洲人口在这一阶段锐减1/3,成为西方历史上的一段创伤,戴口罩的形象因此和"病毒""不祥""死亡"相联。在当代生活中,口罩是重病或特殊条件下遵医嘱所用之物。因此,当西方人看到戴口罩的人走在路上,他们会认为对方得了重病,由此可以想象当一群戴口罩的人走上街头,这会给路人多么大的冲击。基于这种认知,口罩不是一个轻易佩戴的物品。

另一方面,倡导不戴口罩还涉及政治原因。在前几年连续发生恐怖袭击的背景下,欧洲国家设有"蒙面禁令"。法国在2010年颁布的《禁蒙面法》中禁止在公众场合使用面纱等遮盖面部的行为,违者可处一年监禁。因此,即便蒙面禁令本身是出于预防和打击恐怖袭击的目的,但同时也加重了民众对口罩的顾忌。

此外,还有民众认为,口罩违背了情感的自由。它遮住了人们的面部表情,掩盖了人内心的感受和真实的情绪,遮蔽了人和人之间的沟通和情感。他们认为,安全危机不是阻碍亲密关系的理由,口罩只会让人徒增焦虑。针对是否应该戴口罩并放弃贴面礼的问题,不少采访者表示:"我会一如既往地亲吻,病毒无法阻止我。"

除此之外,倡导不戴口罩还有一个十分现实又核心的原因:口罩储备严重不足。西方各国口罩产量少,多数靠从中国或其他国家进口。在年初中国新冠疫情肆虐之时,法国官方和民间多次邮寄口罩支援,已经用去大量库存。法国国内现存的口罩甚至无法满足病人和医护人员的使用量。在此基础上,号召民众佩戴口罩不仅无法实现,还有挤占医护人员及病人物资的危险。

那么,诸多背景之下,2个月之间,法国政府为何对口罩改口从"不戴"到"戴"?

在防疫过程中,随着对新冠病毒传播的观察,法国政府意识到了"戴口罩"的必要性。在封城的背景下,新冠依然在国民中继续传播。卫生部门了解到,新冠病毒有许多无症状感染者,也有大量类似流感的轻症感染者。当轻症感染者不知晓自己已经携带病毒,他们没有戴口罩的理由,无意中可能将病毒传染给众多人。同时,客观条件也逐渐允许"戴口罩"政策的推广。3月28日,法国政府向中国订购了10亿只口罩,这批口罩分批次由专机运抵法国,到4月上旬,口罩短缺一事有所缓解,"戴口罩"终于可以提上日程。

到了4月,法国政府彻底反转了先前的宣传口号,不但表示将强制要求在外出和公共交通时必须戴口罩,也开始逐步以市镇为单位,主动向国民发放口罩。

5月11日初步解封后,所有搭乘公共交通工具的乘客、在校学生、公司职员都必须戴口罩,进入商店也必须佩戴口罩。7月15日,继马克龙讲话要求强制戴口罩之后,《巴黎人报》和《解放报》等法国主流媒体进行了报道,来自不同背景的医学专家也都呼吁在所有公共场所强制戴口罩,以防止第二阶段的疫情。"戴口罩"作为防疫的基础措施,终于在法国确定下来。

三、 阳台上的掌声

第一次封城,对于大多数的普通人来说,紧张感是无处不在的。这种感觉一方面来源于对病毒的未知。对于这个新近传播的病毒,人们仅有的了解就是不久前在中国,它在短期内造成了大数量的死亡;它传播速度迅速,1月份时在法国还只有零星病例,2个月之后便以燎原之势快速传播。另一方面来源于防疫物资的不齐全。在对抗疫情的第一线的各大医院中,供给病人的床位不足,呼吸机数量不足;医护人员所需要的基本的口罩、手套等物资严重短缺。

为了解决口罩问题,各个国家开始各处搜罗口罩,不少国家甚至掀起"口罩争夺战",相互玩起了扣留口罩的"游戏",却改变不了一线口罩短缺的事实。在法国,一直到3月底4月初,通过各方捐赠,口罩的问题才有所缓解。

危机之下,奋战在抢救一线的医生和护士们被人们视为英雄。为了表达对他们的感谢,孩子们制作了表达谢意的绘画挂在阳台上;从3月17日禁足令实施的第一天起,人们自发在窗台上为医护人员鼓掌,从巴黎到图卢兹,从南特到马赛,掌声雷动,群情激昂。这成了禁足期间的固定节目,每日晚餐后振奋精神的甜点。

每晚8点,人们自发地走向窗口或阳台,这是许多人一天中为数不多的社交时间。老人们每晚8点都会像教堂的钟声一样准时,他们一面鼓掌,一面不忘和对门的住户挥手;孩子们也不会错过任何一次鼓掌,这是他们一天中的雀跃时刻。掌声像潮水从一个阳台涌向另一个阳台,最终在整个城市响彻,成为贯穿封城始终的一个温馨记忆。

然而,掌声之外,还有别样的现实。电台采访中不止一位护士无奈地说,掌声是美好的,可她们却收到了这样的匿名信:"考虑到您的职业,是否可以为了我们大家的安全,不要触碰社区入口的门把手,或者在未来一段时间考虑住到别的地方去?"类似的信件还有"请您把车停得离我们的车远一点"。甚至有的医护人员收到了业主委员会的信,请求他考虑关闭诊所,否则他需要负责居民楼公共部分的消毒工作。

新冠疫情在全球流行以后,无论国别,人们把医护人员称为"白衣天使"和"英雄"。危情之下,医护人员的付出使普通人心安理得地拥有"安全感"。然而像从事其他工作的普通人一样,面对严峻疫情,医护人员也同样感到恐惧和焦虑,而与此同时他们还要承受超强度的工作。他们因为抢救病人而精疲力竭:"我有许多做抢救或紧急治疗的同事要求我为他们的团队提供支持。他们正在前所未有的压力下工作,这种压力将持续下去。"

"英雄"的标签,赋予了医护人员巨大的责任,却不足体谅他们作为普通人的感受。他们需要齐全的抗疫物资保障他们的安全健康,也需要对他们的付出和冒险获得相应的补偿。一些电台节目对新冠期间的护士进行了采访,其中不乏有人坦言自己经历感染的恐惧,甚至不幸被感染。疲惫感、无力感和低收入使得少部分人考虑放弃曾经坚守多年的岗位。

总统马克龙在疫情重灾区米卢兹的讲话中由衷感谢了那些"牺牲自己生命,医治和救助他人"的医护人员,并且坦言"他们付出很多,回报却不足"。

5月11日,宅了整整55天的法国人民终于"重获自由"。路上的人多起来,餐厅和商店重新开张,沉寂了2个月的城市又重新热闹起来。与此同时,每晚8点的掌声也渐渐稀疏了。

第一阶段的疫情过后,"英雄"们不再被关注,他们的利益也未能得到捍卫。6月16日,在第一次解封被放宽之后,法国出现了一轮新的游行示威:医护人员大游行。多地医护人员走上街头,控诉自己工作辛苦但薪酬微薄,要求政府正视医护人员的需求,改善他们的待遇。

四、消失的掌声

10月30日,马克龙讲话之后,法国开始第二次封禁。

疫情中的法国人与法国社会文化之片影

人们很快感受到不同于第一次封禁的气氛。紧张感没有了,大家少了几分谨慎小心。在市场和商业中心,购物的人群熙熙攘攘。人们好像已经习惯了新冠这种流行病的存在,知道了它还会持续很长时间,也习惯了和它相处。

每晚8点的为"白衣天使"鼓掌声也不再响起。

并不是人们完全忘记了辛苦付出的医护人员。只是相比起健康风险,大多数人更关心自己的职业前途和经济状况。

根据法国民调机构IFOP的调查结果,和第一次封城相比,第二次封城期间,法国民众的士气更加低迷,心理创伤更大。如果说经历了第一次封禁之后,多数公司与机构仅存一丝气息,那么,第二次封禁便是雪上加霜。即便法国政府提供的部分失业补贴在第一次封禁期间支撑了许多人,第二次封禁使得情况更加恶化,诸多行业出现了公司倒闭潮。

传统强势行业受到的冲击最大。巴黎机场的交通量与2019年9月相比下降了74.5%,国际航空运输协会预计在2024年之前不会恢复正常。这引发在机场供应商、精品店、咖啡馆和餐馆、飞机制造商及其分包商等相关行业的连锁反应,许多机构已发布裁员计划。

旅游业也是重灾区。根据巴黎大区旅游委员会的数据,旅游业在巴黎大区提供大约50万个就业机会,自"二战"以来,旅游活动首次陷入崩溃直至停滞。仅2020年第一季度,旅游业就流失了近1 400万名游客,损失超过60亿欧元。2020年夏季也是"灾难性的",巴黎戴高乐机场附近一半的酒店已关闭,那些仍在营业的酒店入住率在10%—20%。巴黎马拉松赛等体育活动的取消以及各种展览会、交易会的取消,使得体育旅游和商务旅游也大幅受挫,相关的餐饮、接待、保安、花店等全面受到影响。截至10月1日,巴黎大区工商会已宣布取消了432场会议和238场展览。尽管政府提供了援助,但未来几个月,该行业仍有许多企业面临倒闭的风险。

咖啡馆、餐馆和酒店也岌岌可危。在两次封禁中,它们首当其冲被关闭。虽然短期内,在政府提供的非全时失业、国家担保贷款或地区援助措施缓冲下,尚未发生大规模裁员,但法国旅馆业职业与工业联合会担心,未来几个月将迎来倒闭潮,因为企业在关门期间仍必须支付租金和偿还贷款,许多停业或营业额急剧下降的机构将无力负担。

一个个经营困难的消息让人胆战心惊:先有上半年法国国民鞋履品牌Andre宣布破产;随后,被誉为"甜品中的香奈儿"的Fauchon也在一片惊呼声中宣布破产;法式精品象征,巴黎春天百货宣布关闭7家门店;连名声享誉世界,巴黎的文艺地标莎士比亚书店,也在社交媒体上表示撑不下去,呼吁大家去实体店买书。

大公司尚且如此,天生抵御风险能力不足的小企业和个体户的困难更难以想象。据《巴黎人报》报道,法国劳工部统计局(Dares)发布的最新数据显示,2020年9月巴黎大区失业人数为75万人,比2019年12月增加了10万,增幅前所未见。随着二次封禁的持续,情况将持续恶化。

五、全员爱自由

从法国大革命开始,"自由"便成为法国的基本价值,并在20世纪写入法国宪法。

热爱自由、嗜好节日可谓是法国的国民基因,无论发生什么天大的事,个人的自由不能被妨碍,节日不能随便被中断……难怪海明威说,巴黎就是一个"节日"。

从国民到政府,从封城前到封城后,"自由"始终是一个被反复提起的话题。对自由的向往和对病毒的敬畏之中,很多人显然"惯性"地选择前者。第一次封城前,马克龙总统提前3天发表讲话,大谈病毒的严重性和当前的危险程度,他甚至用"战争"来描绘当前这场危机。本以为谈话能起到约束国民的作用,不料讲话后的那个周末,从巴黎到大法兰西岛,从城中心到市郊,全法国的人都出门了,去市中心购物,去公园里散步。街上的人们摩肩接踵,人数之多,是一番平日里也见不到的景象。第二次封城,总统特地选了周四宣布周六凌晨开始封城的消息,以避免人们再次不畏病毒享受"最后的日光"。这一次尽管白天上班抑制了多数人的行动,不过,黄昏后各个餐厅门口人满为患。

封城前的"最后的疯狂"如此,封城后国民并未立刻进入居家状态。首次封城的第一天,街上仍然人头涌动,政府当即出了对策:对无理由出行者罚款35欧元。第二天路上行人少了,但仍有不畏罚款者。官方当晚将罚款由35欧元调整到135欧元,这才劝退了执着的出门人。

依然有一部分人想着法子出门。政府出于保障人们基本购买生活用品等权利的《出行证明》问世以后,有人便开始打擦边球。因为遛宠物合法,有人从早到晚拉着自己的狗出去遛。甚至也有人开始遛猫和兔子,让人忍俊不禁。

5月解封后,尽管疫情只是消退而并未消失,政府的政策也倾向于尽可能给予自由,捍卫民众出行和"过节"的权利。即使到秋季疫情已明显抬头,今年的"世界遗产日"和巴黎"白夜"等节日照旧举行。为了保护参加民众的健康安全,政府制定了新的防疫规则,对活动规模与形式做了相应的调整。例如,观众必须遵守目前巴黎市的各项防疫指令;例如戴口罩、保持规定距离,某些场所甚至采取事先预订、控制人数、人流等。现任巴黎市长安娜·伊达尔戈在介绍市议会这一决定时说,"卫生规则不应当妨碍我们眼睛、耳朵和触觉的乐趣。"马克龙也拒绝加强对民众的制约性措施,他说:"我们不能因为我们的检测工作不行而让全体法国人来'买单'。"

在这样的氛围之下,本身被重点关注和保护的老年人,在健康和自由的较量中,许多人的天平倾向后者。

疫情初期,60岁以上的老年人是新冠病毒面前的脆弱的人群,感染人数也最多。第一次封城期间,82%的患者年龄在70岁以上,政府因此对老年人的保护尤其注意。例如在许多养老院,老人们被要求禁止出门,同时被要求穿戴防护服等以确保不被传染,有些老年人将这些防护材料扔出窗外以表愤怒。此后,政府将老年人的禁足延续至年底的提议更激起老年人的愤怒,不少老年人抗议,按年龄"一刀切"是一种歧视,是把老年人边缘化,将其当作"二等公民"。

如果说一些老年人的"叛逆"是对过度保护的不满,大量年轻人的表现则是对疫情的轻视。

在整个疫情期间,年轻人"聚众感染"时有发生,在封城期间,新闻屡屡报道有年轻人不顾封城禁令,在无防护措施的情况下在"地下酒吧"或者私人住所聚集娱乐。

年轻人和老年人相比,有更多的"健康自信",他们成长在医疗发展相对成熟的社会,从未经历过大规模流行病。一些年轻人认为"最坏的结果,就是自己重感冒一场",这样的想法激怒了很多医生。但也有很多人对他们表示理解。他们是经济尚未独立的一批人,有来自学业或职业上的压力。病情牵绊了年轻人的脚步,使他们或者蜗居在10多平方米的宿舍远程上课,或者承担着失业或收入减少的事实。他们中的一些人报复性地聚集和开派对,不明智但无可奈何。

和老年人要的"自由"相比,年轻人显然已经越过红线。法国卫生部在8月指出:暑期法国新冠感染数据暴涨,其主要原因是15—44岁年龄段确诊病例的增加。5月18日—5月24日,每10万人中,年轻人感染人数这一数字仅为7.1人。而到了8月3日—8月9日,每10万人中有44.7名20—29岁的年轻人感染。与此同时,老年人感染的比例在逐步下降,不及年轻人的1/4。

六、 受冷遇的疫苗

11月起,多家大型医药企业新冠疫苗实验成功的消息相继传来,各国人民普天同庆,期待"告别"新冠病毒和恢复正常生活。

然而,这些消息在法国似乎没有掀起想象中的波澜。

根据益普索的调查报告显示,只有54%的法国人表示"准备好接种新冠疫苗",拒绝接种疫苗的比例更是在所有接受调查的国家之中排名第一。法国人对待新冠疫苗的态度,在全球算得上是"独树一帜"。

法国人对新冠疫苗的态度,是他们一贯对所有疫苗态度的延续。他们并不只是反对新冠疫苗,他们反对所有疫苗,认为疫苗会导致严重疾病甚至致死。

整个欧美世界,对于疫苗的深度恐惧要从20多年前说起。1998年,一位名叫维克菲尔德的英国医生在权威医学杂志《柳叶刀》上发表了一篇文章,文章中声称,麻疹、风疹和腮腺炎疫苗(统称MMR疫苗)会导致婴儿患上自闭症。这篇论文其实在当时并没有引起太大的注意,14年后,这份研究结果加上自闭症患者父母的现身控诉,在媒体的渲染以及煽风点火下,在整个欧美世界引起了轩然大波。

尽管这篇文章并未被任何后续研究结果所佐证,《柳叶刀》上的论文也在2004年被正式撤下,但是在很多法国人的固有思维里,对这一假论文事件的认知简化成了"疫苗=有害",他们并不相信科学,但是却非常容易相信那些"极度颠覆常识"的事情。

法国水平较高且资源充足的医疗条件,更让不信任疫苗的法国人"有恃无恐"。

在一些医疗资源不足、医疗水平落后且医疗昂贵的国家,人们寄希望于疫苗以减少自己得传染病甚至重疾的风险。相反,医疗水平高且资源充足的国家,例如法国,人们对自身的医疗体系有着足够的信任,认为即使自己真的因为没有打疫苗而染病,也是绝对能被治愈的。再加上医疗保险的福利制度,不需要为高额的医药费而担心,考虑到某些疫苗接种之后还可能有副作用,人们更不想冒险去打疫苗。

从更深层次来说,法国人对新冠疫苗的不信任,也是出于对政府的不信任,对大型医药企业的不信任。在一部广为流传的新冠疫情纪录片《抢劫》之中,导演直言不讳地借被采访者之口,声称新冠疫情是一场政府和医药公司共同导演的阴谋,前者利用民众的恐惧,对民众的控制;后者发明了病毒,以求得经济利益。这部歪曲事实的纪录片,在推出后一天内便在YOUTUBE视频平台获得60万的点赞,由此可见在法国民众中有着一定的群众基础。

在过去的10年里,法国人对政府的信任度急速下降。经济形势的下滑以及不安全感的增加导致"反体制力量",也就是"民粹主义"的兴起,而民粹主义的一大特点就是对于精英阶层的不满以及执政派的不信任。经济学家丹尼尔·科恩解释说:经济不安全感和民粹的崛起之间有非常密切的关系,几十年来可能积累起来的对当权政府的失望情绪,无论是左派还是右派,都助长了这种反体制的反应。

而在疫情中法国政府对于是否佩戴口罩、是否封城、是否推广羟氯喹治疗新冠等问题前后不一致的态度,更加重了人们的不信任感。

多家法国媒体就是否"强制接种"新冠疫苗提出讨论,并得出一致结论——这在法国社会非常难落实。如极右翼的玛丽·勒庞在接受BFMTV采访时说的:"我本人是会去接种新冠疫苗的,但是我不会强迫任何人去接种,因为我们都是独立且自由的个体。"

2020年接近尾声,12月的第一天,马克龙在新闻发布会上表示,法国计划12月底开始为最弱势群体接种疫苗,2021年4月开始大规模接种疫苗。消息传来,告别新冠肺炎的曙光似乎又近了一点。

疫情之后,作为个体,人们可以再次出行,享受便捷的生活和明媚的日光。而作为社会一分子,游行会照旧、"黄马甲"会重出江湖、气候保护者会再次抗议,宗教和世俗的矛盾也难以杜绝。在新冠肺炎所造成的经济困境之下,如何调和各方矛盾,满足不同阶层的需求,挽回一部分"叛逆"的民心,是政府需要更深层次考量和"医治"的问题。

对外文化交流的可持续性与转变

从上海连接世界与中国
——青年汉学家研修计划上海班五年回顾与展望

张 焮*

摘 要 当今世界正处于"百年未有之大变局"。一方面是"中国进入新时代",综合国力进入世界前列、国际地位显著提高、国际影响日益彰显。另一方面是西方发达国家内部出现一系列结构性问题。大变局下,中国有望在新的世界体系中发挥更大作用。与此同时,各国的对华认知也正在发生新的变化。如何推动世界认识一个"真实、立体、全面的中国",以更好地实现中外文明的交流互鉴,成为我们当前需着力应对的重大议题。青年汉学家研修计划的推出正是对这一问题所作的积极回应。梳理相关经验和成效,对新时代的对外文化交流具有一定的启示。

关键词 青年汉学家 中国研究 理解中国

---

* 张焮,上海社科院中国学研究所助理研究员,主要研究美国中国学,长期跟踪国外意见领袖对华认知、中国道路的国际反响。编有《论中国》《中国研究热》等书。

一、新时代的中国与世界

当今世界正处于"百年未有之大变局"。一方面是"中国进入新时代",综合国力进入世界前列、国际地位显著提高、国际影响日益彰显。尤其是中国经济全球辐射力越来越强,正在重塑世界经济版图。2019年底,英国《金融时报》网站发表文章,分析2000—2019年全球贸易的变化发展。文章指出,2000年时全球大多数国家所进口的商品都是来自美国,但在2001年中国加入世贸组织后,贸易结构很快发生变化。2005年,中国制造已经占据整个亚洲市场,并且开始在欧洲和非洲市场稳步推进。到了2019年,除了美洲为数不多的几个国家所需商品主要从美国进口外,全球大部分国家最重要的商品进口国已经变成了中国。文章甚至提出"中国已经成为全球大多数国家最主要的供应商,贸易正在日益单极化而不是多极化"。① 这是工业革命以来,世界经济重心首次向非西方世界的转移,必将深刻地影响世界格局的演变。

另一方面是西方发达国家"过去的好时光"不再。2008年全球金融危机以来,从美国的"占领华尔街运动",到欧洲的主权国家债务危机,再到民粹主义甚至极右翼力量在发达国家的兴起,都反映出欧美发达国家内部开始出现了一系列结构性问题。从美国航空航天局(NASA)发布的地球夜间灯光图中,可以很直观地看出这种变化。② 近年来,欧美夜间灯光的减弱,说明经济社会发展状况、人类活动的活跃程度已是今不如昔。尤其是美国中部地区夜间灯光减弱明显,直接反映出了"乡下人的悲歌"。因为经济复苏乏力,美国开始奉行保护主义和孤立主义,实行"美国优先"政策,频频"毁约""退群",让"二战"后所建立起的国际秩序面临越来越多的挑战。

---

① Steve Johnson, The Great Haul of China, Illustrated, Financial Times, November 19 2019, https://www.ft.com/content/4975eb8a-0ab6-11ea-bb52-34c8d9dc6d84.
② NASA, Earth at Night: Flat Maps, https://earthobservatory.nasa.gov/features/NightLights/page3.php.

"百年未有之大变局"下,中国有望在新的世界体系中发挥更大作用。在这一大变革时期,各国的对华认知也正在发生新的变化。在美国为首的发达国家,一度甚嚣尘上的"中国崩溃论"现已成为明日黄花,而新一轮的"中国威胁论"正卷土重来。尤其是一些政客片面夸大中国实力,故意在全社会煽动"中国恐慌",致使民众对华认知持续恶化。皮尤中心发布的民调显示,2020年对中国持负面看法的美国民众比例为73%(2017年为47%),持正面看法的比例为22%(2017年为44%),两个数据均是2005年启动该项调查以来的极值。①在广大发展中国家,对华认知则是另外一片天地。随着"一带一路"的持续发展,以及中国所提供的国际公共品的不断增多,发展中国家对中国的好感度正在逐年上升。越来越多的民众认为中国发展道路对自己国家的发展有借鉴意义,认为中国道路能够解决一些国家发展中遇到的共同问题。②但同时也必须注意到,一些发展中国家出现对中国的"过高的、甚至不切实际的期待"。③可以说,恶意丑化和过度美化的中国,都和实际情况相去甚远,都不利于中国与世界的相互理解和正常交往。

大变局时代,如何推动世界认识一个"真实、立体、全面的中国",以更好地实现中外文明的交流互鉴,成为我们当前需着力应对的重大议题。中国学作为专门研究中国的一门学问,在各国中国知识的生产和中国认知的构建上发挥着关键作用,同时作为外国对中国的研究,中国学又天然地具备沟通中外的属性。再加上,近年来随着中国的不断崛起,中国学已经成为一门国际显学,势必会在中外沟通交流中发挥更大作用。青年汉学家研修计划④正是从中国学这一领域入手,对前述重大议题所进行的积极回应。

---

① Laura Silver, Senior Researcher Gar Meng Leong, Americans Fault China for Its Role in the Spread of COVID-19, JULY 30, 2020, https://www.pewresearch.org/global/wp-content/uploads/sites/2/2020/07/PG_20.07.30_U.S.-Views-China_final.pdf.

② 参见当代中国与世界研究院对外传播研究中心近年所发布的中国国家形象全球调查报告,最新报告为2020年9月发布的《2019中国国家形象全球调查报告》,http://www.accws.org.cn/achievement/202009/P020200915609025580537.pdf.

③ 李自国:《"一带一路":新时代、新挑战、新任务》,《中国经济报告》2017年第5期。

④ 青年汉学家研修计划虽然以"汉学"为名,但该项目Logo用的是"中国研究",项目运作上既包含聚焦古典中国的传统汉学,也覆盖侧重当代中国的中国学。

二、在上海阅读中国:"青汉上海班"的在地实践

青年汉学家研修计划创办于2014年,是中国文化和旅游部主办的一个学术交流项目。研修计划旨在为海外从事中国研究的青年人搭建一个交流与合作的平台,并为其深入研究中国提供学术支持。2014年、2015年两年,在北京举办了3期。2016年开始拓展到上海、西安两地,之后进一步扩容到郑州、重庆、广州、杭州等城市。[①]

青年汉学家研修计划上海班(后文简称"青汉上海班")由上海社会科学院承办,具体工作则由上海社会科学院世界中国学研究所负责。自2016年9月创办以来,"青汉上海班"已连续举办5期(2018年2期),共计156名学员,覆盖全球六大洲的69个国家和地区。在继承"青汉北京班"的工作经验基础上,"青汉上海班"不断进行本地化创新,逐渐形成了一套立足自身优势和地方特色的上海经验。在推动各国中国学的发展和增进中国与世界的相互理解上取得了实际的进展。具体来说,相关经验包括:

一是坚持学术导向。"青汉上海班"创办伊始,就明确了鲜明的学术导向。从学员招募环节就严把学术关。首届申请者大多都是上海班工作团队定点邀请国际知名的中国研究专家推荐,最后再优中选优形成最终的录取名单。从集中授课到对口指导,上海社会科学院一开始就提出立足本院优势学科、联合上海高校力量、汇集学界顶级专家的思路。在集中授课环节,坚持邀请一流学者做专题讲座。通常每期研修班有5场专题讲座,覆盖政治、经济、文化、社会和国际关系五大板块。5期青汉班总共开设专题讲座25场,授课专家包括复旦大学教授葛剑雄,上海市社会科学界联合会主席、上海社会科学院原院长王战,上海国际问题研究院学术委员会主任杨洁勉,上海交通大学教授陆铭等,均为在上海乃至全国都极具影响的权威学者。在对口指导上,则是汇聚了

[①] 关于青年汉学家研修计划以及上海班的缘起,潘玮琳的文章有详细的介绍。详见潘玮琳:《打造融通中外的思想文化交流品牌:以"青年汉学家研修计划"上海班为例》,荣跃明主编:《上海文化交流发展报告(2019)》,上海人民出版社、上海书店出版社2019年版。

一大批上海的知名学者。除上海社会科学院自身的专家外,"青汉上海班"还邀请了大量来自复旦大学、上海交通大学、同济大学、华东师范大学、上海国际问题研究院等上海知名高校、科研机构的教授担任导师。

此外,2016年首期"青汉上海班"就创设了论文交流会环节。在研修期间,主要由学员和导师讨论拟撰写论文的思路,在研修班接近尾声时,则专门组织一场论文交流会,所有学员逐一报告修改完善后的论文纲要。同时,导师进行现场点评。交流会相当于一场小型学术研讨会,对学员和导师而言,既是压力也是动力。这对研修质量的提升起到了很好的促进作用。这一创新得到主办方的肯定,并在之后其他城市的青汉班中推广运用。

二是坚持个性化辅导。"青汉上海班"坚持为学员制定个性化的研修方案。一创办就确立了导师与学员的一对一的指导模式。根据学员的研究计划在整个上海学术界寻找专业匹配度最高的导师。在研修期间,导师与学员至少3次面谈。大多数导师还会给学员量身定制更为个性化的指导方案。如有德国学员研究戏剧,导师会专门邀请学员一起去观看上海的戏剧;有俄罗斯学员研究中国的人才引进政策,导师会带着学员去拜访负责相关工作的上海市人力资源与社会保障局;对一些本身学术实力就很强的学员,还有导师围绕学员的学术专长组织更加专业的学术研讨会。

工作团队还以小组为中心,为学员提供个性化支持。学员按专业领域分成不同小组,由世界中国学研究所专业相近的青年学者担任小组协调人,为组内学员的研究提供进一步的支持。诸如协助学员利用上海社会科学院相关数据库,共享本专业本领域学术信息、研究资源等。同时,对于小组成员共同感兴趣的议题,小组协调人还会组织相关的专门活动。如有文化组多位学员想了解中国教育改革最新动向,小组协调人专门为其联系了上海研究教育改革的知名专家熊丙奇进行访谈等。

三是以多元视角呈现复杂中国。"青汉上海班"着力呈现的是"真实、立体、全面的中国",这点在参观考察的设计上体现得尤其明显。相关考察活动有三大特点:其一,历史中国与现代中国相结合。"青汉上海班"的调研点既有衢州孔庙、岳麓书院等传统文化遗址,也有中共一大会址等经典红色重地,还有上海自贸区等全面深化改革的示范地。从传统到现代都有涉及,也有利于学员理解中华文明的延续性。

其二,大国重器与市民生活相结合。参观"上海盾构"和"中国商飞",学员们可以目睹中国的科技实力和高端制造业的发展;旁听徐汇区法院的案件庭审,学员们可以直接感受到和中国民众生活息息相关的基层法治;在古北市民中心、华阳街道文化中心,学员们和上海市民一起打乒乓、写书法、玩雕刻、唱歌跳舞,可以亲身体验中国民众的幸福生活。既有"高精尖"的中国制造,又有"接地气"的百姓日常,也让学员们体会到了中国道路"家国合一"的特征。

其三,繁华都市与朴实乡村相结合。"青汉上海班"主要考察点都在上海市区,学员们对城市的繁华与便利有非常直观的感知。同时,研修班也不回避中国不发达的一面,还特意安排了一些乡村调研,带着学员感受"不一样"的中国。在崇明岛,学员们参观上海城郊的"三农"发展,走上田间、步入果园,近距离体验农耕文化;在浙江乡村,学员们随机进入路边的农户家庭与农民进行交流,还受邀与农户一起自制土法豆腐。既看到了最真实的乡村生活,又感受到了农村居民的开放和热情。这一安排也得到了青年汉学家们的高度肯定。

四是让学员走向前台。按照"青汉上海班"的设想,青年汉学家们来上海研修绝不仅仅是"听",还有更多的是来"讲"。除了前文所述的论文交流会,进行学术上的分享外,上海班在研修设计上还安排了很多让学员们"讲"的环节。比如在开班仪式上,讲述自己如何与中国结缘、如何开始研究中国的故事。考虑到时间因素,不是所有人都有机会分享。2017年,上海班还率先编辑印制学员的《中国故事集》,让每个人都有机会"讲"。其中一些好的故事还会推荐到媒体发表。同时,通过一个个"以中国为志业"的故事,也丰富了学员对彼此、导师对学员的了解。

此外,"青汉上海班"还通过与上海市新闻媒体的深度合作,给学员们搭建一个更大的"讲台"。每期"青汉上海班"都会得到《解放日报》《文汇报》《新民晚报》《新闻晨报》《青年报》、*Shanghai Daily*、上海电视台、上海外语频道等10余家上海主流媒体,澎湃新闻、上观新闻、周到上海、梨视频、*Sixth Tone*

等新媒体,以及上海社会科学院《社会科学报》的广泛报道。每期各类报道多达100余篇。新闻报道的主角都是这些青年汉学家。"青汉上海班"的工作团队会提前研读学员们的中国故事,从中发掘新闻亮点,作为素材推荐给媒体记者。在学员注册时,工作团队会提前统计好是否愿意接受媒体采访,再综合个人履历、学术水平和研究领域热度等因素,形成重点采访名单及相应的资料包,提供给沪上各大媒体。同时工作团队也和重点媒体紧密合作,共同策划学员有话说、读者感兴趣的选题,不断推动学员们走上重要媒体平台。

如2017年,协助上观新闻对印度学员思瑞坎进行专访,文章《印度努力模仿中国发展模式,IT神话被媒体夸大——一个印度智库学者眼中的印度与中国》①在发布当日就成为"10万+"的网络热文;协助加拿大哥伦比亚大学研究生胡政做客上海外语频道,畅谈研修经历和对中国的最新认识。胡政的母亲看到节目后,为儿子的表现流下了激动的泪水。2018年,工作团队提前和《解放日报》记者对接,一起策划与青年汉学家的专题对话。精心的设计问题得到了7位学员的积极响应。《解放日报》最后以整版刊发《对话青年汉学家:希望人人明白"孔子的教诲"》,②引起各方的热烈反响,纸质版报纸得到学员的珍藏。这些都极大地调动学员的积极性、提升学员的参与度。

三、 从世界连接中国:"青汉上海班"的成效与后续

对"青汉上海班"工作团队而言,研修班结业和学员离开上海并不意味着项目的结束,而是代表着一个新的开始。经过多年的实践与探索,青汉上海班已逐渐形成一套较为成熟的后续联络机制,和青年汉学家朋友们增进交往、深化友谊,继续助力他们的成长。

一是较为完备的发表机制。青年汉学家们结束在上海的研修,回到自己国家后,工作团队的重心就开始转向为学员研修论文的撰写和发表提供后续

---

① 王多:《印度努力模仿中国发展模式,IT神话被媒体夸大——一个印度智库学者眼中的印度与中国》,上观新闻,https://www.shobserver.com/news/detail?id=65067,2017年9月15日。
② 夏斌:《对话青年汉学家:希望人人明白"孔子的教诲"》,《解放日报》2018年7月30日。

支持。"青汉上海班"明确规定最终提交的研修论文必须得到导师的认可。这也促使学员和导师之间就撰写的论文作更多的交流。此举也有效保障了研修成果的基本质量和学术水准。

2016年首届"青汉上海班"学员最终论文一提交,工作团队就开始着手中英文双语研修论文集的编辑出版工作,次年《2016青年汉学家研修计划论文集(上海)》[①]正式出版,得到各方的积极评价。2017年后,"青汉上海班"开始积极探索论文集之外的多种发表途径。先后精选了一批高质量的研修论文或发言,推荐到文化和旅游部杂志《中外文化交流》,上海的英文媒体 Shanghai Daily、Sixth Tone,学术刊物《中国学季刊》《国外社会科学前沿》,学术报纸《社会科学报》等平台发表。这些都为学员研修成果的发表提供了有力的支持。

二是稳定的回访机制。上海社会科学院每年都有大量学术出访,如访问国家有"青汉上海班"学员,出访团基本都会去拜访相应机构、看望相关学员,了解学员回国后的后续发展情况。现已大体形成了稳定的回访机制。如2017年访问欧盟,回访欧洲委员会政策助理吉尼亚;2018年访问塞尔维亚,回访贝尔格莱德大学助理教授利波瓦奇;2019年访问新加坡,回访南洋理工大学教育学院特聘讲师钟韵宜,访问澳大利亚,回访悉尼大学博士生吴甜甜等。

三是常态的交流机制。一方面是我们"走出去",到所在国回访相关学员;另一方面还有把学员"请回来",持续邀请"青汉上海班"优秀学员重回上海。2017年,上海社会科学院在世界中国学论坛中,探索创办青年汉学家专场;2019年,升级为青年汉学家上海论坛。作为世界中国学论坛的一部分,每两年举办一届,邀请部分优秀学员回到上海。上海社会科学院另设每年一届的"全球话语与中国经验国际研讨会",海外代表同样以"青汉上海班"学员为主。此外,上海社会科学院还在积极探索针对青年汉学家朋友的访问学者项目。5年来,已有30余位优秀学员通过各种学术交流项目回到上海社会科学院,在深化学术交流的基础上,与我方再叙友谊、共话未来。

---

① 文化部对外文化联络局、上海社会科学院等编:《2016青年汉学家研修计划论文集(上海)》,中国社会科学出版社2017年版。

四是互利互惠的合作机制。除了"走出去""请回来"的各种交流外,积极拓展后续的互助合作也是"青汉上海班"的一项重要工作。上海社会科学院在学术发表上,有大量期刊阵地和出版计划,除了研修成果外,这些平台还多次发表学员中国研究的其他论文。在学术网络上,上海社会科学院和国内知名高校、科研院所有紧密的联系。在"青汉上海班"工作团队的协助下,亚美尼亚科学院东方研究所研究员阿哈尼·哈鲁特尼亚成功申请到孔子新汉学计划资助。此外还有多名学员回国后,成功申请到复旦大学等上海知名高校的访问学者计划。这些都是"青汉上海班"给学员的后续发展提供的强有力的支持。

同时,在大批国际合作项目中,"青汉上海班"学员也开始为我方提供大量帮助。在海外推动中外交流对话上,"青汉上海班"学员已经开始发挥重要作用,如2018年巴西学员申睿直接参与世界中国学论坛拉丁美洲分论坛组织筹备工作,成为我们在外方最有力的合作伙伴。在开展中外合作研究上,"青汉上海班"已经取得实质性进展,如2020年,多名"青汉上海班"学员和上海社会科学院专家学者合作,承担上海国际经济交流中心课题,研究"一带一路"在各国的发展现状、挑战与应对。在助力中国文化走出去上,"青汉上海班"学员也贡献了不少力量,如2020年经俄罗斯科学院远东研究所学员阿丽娜牵线,上海团队成功促成国内出版社中国文学外译项目俄语版的翻译。

对研修结束后相关工作的高度重视,也体现了"青汉上海班"真正以学术为根本、以青年汉学家的成长为中心。正因如此,能够也很好地助力一批青年学人的崛起。5年以来,已有不少学员成长为所在国家中国研究的中坚力量。如布鲁塞尔自由大学博士萨尔曼在"青汉上海班"的研修成果最终发表在国际顶级学术刊物《亚洲政治与政策》上,他现已成长为布鲁塞尔自由大学研究中美博弈的年轻教授。爱知大学中国研究中心研究助理田中玛丽,在上海社会科学院权威专家指导下,不断完善其关于亚洲基础设施投资银行的研究计划,回国后成功申请到日本财政部的研究资助,现已成为日本中国研究权威机构——早稻田大学现代中国研究所的研究员。

还有一些学员开始在各自单位担任重要行政职务。如俄罗斯西伯利亚联邦大学副教授亚伟,通过"青汉上海班"和国际学术界建立起了紧密的联系,很快从该校国际交流工作中脱颖而出,成为国际合作处处长。土耳其安卡拉大学博士司马茹,"青汉上海班"期间由复旦大学教授担任指导教师,之后成功申请到复旦大学访问学者项目,现已成为土耳其内夫谢希尔大学汉学项目负责人。

在中国议题上,这些学员普遍能够摆脱既有的定见,发出客观理性的声音。如菲律宾马尼拉雅典耀大学中国研究教师卢思,在海外媒体上就中美关系和"一带一路"等发表了大量文章,既有为中国讲公道话、谴责特朗普政府的对华极端政策的文章,也有一些对"一带一路"中出现问题的善意提醒。如主要研究大国博弈的萨尔曼,在国际顶级学术刊物上发表了多篇论文,用严谨的模型和翔实的数据,在美国的衰退和中国的崛起相关议题上提出了不少独到见解和应对困境的建设性意见。

值得一提的是,在本次疫情中,大批"青汉上海班"学员化身中外交流的友好桥梁。这些青年汉学家朋友们通过各种方式和渠道表达了对中国的支持,为中国"抗疫"祈福、为中国"战疫"点赞。2020年2月,国内疫情暴发不久,巴基斯坦旁遮普大学教师艾哈迈德就通过网络发起"我们与中国在一起"的活动,传递出学员们对中国的关心与支持;乌拉圭的中乌交流平台负责人帕马拉以平台名义向上海社会科学院发来慰问信,对中国政府和人民所作的努力予以高度评价,并表达对中国战胜疫情的信心;突尼斯高等语言学院助理教授哈立德,组织学校的学生们共唱中文歌曲,为武汉加油、为中国加油。此外还有大量学员通过微信、邮件、电话等方式发来诚挚问候。

更有一些学员积极发声,纠正国外对中国的误解甚至偏见。秘鲁经济学专家马可发表英文文章,摆事实讲道理,批评特朗普政府"抗疫"不力、"甩锅"中国;埃及作家米拉坚持用中国文学来反映中国精神,疫情期间采访了20余位中国作家,最后在埃及报纸上形成4个整版的专题报道,向阿拉伯世界传递中国"抗疫"的主流声音;巴西学人申睿,多次在拉美媒体上发声,陈言中国发展为拉美带来重大机遇。在疫情期间,申睿更是积极向拉美讲述中国帮助其他国家"抗疫"的故事,为中国的国际领导力点赞。

四、结　　语

经过5年的发展,"青汉上海班"已经建立起了较高的知名度和美誉度,得到各方的积极评价。"青汉上海班"是唯一连续举办5期的地方班,举办论文交流会、印制《中国故事集》、向每位学员赠送本人专属的研修视频短片等创新举措均得到主办单位的高度肯定,并在其他研修班中复制推广。上海的学术界也高度评价青汉班。上海社会科学院专家和上海知名高校的教授都踊跃担任青汉班导师。如同济大学国际文化交流学院院长孙宜学教授多次担任上海班导师,多次称赞研修班有效加深了青年汉学家对中国发展道路的理解和认同。①

更为重要的是,青汉班上海班的运行受到青年汉学家群体的一致肯定与欢迎。对2018年、2019年3期研修班学员的调查统计显示,"青汉上海班"总体满意度较高。其中,集中讲座满意度为91.65%,对口研修平均满意度为85.51%,实地考察平均满意度为82.94%,食宿条件满意度为94.90%。96.06%的学员愿意再次参加青年汉学家研修计划,93.74%的学员愿意推荐身边专家学者参加,97.92%的学员愿意与我方保持长期联系、共同推进中国研究。②

回顾"青汉上海班"五年历程可以发现,对广大青年汉学家而言,如何认识一个"真实、立体、全面的中国"是一个学术命题,同时也是一个情感命题。在上海研修期间,这些青年汉学家们一边与国内知名专家学者坐而论道,切磋学术、交流思想,一边"用脚丈量中国大地",实地调研中国传统文化和改革开放最新成果。而朝夕相处的研修,也让学员和上海专家学者、工作人员,在沟通了学术的同时也深化了感情。不少学员称"中国是我的第二故乡",归国后他们依然在情感上心系中国。

这些学员有来自高收入国家的,也有来自中等收入国家的,还有来自低收

---

① 孙宜学、雷雨露:《青年汉学家群已崛起,讲中国故事能力仍弱》,中国文化传媒网,http://www.ccdy.cn/portal/detail?id=4aa87284-705b-42df-9576-7b146030bc55,2020年8月15日。
② 相关数据来源为上海社会科学院世界中国学研究所所做的问卷调查。

入国家的,但这并不影响他们形成一个全新的中国学学术共同体。他们的研究成果涉及中国的方方面面,既有聚焦古典中国的传统汉学,也有侧重当代中国的中国学;既有来自大学的学院派成果,也有来自智库的应用派研究,甚至还有来自媒体、企业的中国观察。正是在这种跨国界、跨专业、跨领域的对话与激荡中,他们得以拨开既有理论的迷雾,探寻自己对中国的研究。一种综合性、整体性的中国研究正在不断生长,而这一研究所指向的正是一个"真实、立体、全面的中国"。

中国和印尼妈祖文化的互动发展

王海冬*

摘　要　以妈祖信仰为文化共识,东盟近年成为我国第一大贸易伙伴。文章从"郑和船队给印尼留下的海神妈祖信仰""印尼的第一所妈祖庙和后来的50余座妈祖庙""中国海神信仰与当地信仰的融合""两国近年的妈祖文化交流"等四个专题总结了中国和印尼妈祖文化互动发展600年的主要成果,阐述了妈祖文化是人类命运共同体的生动表达形态,应该成为"一带一路"民心相通的精神纽带。

关键词　中国　印尼　郑和下西洋　妈祖文化　互动发展

据中新网客户端2020年7月14日电,海关总署14日发布数据显示:东盟成为我国第一大贸易伙伴。上半年,对东盟进出口2.09万亿元,增长5.6%,占我国外贸总值的14.7%;对欧盟进出口1.99万亿元,下降1.8%;对美国进出口1.64万亿元,下降6.6%。①当然这里有一定的经济原因,近15年来,中国-东盟自贸区建设、互联互通建设、"一带一路"倡议实施的这三大举措形成了重大推动力,使得中国-东盟合作呈现密切、活跃之势,深化经贸合作符合双方共同利益。印尼外交部东盟对外合作司司长本尼为此表示:印尼重视与中国经贸合作新发展,印尼政府已经在政策及营商环境方面做了许多改善,希望中

---

* 王海冬,上海社会科学院文学研究所副研究员,研究领域为地域文化、民俗文化、文化产业等。近年主要相关研究成果有《上海世博会人文地图丛书之青浦卷——回眸青龙翱翔》《海派文化与上海特色文化产业振兴之道》等著作,《上海城市建设与文化定位》《法国的文化政策及对中国的历史启示》等论文。

① 数据来源:商务部公共商务信息网站,https://tieba.baidu.com/p/6819494084,2020年7月14日。

国更多企业到印尼投资,进一步增加双方贸易。①

经济贸易方面取得的成果也有文化交流的促进原因。东盟有印度尼西亚、马来西亚、菲律宾、新加坡、泰国、文莱、越南、老挝、缅甸和柬埔寨等十国,这些国家因600年前郑和下西洋加速了和中国的文化交流,形成了新的文化共识——妈祖信仰,与中国的经贸交流和人员往来蓬勃发展。本文通过中国和印尼妈祖文化的互动发展,探究两国文化交流的成果。

一、郑和船队给印尼留下的海神妈祖信仰

据2015年3月为加强与"21世纪海上丝绸之路"周边国家旅游外事交往报道:应印尼旅游与创意部邀请,国家旅游局驻新加坡办事处派员参加了在印尼巴淡岛举办的"郑和下西洋海上丝绸之路"旅游线启动仪式。要沿郑和船队当年到访过的城市巨港、亚齐、棉兰、雅加达、三宝垄、泗水、山口洋、巴厘岛开设一条旅游线路,让中国游客和印尼民众游览郑和文化遗迹,重温历史。②印尼开辟郑和旅游线,是为了落实中国、印尼旅游部门领导关于扩大两国双向旅游交流的共识,也体现了印尼人民对郑和的亲切感情。600年前,郑和船队所敬仰的海神妈祖信俗在印尼开始传播,是中国、印尼两国文化交流的一个重要开端。

在江苏太仓和福建长乐的两处天后宫,屹立着两块有数百年历史的石碑——《番事运之记》和《天妃灵应之记》③,详细记录了郑和下西洋的航海故事。郑和认为:在长达28年间七下西洋能够成功的根本原因有两条:"承蒙朝廷威福之致,尤赖天妃之神佑之德",即明朝的威德和妈祖的庇佑。所以郑和第一次下西洋回朝后,就向明成祖朱棣汇报妈祖灵验的情景,奏请明廷褒封修建妈祖庙。明成祖为此下诏在南京龙江建天妃宫,并特加妈祖以"护国庇民灵

---

① 李颖:《2019年中国与东盟经贸合作将有更大发展》,中新网,www.chinanews.com/cj/2018/12-12/8700179.shtml,2018年12月12日。
② 张倩倩:《旅游局派员参加印尼"郑和下西洋海上丝绸之路"》,中央政府门户网站,www.gov.cn/xinwen/2015-03/01/content_2823631.htm,2015年3月1日。
③ 这两篇碑文的作者就是航海家郑和,碑文中"天妃"是妈祖的别称。

应弘仁普济天妃"封号。郑和每次下西洋回朝都奏请朝廷对妈祖进行褒封。

在福建长乐《天妃灵应之记》①碑记载:"永乐三年,统领舟师,至古里②等国。时海寇陈祖义,聚众三佛齐国,劫掠番商,亦来犯我舟师,即有神兵阴助,一鼓而殄灭之,至五年回。"文中所言的三佛齐国是印尼当时的地方国家名称,三佛齐国即室利佛逝国,梵文 Srivijaya 的音译,在今印度尼西亚的苏门答腊岛上的古国,国都约在今巨港(巴邻旁,Balenbang),位于苏门答腊岛东南部慕西河畔。郑和船队第一次航行就碰上了海盗陈祖义,发生了剧烈的战斗。陈祖义久惯海路,无论是航海经验和战斗经验都十分老到,而郑和初下西洋,没有任何航海经验可谈,但是,郑和胜利了,还生擒了陈祖义。其主要原因是郑和船队乃正义之师,但郑和自己认为有妈祖的"神兵阴助",把功劳归于海神妈祖,实际上,妈祖起了鼓舞兵将士气的精神作用。

平定海盗为印尼的和平发展提供了最主要的条件,印尼的民众感激郑和平定了海盗,也感激庇佑平定海盗的海神妈祖,由此妈祖文化开始在印尼悄然传播。

当然,郑和船队的历史贡献不仅仅是平定海盗,中华文化的大同哲学、人生理想、制度构建、中医防疫等都伴随着两地的经贸传播到了印尼,使印尼的文明有了质的进步。

在郑和船队达到印尼的初年,妈祖文化的传播还是隐性的,还没有妈祖庙这样妈祖文化传播的显性标记,这要到印尼的华侨发展成一个成规模的群体时才出现。但从郑和下西洋开始,印尼开始就有中国人个人留下,这也堪称一个典型。这个人叫陈金汉,是明朝时期福建泉州人,跟随郑和船队前往,后来船队走到了印度尼西亚这个地方,陈金汉感觉这里环境优美,岛屿众多,于是

---

① 《天妃灵应之记》碑,又称《天妃之神灵应记》碑,俗称"郑和碑"。明宣德六年(1431),正使太监郑和、王景弘和副使太监李兴、朱良等人在第七次出使西洋前夕,寄泊福建长乐以等候季风开洋,在重修长乐南山的天妃行宫、三峰塔寺并新建三清宝殿之后,镌嵌《天妃灵应之记》碑于南山宫殿中。这是研究郑和下西洋价值很高的实物史料。1961年,福建省人民委员会公布为第一批省级文物保护单位,新建碑亭加以保护。现移置长乐市南山郑和史迹陈列馆内。

② 古里国又称"古里佛",故地约在今印度西南部喀拉邦的科泽科德(Koxhikode)一带,为海上交通要冲。明永乐五年(1407)郑和第二次下西洋时曾到此访问并立碑纪念。

就留在了当地。陈金汉在印尼落脚之后,凭借着自己勤劳的双手,很快在当地落地生根,成为了当地颇有名望的一名中国人。于是从陈金汉开始,他们世世代代就生活在了这里,也逐渐融入了当地社会,姓氏也渐渐改成了当地的种姓。1940年,一名名叫瓦希德的男婴出生了,虽然姓氏不同,但是他就是当年陈金汉的后代。瓦希德在1999年成功当选印尼第四任总统,瓦希德担任总统后,曾在公开场合表示自己身上有中国人的血统,祖先就是来自中国的陈金汉。他积极发展对华关系,为印尼经济的发展做出了重要贡献。①

如今,郑和不仅受印尼华侨的崇仰,也受当地印尼人的崇仰。2005年7月中爪哇郑和下西洋600周年纪念活动组委会主席李伯图说:三保庙②不断扩建,香火旺盛,代表海外华夏子孙对中华文化的保留和传承。尽管史书上有更早的记载,但当地华人还是愿意把郑和下西洋看作祖先移居印尼的开始。庙内一座郑和纪念碑记载了他们的感激之情:"郑和……受命以来,……宣扬文化为主旨,所到之处,备受各国欢迎,且派使臣往还,藉作题报之谊,五百年来邦交弗替,故吾侨来此谋生者络绎不绝。"据李伯图介绍,每到农历六月二十九③,来自印尼全国各地的人都会聚集三宝垄④,举行盛大的庆祝活动。其中一项是把供奉在历史悠久的大觉寺内的郑和塑像,由众人抬着到三保洞游行,队伍可长达几千米,场面异常热烈。不仅华人,印尼其他族群的人们也对郑和充满尊敬。李伯图说,中爪哇省长马罗提扬托认为郑和是伟大的航海家、和平交往的使者。省长本人亲自担任中爪哇郑和下西洋600周年纪念活动组委会顾问,在他的倡导下,2020年8月初中爪哇省举行了隆重的郑和下西洋纪念活动,弘扬郑和致力友好交往的精神。

印尼东爪哇省省会泗水的郑和清真寺红墙绿瓦,雕梁画栋,带有明显的中

---

① 寅之人文:《郑和下西洋时一名中国人留在印尼,后代成该国总统,对中国很友好》,百家号,https://baijiahao.baidu.com/s?id=1618657776152745394,2018年12月1日。
② 即郑和庙。
③ 相传郑和首次来到三宝垄的日子。
④ 印尼第五大城市三宝垄,其中文名称来自郑和下西洋的故事。相传郑和曾在当地一个山洞中歇息,"三保洞"从此闻名。久而久之,"三保洞"被叫成了"三宝垄",并且逐渐成为了这个地区以及后来城市的中文名字。

国佛教建筑的特点;而大厅内所用拱门,又借鉴了印尼天主教堂的设计风格。清真寺旁的围墙上,还雕刻着郑和下西洋的大型浮雕。印尼东爪哇郑和基金会主席柳民源说,这是世界上唯一一座以"郑和"命名的清真寺,而采用这种独特设计的原因,是希望多种宗教文化能够相互尊重、和平共处。郑和清真寺建成也体现多元文化交流的成果。

1991年,印尼东爪哇郑和基金会成立。1997年,基金会出版了印尼文和中文双语版介绍宗教习惯的《新兄弟手册》。用销售这本手册所获得的5亿印尼盾①和向银行贷款的20亿印尼盾,基金会买下地皮筹建郑和清真寺。2003年5月,郑和清真寺落成。印尼国内外华侨华人对此反响热烈,积极捐款捐物。他们认为,郑和清真寺不仅为印尼的华人穆斯林提供了活动场所,也体现了中国与印尼的文化交流,有利于增进华族和其他兄弟族群的团结。前来郑和清真寺的不仅有华人,也有原住民。他们中有交通警察、工人,还有住在附近的居民。一位名叫范迪的警察说,郑和清真寺是一所具有独特风格的建筑,体现了中国和印尼文化的融合,他喜欢到这里来做祷告。居民哈桑说,郑和清真寺的氛围让他们感到既亲切又新鲜,"大家平时都爱来这里坐坐"。②

二、 印尼的第一所妈祖庙和后来的50余座妈祖庙

郑和下西洋所带来的中国和印尼大规模的文化交流,为接下来的人员来往奠定了基础,明代为此产生了一个专门词"南洋"。在这一时期,闽粤琼一带人口大幅增长,土地资源短缺现象随着社会经济的发展而强烈凸显,加之当时倭寇侵扰、迁界政策及自然灾害现象频发,不少下层老百姓选择移民马来西亚、新加坡、印尼群岛等沿海地区求生存。这一大规模的族群迁徙历史现象,就被称为"下南洋"。这种大规模的移民活动在清代仍然在继续。

---

① 1 100印尼盾约合1元人民币。
② 管克江:《纪念郑和下西洋600周年在印尼寻访郑和遗迹》,人民网,http://mil.news.sina.com.cn/2005-06-15/1004297302.html,2005年7月12日。

在"下南洋"的路途中,南中国海的气候、洋流、海患等航运中诸多不确定的因素,都能对迁徙之旅带来致命的影响。来自福建、广东、广西、海南等地世代信仰妈祖的移民在下南洋途中,身边带着妈祖神像、香火登船,祈求妈祖能够保佑一路平安。到达目的地后,汉人通常在落脚处搭建亚答屋①,并将妈祖神尊供奉于亚答屋内。东南亚的妈祖信仰,就是从亚答屋一步一步开始落地生根和传播发展开来的。当中国移民群体扩大到一定规模的时候,妈祖庙就诞生了。

印尼的妈祖信仰由侨领创建合祀之庙在先,继后才由商帮建造具有会馆性质的天后宫。首都雅加达古称巴达维亚,是印尼妈祖信仰的发祥地。早于1650年即有福建龙溪侨领郭桥兄弟创建一座观音亭(后改名金德院)奉祀观音和妈祖。

这里表达了两者的密切关系。中国一部分信众认为:妈祖,是观世音菩萨的化身,1 000年以来,她受到我国沿海各省同胞普遍热烈虔诚的崇敬。谛闲法师著观世音菩萨普门品浅注转引天后志云:"天妃,莆田林氏女,父惟悫,行善乐施,礼大士求子,母梦大士与一药丸令吞,曰:汝家世敦善行,服此,当得慈济之贶,遂妊。诞时霞光射室,异香氤氲,十龄后,诵经礼佛不辍,后遂灵通变化。"所云天妃就是妈祖。从以上谛闲法师的讲义所述,可以证明妈祖是观世音菩萨的化身。②这是目前我们发现的第一个受供奉的妈祖神像,表现了妈祖信俗与佛教的密切关系。

雅加达华人对观音相当崇拜,认为她心地仁慈,赐人幸福,称之为"大慈大悲观世音菩萨"。因此供奉观音菩萨的不仅是金德院,新巴利的观音庙、芒加勿刹的观音堂以及别的佛庙都是供奉观音菩萨的。这四大庙宇的所在地相距不远,以金德院为最著名,香火最盛,建筑规模最大。近年来佛教在印尼又逐渐兴起,华人佛教徒集资重修扩建金德院,红栋朱瓦,绿栏金檐,气象更加焕然

---

① 亚答树是南洋一带常见的棕榈树,用亚答叶盖的房子叫亚答屋。
② 春衫暮:《妈祖是观音化身吗?妈祖默娘的故事》,中国佛教网,https://www.zhongfox.com/fo/detail_19065.html, 2018年10月16日。

一新。①

之后,在印尼巴城陆续再建了许多寺庙,大多兼祀妈祖。直到1751年左右,福建侨商才在巴城创建第一座天后宫。该宫尚存乾隆五十三年(1788)雕的石狮一对。另有咸丰八年(1858)碑记:"自明季以来,中华之客贩于巴陵潮海之间,尤蒙圣母垂佑,行贾坐商,各得其宜。盖圣母系出湄洲,为我族之祖姑。我族之客巴陵者,皆深感圣母之庇,且以亲亲之义,崇奉最虔,乃鸠族中同志,而西园天后宫之所由建焉。"其次是寥内群岛的丹戎槟榔天后圣庙,存有乾隆己亥年(1779)由"沐恩弟子蔡耀叩立"的"敕封护国庇民天后元君神位"木雕一件,可见其庙当建于立碑之前。19世纪后,由华商集资兴建的天后宫几乎遍及印尼各埠。据现有资料有万隆协天宫,东爪哇的三宝垄市妈祖宫、南旺慈惠宫②、茉莉芬市慈荣宫、我森村慈安宫、泗水天后宫,苏岛棉兰天后宫,等等。其中棉兰天后宫存1909年《乐捐碑》记载,此次重修由12家大公司发起,200多家铺号参加捐献,共耗银24 155圆,可见该宫建筑规模之宏大。③

这里记录了在印尼驰名的天后宫,是中国和印尼文化交流的结晶。据目前的统计,有50余所妈祖庙。而且大部分和道教关系密切。《道藏》收有《太上老君说天妃救苦灵验经》④其中赞曰:"威容显现大海中,德广遍施天下仰。护国救民无壅滞,扶危救险在须臾。……变凶为吉如弹指,赐福消灾若珍微。"其拯救能力与她对太上老君和天尊的誓愿相一致。经曰:"尔时天妃闻说偈已,稽首天尊道前而说誓言。一者,誓救舟船达于彼岸。二者,誓护客商咸令安乐。三者,祛逐邪祟永得消除。四者,荡灭灾逆家门清净。五者,收捕奸盗屏迹潜形。六者,收斩恶人诛锄强梗。七者,救民护国民称太平。八者,释罪解愆离诸报对。九者,扶持产难母子安全。十者,庇护良民免遭横逆。十一者,卫护法界风雨顺时。十二者,凡有归向保佑安宁。十三者,修学至人功果

---

① 顾时宏:《印尼雅加达400年历史老庙金德院失火烧毁》,中国新闻网,www.chinanews.com/hr/2015/03-04/7100036.shtml,2015年3月4日。
② 今存1841年碑记。
③ 蒋维锬:《妈祖信仰与华侨会馆》,《莆田日报》2010年8月22日。
④ 后称《灵验经》。

圆满。十四者,求官进职爵禄亨通。十五者,过去超生九幽息对。是时,老君闻天妃誓言,乃敕玄妙玉女锡以无极辅斗助政普济天妃号。"①从此道教经书中我们可以看出妈祖信俗与道教的密切关系。印尼政府现在认可的六大宗教——伊斯兰教、佛教、印度教、基督教、天主教和道教,②妈祖庙归在佛教或道教名下。

在教育方面,印尼不少妈祖宫庙不仅是"会同议事之所",更是"教义重礼之地",承担着传承中华传统文化和教化子民的功能,为早期华人及其子女的启蒙教育、提高文化素质、传播和弘扬中华传统文化做出了宝贵贡献。如金德院不只是神的庙宇,也是教育华人子弟的场所,19世纪这里办了一个私塾叫"明诚书院",学习四书五经,由20世纪初印尼华人创办的第一所"新学"八华学校继承。③

三、 中国海神信仰与当地信仰的融合

妈祖信仰在印尼传播、传承的过程中,不仅会得到当地华侨的支持而不断发展,而且会产生当地民众的一部分信仰者的支持,这样就可以把当地本土信仰融入其中,甚至在妈祖庙里和当地信奉的神像同坛受祭,最典型的是印尼东爪哇泗水福安宫中,除主祀妈祖、陪祀关圣帝君、福德正神、广泽尊王、哪吒与韦驮外,还在二堂主神坛供奉当地居民信奉的印度教女神"难近母"。④

"难近母"是印度教的重要女神,本名叫杜尔迦,意为"不可接近的",可翻译为突伽,取自她所消灭的罗刹⑤。印度教神话中所传她是湿婆⑥的妻子雪山

---

① 游建西:《郑和下西洋与妈祖崇拜在海外的传播》,《中国道教》2007年第4期。
② 其他宗教没有得到印尼政府的认可和承认不得在印尼宣传。
③ 顾时宏:《印尼雅加达400年历史老庙金德院失火烧毁》,中国新闻网,www.chinanews.com/hr/2015/03-04/7100036.shtml,2015年3月4日。
④ 李天锡:《试析印度尼西亚华侨华人的妈祖信仰》,《东南亚纵横》2009年第6期。
⑤ 罗刹,佛教、印度教中指恶鬼,指食人肉之恶鬼。
⑥ 湿婆(Shiva)与梵天(Brahma)和毗湿奴(Vishnu)为印度教三主神。湿婆的地位是毁灭者,兼具生殖与毁灭、创造与破坏双重性格。

女神,有着多种形象,是性力派①崇拜的主神之一。据说梵天、毗湿奴和其他诸小神喷火焰生了难近母,主要是为了消灭牛魔摩西娑苏罗。在很多的绘画和雕塑中难近母的形象是黄皮肤,虎或狮子是其坐骑,有8、10或者18只手臂,手拿着诸神所赐的各种武器,长矛或者一条毒蛇,而且有3只眼。降魔是难近母最主要职能,消灭了杜尔格摩、巽婆和尼巽等凶残的罗刹是她的最主要功绩。作为降魔女神的她在印度受到世人的崇拜。所以每年的9月、10月被定为难近母节,这是印度东南地区最隆重的节日,主要聚集在印度的西孟加拉邦、奥里萨邦、比哈尔邦和阿萨姆邦。信徒们大量宰杀雄性牲畜用来祭祀,并举行大规模的游行和庆祝活动,神棚中祭司们朗诵着歌颂女神的梵文,信徒则仔细聆听,并且祈祷女神能为他们驱灾避难。节日的高潮就是将女神送回家,与亲人团聚,男女信徒们都载歌载舞,将特制的供奉了9天的难近母神像运往圣河或圣湖边,投入水中。打败怪物摩醯湿是难近母与各种恶魔的战斗中最有名的故事。摩醯湿是一位强大的阿修罗,仗着自己强大的神力,经常为非作歹,曾经入侵天界赶走了神王因陀罗,却无人能治。就连大梵天本人也无法收服这个怪物。后来难近母用"吠陀的语言"告诉天神们只有她才能打败这个怪物,所以各位天神给她各种武器和法器。难近母与兄弟俩经过一场天昏地暗的战斗,却不分胜负。在第7天,难近母已经体力透支,在得到一碗血的供奉后,恢复了精力,第10天终收服了两兄弟,因此获得了"杀摩醯湿者"的称号。难近母也被后来的佛教吸收为护法神。②

历史上,源于印度的印度教对印尼曾经有重要的文化影响,现在印尼政府仍然把印度教作为认可的六大宗教之一。现在印尼唯一保持信仰印度教的地区是巴厘岛(BaLi island),其是爪哇以东小巽他群岛中的一个岛屿,面

---

① 性力派(梵文:Śāktaṃ;字面意义为力量之教条或女神之教条)是印度教的一个支派,专于崇拜沙克提或提毗——印度教的圣母——作为绝对的、终极的神格。该派别同湿婆派、毗湿奴派并立为印度教三大派。从湿婆派分化而来的印度教三大派之一。崇拜性力女神难近母、时母、吉祥天女、辩才天女等。性力派主要教义为,这些女神从男神那里得到性的力量是宇宙万有创造和诞生的本源。
② Admin:《印度教最受崇拜的女神:难近母是以救世主的身份诞生的吗》,狐视天下网,http://www.360changshi.com/ls/yeshi/214349.html,2018年5月26日。

积 5 560 多平方千米,人口约 400 万人。巴厘岛因历史上受印度宗教文化深刻,至今居民大都信奉印度教,所以在印尼东爪哇泗水福安宫中,和妈祖一起信奉的印度教女神"难近母",使印度教教徒感到十分亲切。实际上,妈祖和难近母也有很多相似的地方,妈祖为了地方平安,战胜了许多恶魔水怪。

四、 近年两国的妈祖文化交流

在印尼妈祖信仰的传承已有 600 年的历史,不仅是本地华人所秉承的精神信仰,也成为当地著名的文化遗产,推动着华人族群融入当地,也展示出华人心向祖国的群体凝聚力,成为海上丝绸之路上重要的文化标识。妈祖信仰这种具有超越时空及跨越民族的信仰文化力量,使之有创新发展的时代价值。2009 年,妈祖信俗成为中国世界级的非遗保护项目,当下全世界有 1 万余座妈祖庙,有超过 3 亿信众,这就进一步促进了妈祖文化的国际化。妈祖信仰是那些在漫长漂泊海外生活中饱受乡愁煎熬的中国移民的一种切实抚慰,是他们与故土之间永不离弃的一种承诺。当他们在某个地方落地生根之后,妈祖又会被安顿在陆地上的神祠宫庙中,继续守护他们开拓新的生活。2016 年,妈祖文化列入国家"十三五"规划,落实"一带一路"倡议,妈祖文化成了"民心相通"工程的重要组成部分。中国和印尼的妈祖文化交流出现了一个新局面。

2010 年农历九月初九,重阳节,又是妈祖羽化 1 023 年纪念日,应港里天后祖祠董事长林自弟之请,我与几位退休者前往参加海祭妈祖信俗活动。当天湄洲祖庙亦举行海祭妈祖仪式。祖庙祖祠同时举行海祭活动,吸引了海内外 1 万多信众参加。中国大陆和港、澳、台地区、全球华人关注参与"世遗"祭典,祈求风调雨顺、国泰民安,放歌"环球同此凉热",不亦乐乎?史称,海祭自古有之。许多史料记载,船只出海前,先庙祭,上船后即行海祭,祈保海不扬波,这无疑是海洋文化和航海史、宗教学碰撞发出的火花,是人类征服海洋漫漫征途中一道独特的景观。故有学者称,海祭是妈祖信俗中最具特色的活动之一。

是日,天朗气清,七级左右的海风劲吹,在"三炷香"古码头前宽阔的沙滩上,临时搭建的海上平台,妈祖木雕神像和其父母雕像,安座在銮椅上,主祭、陪祭的信众披着红色彩带,手持香火,在"迎神曲"和莆仙戏乡音中,向神女行三跪九叩大礼。之后,由少男少女在歌舞中向大海洒下鲜花和美酒。顿时,在"三炷香"的上空,弥漫着鞭炮香、花香和美酒香。两幅"风调雨顺""国泰民安"的金黄色庙旗,格外引人注目。忽然,一只红色大气球被海风刮起,向大海上空飘去,身旁的一位印尼籍信众随口说,向湄洲岛飞去。

无巧不成书,说这话的是来自印尼苏门答腊苏北棉兰"慈安宫天后圣母"的许绩荣先生,他偕太太黄丽兰和妻姐黄秀卿,不远万里,专程来莆参加海祭妈祖活动。在北岸山亭共进午餐时,这三位印尼信众就坐在我身边,大姐黄秀卿侃侃而谈,向我们讲述她寻找"大莆"、寻找妈祖故里的具有神话传奇的故事。

这两位姐妹祖籍潮州,黄女士说,她的先祖说,原来是"大莆"人,早些时候,梦见"大伯公"(土地公)对她说:"你要到某地去",后来找到与梦境中一样的地方,原来有一座小庙,里面供奉妈祖,庙破旧了,黄女士恍然大悟,立即捐款为妈祖重建新庙①。后来,"大伯公"又托梦,说要找到妈祖故乡,于是黄女士一家开始寻找,几经周折,找到了湄洲祖庙,找到了天后祖祠,她发现,祖祠边的一块地方,与梦中的境界吻合,于是,决定在此建一座恢宏的天后祖殿。建筑面积为30米宽,26米长,预计投资500万元,目前已到位资金175万元。黄秀卿当面对我说:"梦中见到一道光,光中出现妈祖,""妈祖对我讲话,我听到妈祖的声音",她的妹妹黄丽兰也说:"我也梦中听到妈祖的声音。"黄秀卿还感恩地说,有一次遇到一件奇事,她落到海中,赶快口中呼唤三声妈祖,妈祖显灵保佑,她落水后,居然没呛一口水,被人救起后,安然无恙。为此,黄女士打心里虔诚无比,决心像妈祖一样,积德行善,决心在港里建一座大型的天后祖殿,为妈祖故乡献上一瓣心香。②

后来,印尼华侨黄秀卿女士秉承梦中妈祖旨意——规划在天后祖祠和妈

---

① 即"慈安宫天后圣母"。
② 许培元:《海祭妈祖侧记》,《湄洲日报》2010年11月17日。

祖故居之间,由她和妹妹黄丽兰倡议建造"天后圣殿",姐妹俩来到贤良港把意愿告知天后祖祠董事会,当时正值湄洲湾北岸开发区党工委、管委会和社会各界人士在研讨"妈祖故里保护性整治规划"。姐妹俩的倡议立即得到各级领导和专家学者赞同,姐妹俩捐资人民币242万元作为建设"天后圣殿"的启动资金。之后,黄女士和家人又捐资建设观音殿、捐赠金丝楠木请中国工艺大师方文桃雕刻全木妈祖像、千里眼、顺风耳等一系列塑像,她作为一名华裔,践行妈祖"立德、行善、大爱"的精神内涵,诠释"孝亲敬祖、报效桑梓"的恋土情怀,以无形的精神力量感召海内外信众纷纷捐资捐物襄助妈祖故乡文化设施建设,累积资金近5000万元,在莆田妈祖故乡谱写了一曲曲爱的颂歌,灼照人性的真善美,让世人为之动容!①

2012年6月9日,印尼全爪哇最古老之妈祖庙——慈安宫,举办了天上圣母妈祖出游巡安活动②,此前一天,慈安宫理事们就已整天忙于接待各地庙堂团队,当晚还举行义卖筹款庙堂经费。庆典当天上午9时半,出游巡安从拉森③古城开始。共有60多间庙堂队伍参加,包括爪哇本岛、峇厘,甚至远自北苏拉威西之万雅佬和Gorontalo市也派团,浩浩荡荡的队伍经过拉森市中心,一度使爪哇北部省际大道暂时关闭几小时。游行全程长达7千米,沿途人山人海,直至下午2时30分才圆满结束。④这种巡安活动源自湄洲岛妈祖祖庙,隆重的盛典增强了参加者的归属感。

2016年4月1日上午,印度尼西亚旅游部Ir.Lokot Ahmad Endah先生携印尼苏南省巨港威镇庙、圣江庙及凤山庙三妈祖宫庙信众一行25人,前往妈祖故里湄洲妈祖祖庙谒祖朝圣进香。湄洲妈祖祖庙监事长黄文富接待了远道而来的海外华侨,并与他们一起座谈交流。在座谈会上,黄文富监事长代表祖庙

---

① 王雪玉:《一位印尼华侨与妈祖结缘 海外传承妈祖文化》,东南网,http://www.hycfw.com/Article/203907m,2017年3月28日。
② 为12年举行一次的盛大庆典。
③ 拉森是中爪哇北海岸古城,位于三宝垄与泗水之间,华人文化气息浓厚。该市历史悠久,集历史、建筑(印尼、中国、荷兰式)、庙宇(有慈安宫,保安庙、义勇公庙)、侨生巴泽文化于一身。其中慈安宫建于1450年,已有570年历史。
④ 慈安宫:《印尼全爪哇最古老妈祖庙举办历届最大巡安庆典》,《侨乡时报》2012年6月11日。

表达了对远道而来的海外华侨、妈祖信众的诚挚欢迎,同时向在座各位侨胞介绍了妈祖祖庙董事会组织架构和近年来弘扬妈祖文化的工作情况。希望通过天下妈祖回娘家活动及春秋两祭妈祖大典,欢迎来自世界各地的妈祖宫庙常来湄洲加强交流。在倾听了黄文富监事长的介绍后,印度尼西亚旅游部 Ir. Lokot Ahmad Endah 先生代表印尼参访团发言。Endah 先生说,自己是第一次来中国,但因为妈祖,我们去了安溪、莆田还有妈祖故乡湄洲岛。从上岛那一刻起,湄洲祖庙宏伟的建筑、雕梁画栋的楼阁、美丽的湄洲女以及浓厚的妈祖文化让他深深吸引。Endah 先生还说,妈祖文化远播世界各地。在印尼,有很多的华侨信仰妈祖,特别是在爪哇省,妈祖庙分布众多,有50多家。我们此次组团来的是苏南省,也有3家妈祖庙,分别是巨港威镇庙、圣江庙和凤山庙;这些庙的妈祖都是以前华人下南洋时带过来的,像凤山庙是从福建安溪过来的。参加座谈会的印尼安溪同乡会黄永固等人还表示,在印尼,华人华侨会通过举办热闹的妈祖文化活动来加强交流,增进感情。每年的12月份,苏南省的华人会邀请周边各地的华人和妈祖信众,通过举行妈祖绕境和妈祖海巡这样的活动,扩大华人间的交流并增进友谊。今年妈祖绕境定在12月8日—12日,届时会通过发公函的形式,邀请湄洲妈祖祖庙前往印尼,进行联谊,加强交流。①为了文化上的追本溯源,印尼的3所妈祖庙的代表来到中国的湄洲岛妈祖祖庙,并邀请湄洲妈祖祖庙代表前往印尼,生动地反映了两个妈祖文化交流的互动发展。

  2018年4月20日上午,印度尼西亚华侨陈荣儒、陈新强率团赴湄洲妈祖祖庙,恭请湄洲妈祖分灵印度尼西亚东爪哇印尼妈祖分会锦兴宫、三保公庙。据陈荣儒介绍,印度尼西亚的华侨大约有200多万人,在印尼,宗教信仰很多,佛教、基督教、天主教都有,但很多华侨都信仰妈祖,特别是在爪哇省,妈祖庙分布众多,有50多座。他们希望通过宣传妈祖文化,把妈祖的大爱精神带到那边,让更多的印尼华人知道妈祖,知道湄洲岛。以后每逢三月廿三,他们能来湄洲岛朝圣,感受妈祖故乡的神圣和美好。如今妈祖分灵宫庙遍布全世界,

① 林群华、朱丽花:《印尼3家妈祖庙信众到祖庙谒祖》,《海峡都市报》2016年4月11日。

象征着妈祖信俗的传播之广和妈祖信众对于海神妈祖的敬仰。妈祖信俗是中国最具代表性的民间信仰之一,不仅将中华儿女的爱国情怀与宗教信仰相融合,也是将中华传统文化传递给世界的重要纽带之一。①

这样生动的实例不胜枚举,说明中国和印尼的妈祖文化互动发展在新时期有勃勃生机。

2017年12月1日,习近平总书记在中国共产党与世界政党高层对话会开幕式《携手建设更加美好的世界》的主旨讲话指出:在这个历史过程中,不同区域、不同国家、不同民族的人们以经济文化交流为基石,随着经济文化交流的全方面展开逐渐达成一定的文化共识,最后促使各类人群形成新的命运共同体。妈祖文化是人类命运共同体的生动表达形态,应该成为"一带一路"民心相通的主要纽带。中国和印尼妈祖文化互动发展的历史画卷,印证了这一点。

---

① 莆田湄洲岛:《湄洲妈祖分灵印尼! 国民"女神"走向全世界!》,搜狐网,https://www.sohu.com/a/229226901_99996630,2018年4月23日。

新冠疫情下的日本国际交流基金
——活动内容及战略变化

那希芳[*]

摘 要 本文总结了日本国际交流基金2020年度各项对外交流活动,考察了新冠疫情对其活动和战略带来的影响。由于新冠疫情使得跨国人员的移动变得困难,国际交流基金的很多活动被迫中止。在这种情况下,国际交流基金一边适应新的环境和形势,一边积极摸索,在可能的范围内积极开展了国际交流活动。其中在线电影放映和电影节相关工作,甚至比往年更加积极活跃。这非常符合日本发展壮大文化产业的思路,通过将日本年轻导演的新作推送到海外,对日本电影将来的成长和海外拓展起到了很好的助力作用。此外,新型冠状病毒应对特别项目"亚洲市民交流补助"对于有效保护民间文化交流团体亦具有良好作用,值得我们借鉴。

关键词 日本国际交流基金 文化交流 国际文化战略 日本文化产业

日本国际交流基金成立于1972年,致力于"统一有效地进行国际文化交流事业。加深世界各国对日本的理解,增进国家间的相互理解。在文化及其他领域为世界做出贡献。并进一步为构建良好的国际环境、维持和发展日本协调的外交关系方面做出贡献"(独立行政法人国际交流基金法第3条)。其业务范围主要包括文化艺术交流、境外日语教育等方面。特别是该基金的日语国际中心还面向外国日语教师在培训、日本研究、学术交流、调查研究、信息

---

[*] 那希芳,上海外国语大学讲师,东京大学学术博士,主要研究领域为日本近代思想。

共享等方面提供援助。基金在日本国内设有本部和京都支部,此外还设有日语国际中心、关西国际中心两个辅助设施,在境外的21个国家设有22个事务所。其中国际交流基金亚洲中心是2014年新成立的部门,目前非常活跃地发挥着与亚洲各国进行文化交流的作用。

2020年度由于新冠疫情的影响,日本国际交流基金的活动内容也不得不进行了调整。较以往相比,很多活动减少了,同时线上的活动得到了很大的发展。那么具体来说,基金的各项对外文化交流活动,其内涵发生了怎样的变化和调整？从应对疫情的角度,基金的应对战略可以使我们得到哪些有益的启发？以上是本报告重点关注的内容。综观日本国际交流基金2020年度的活动,可以大致概括为3个方面,即文化艺术领域的活动、电影节相关活动及新冠疫情专题活动。以下将主要对这三个方面加以论述。此外,对于与我国关系更为紧密的国际交流基金亚洲中心,本文也将对其活动进行细致的总结。

一、 文化艺术领域的活动

国际交流基金多年来一直都在举办"国际交流基金巡回展",[①]旨在向全世界介绍日本的文化和艺术。其中有介绍日本陶艺、手工艺、日本人偶等日本传统美术的展览会,也有通过当代美术、照片、建筑、设计展现当代日本的展览会。一般情况下总有约15个展览会在国外巡回进行。2019年度日本国际交流基金曾在46个国家的75个城市举办了展览会,来场观众共计有31万人之多。

据2020年10月26日国际交流基金的网页报道,2020年由于受新冠疫情的影响,巡展事业自2月上旬开始受到影响,很多展会被迫中止。现在新冠疫情下的新的社会和生活模式正在不断摸索中,日本国际交流基金接下来也会根据国家和地区的不同,在采取适当的预防感染策略的基础上,试图逐渐恢复历年的展览。

---

① Https://www.jpf.go.jp/j/about/press/2020/008.html,2020年11月20日。

在文化艺术领域,2020年度基金比较重大的活动有两个,一是"国际舞台艺术 Meeting in 横滨(TPAM)2020",该活动于2020年2月8日—16日在横滨和东京的多个场馆举行。活动期间,日本国内外的舞台艺术专家齐集一堂,通过公演节目和会议进行了交流。该活动也成为一个交换舞台艺术创作信息、获得灵感的好机会。该活动是配合"HOTPOT 东亚舞蹈平台"一起进行的。普通观众也可以参加聚焦舞蹈和身体表现的相关节目,活动期间还有多个公演和研讨会同时举办。

另一个大型活动是2020年7月15日—9月15日在雅典国立 Byzantine and Christian 博物馆举办的日本现代美术展"Relay to Tokyo——继承与积淀"。该美术展以奥林匹克这一活动和东京这一城市为关键词而展开。通过6名日本艺术家、建筑师的围绕"继承"与"积淀"主题的丰富作品(绘画、照片、影像、装置艺术、建筑),介绍了当今日本的艺术。这是日本当代艺术首次以完整的形式在雅典被介绍。展会闭幕前,还展出了艺术家隈研吾的临时有机形态茶室,以及 Paramodel Yasuhiko Haya 专门为本展在当地制作的装置艺术。

此外,国际交流基金还协助日本森美术馆举办了第八次 Innovative City Forum(ICF) 2020 国际论坛。该论坛为线上活动,于11月16日—27日举办。ICF 旨在描绘城市与生活方式的未来图景,设有3个全体会和9个分科会,所有内容均可在线上视听。论坛邀请了日本国内外多名专家,就城市与生活方式的未来进行了讨论。由于本届论坛在新冠疫情下召开,因此特别侧重探讨了后疫情时代城市的存在方式及人们的生活方式将会有怎样的改变,以及人们是否应该主动做出改变。关于这一问题,专家们从城市、社会、文化及艺术等多元的角度出发做了探讨。

二、线上电影放映及电影节相关活动

自2020年3月开始,国际交流基金在3个月内播放了"MOOSIC LAB"的12部电影作品。在新冠病毒肆虐的情况下,外出受到很大影响,全世界范围内对于线上文化产品的需求日增,基于上述判断,基金推出了这一活动并取得了成功。累计播放次数已经超过9.5万次,受到世界各地"粉丝"的好评。此后8月21日—9月30日,基金在日本电影信息网站"JFF Magazine"(2020年10月网络平台更名为"JFF Plus")上开展线上直播活动"JFF ONLINE vol.2：MOOSIC LAB×JAPANESE FILM FESTIVAL",这是线上放映的第二期活动,为全球的日本电影"粉丝"提供了日本年轻导演执导的10部电影作品。向全球传达日本社会的现状。这两次线上电影放映活动免费播放的都是电影作品制作计划"MOOSIC LAB"所生产的新电影作品。"MOOSIC LAB"计划以电影与音乐的融合作为其主要创作目的。基金支持日本电影界的新锐年轻导演,通过在线播放,援助其将电影作品更快推送到全球。这同时对扩大全球的日本电影"粉丝"数量也将起到一定作用。

国际交流基金早在2016年就启动了日本电影节(JFF)活动,[①]旨在向世界展示日本电影的魅力。电影节最初在东南亚及澳大利亚等11个国家举办,2017年新增了中国和印度两国,2018年新增了俄罗斯作为举办地。其网络年年不断扩大。2019年JFF在12个国家的56个城市举办了电影节,当年获得了超过172万人次的观众量。对日本电影的全球化发展做出了很大贡献。JFF项目自2016年以来就提出"随时随地日本电影"的标语。陆续在ASEAN各国、澳洲、中国、印度、俄罗斯,提供最新的日本电影,并配以各国文字字幕。2020年度由于全球各地都面临新冠病毒感染的威胁,多数影院都处于电影上映非常困难的状态。在这种情况下,日本国际交流基金为向全球宣传日本电影,毅然决定在线上举办日本电影节(JFF Plus：Online Festival)。有关的电影作品在日本电影网站"JFF Plus"上进行了流播,将在11月至次年3月的近5个月时间内,通过线上的形式在世界五大洲的20个国家巡回上映。这也是国际交流基金的第一次相关尝试。

本次线上流播的电影作品,得到了相关电影制作销售公司的积极配合,共计有30部电影上线。内容十分精彩。包括2020年日本国内刚公映过的电影《前田建设梦幻营业部》《告别前的30分钟》这样的新作,以及近年来的好评

---

① Https://www.jpf.go.jp/j/about/press/2020/009.html, 2020年11月19日。

作品《虽然只是丢失了手机》《一首小夜曲》等。此外还有在国际交流基金过去的电影上映事业中很受欢迎的《横道世之介》《最终幻想女孩》等作品。以及八代健志的多部作品。他因为定格动画作品《电影版小狐狸阿权》公映后人气大增。最后，还有日本电影的不朽经典小津安二郎的《茶泡饭之味》等。上线作品可谓集日本电影丰富性与魅力之大成。电影节期间还请影评人马克·席林(Mark Schilling)作为主持,邀请上映电影作品的导演做客进行访谈。该访谈节目在YouTube上进行播放。在电影院正常开放的地区,国际交流基金同时举办了线上电影节和实体电影节。JFF此后也将开展各种活动面向全球积极宣传日本电影。

配合线上电影节,国际交流基金于11月1日—8日举办了系列访谈节目"亚洲交流Lounge"。[①]在位于日比谷的特设会场,邀请代表亚洲各国和地区的电影导演及活跃在第一线的日本电影人进行线上访谈,并每天将内容在线上播出。这一活动也是作为10月31日—11月9日举办的第33届东京电影节(TIFF)活动的一部分开展的。国际交流基金与TIFF自2014年起一直合作,陆续举办了聚焦于亚洲的电影交流活动。2020年,全世界范围内的电影界都处于极为困难的环境,基金希望能通过亚洲电影人的对话,增进彼此的理解并加深友谊,共同探索未来电影文化的出路。

这一企划是由活跃于全球的日本导演是枝裕和首倡的。最初设想的是各国电影人可以自由交流的实体活动。由于新冠疫情的特殊情况,最后变成了线上交流的形式。豪华阵容的嘉宾就各种题目展开了对话。目前跨国间的人员移动受到限制,电影的制作、上映及电影人的交流合作形式也与从前有了很大的不同。在这样的情况下,亚洲电影人就他们在想什么,他们将要去向何处展开了对话。这个节目还利用线上直播的优势,与全球的日本电影"粉丝"进行了互动和交流。

在与中国的电影交流方面,国际交流基金曾于2017年纪念"中日邦交正常化45周年",2018年"中日平和友好条约缔结40周年"之际,分别在中日两

---

① Https://www.jpf.go.jp/j/about/press/2020/005.html, 2020年11月19日。

国举办了电影放映会,介绍对方国家的电影。其后 2019 年度也在中国的 9 个城市举办了日本电影放映会。2020 年由于情况特殊,6 月 11 日起日本国际交流基金与腾讯科技(深圳)有限公司合作,专门面向中国在网上举办了日本电影节①。将腾讯拥有播放权的 61 部日本电影面向会员播放。腾讯的会员人数超过 1 亿人,日本电影节特别网页公布后仅 6 天内,访问数就超过了 190 万。中国实力演员赵又廷担任电影节大使一事也轰动一时。相关访谈节目也很受欢迎。6 月 14 日执导《横道世之介》的冲田修一导演与高良健吾、西谷寿一进行的对谈也在网上播出了。其后还在线上播出了《王者天下》的导演佐藤信介和《谈谈情跳跳舞》的导演周防正行的特别访谈。

总体来说,2020 年年度线上电影放映活动及日本电影节(JFF)相关活动,较之以往更加显得突出。这主要是由于新冠疫情时期的特殊影响。但国际交流基金所采取的战略仍非常具有计划性。日本多年来试图发展文化产业,而电影无疑是动漫产业以外的又一重要文化产业。国际交流基金在拓展海外交流的同时,密切配合政府发展文化产业的思路,既收到了一举两得的效果,又适应了当下新冠疫情时期的特殊实际情况。

三、 新冠疫情专题活动

为防止新型冠状病毒感染扩大,国际交流基金自 3 月下旬以来,在世界各地取消或延期了很多会带来跨国间人员移动和参与人数众多的项目。内容涉及文化艺术、日语教育、日本研究和知识交流等诸多领域。因此对日本国内外从事国际交流一线工作的人员带来了非常大的影响。日本国际交流基金担心这会造成国际文化交流停滞这样的文化危机,对此深感忧虑。因此国际交流基金亚洲中心成立了"亚洲市民交流补助(新型冠状病毒应对特别项目)"②这一新项目。对象是策划并实施与以 ASEAN 各国为中心的亚洲国家进行创新

---

① Https://www.jpf.go.jp/j/about/press/2020/003.html, 2020 年 11 月 20 日。
② Https://www.jpf.go.jp/j/about/press/2020/002.html, 2020 年 11 月 23 日。

性交流事业的日本国内团体,对其补助一部分经费。在很多国际文化交流事业开展困难的情况下,基金试图通过支援不带来跨国间人员移动的线上交流活动,继续维持和扩充日本与亚洲的交流基础。

国际交流基金针对从事日本研究的国外学者和研究者,通过 Fellowship Program 邀请其到日本访问,目前为止已经援助了很多研究者进行研究和调查,帮助其构建了与日本专家之间的沟通网络。这次由于新冠疫情,他们组织了线上系列栏目,邀请日本研究的 Fellow 谈谈他们在新冠疫情下的日本看到了什么,请他们推测新冠灾难将对今后的日本社会产生怎样的影响,并请他们从各自专业的视点出发谈谈意见。第一次访谈邀请了研究歌舞伎町的文化人类学者 Nathaniel Smith。Smith 谈了他在新冠灾难下的东京的所见所感,重点是城市生活和社会组织发生了哪些变化。这一系列访谈节目引入日本外部视角,针对全球关心的特殊事件展开,并在网上全文公布了访谈详细内容,在日本国内引起了不小的反响。

四、其他活动

(一) 日语教育

原定于 2020 年 7 月 5 日举行的 2020 年年度第 1 次日语能力考试在日本国外的实施被迫取消。该考试原本将在全世界 48 个国家的 157 个城市举办,考生人数达 100 万人以上。因此受到影响的人数极为庞大。这一举措是国际交流基金基于"新型冠状病毒世界性感染的状况依然不容乐观,第 2 波感染的扩大化极有可能发生的现状"所做出的合理判断。日本国内的考试也同时取消。

与此同时,小规模的培训活动并未受到如此大的影响。例如在 2020 年 5 月 18 日—26 日,国际交流基金就举办过 30 人规模的培训。对象是通过 JET 项目赴日并致力于做日语教师的人。地点在国际交流基金日语国际中心。类似的培训还有不少。

此外日语教材的编写发布工作如常进行。日语教材《精彩生活日语》(初级1—2)已公布。对象是持"特定技能"等在留资格的赴日外国人。这套教材旨在让初次赴日生活的学习者通过实践性的学习学会必须掌握的日语。对于日本国内与母语非日语的外国人打交道的机构和地区的工作人员来说,也具有很大的参考意义。

(二)周年纪念事业

2020年是日本与捷克建交100周年。为纪念此事,国际交流基金于2020年1月20日—2月22日在布拉格和比尔森举办了日本电影节EIGA-SAI2020。此外国际交流基金赞助了2020年5月26日—2021年1月30日在捷克的克鲁姆洛夫举办的"大成哲＆埃贡·席勒诞辰130周年展"。

国际交流基金还以2019年橄榄球世界杯和2020年奥运会分别在日本举办为契机,在英国举办了"日本文化季间"系列活动。其中2019年9月27日—9月29日已在伦敦和卡迪夫大学举办了"石见神乐英国公演"和讲座。其后,2020年1月26日—2月7日在伦敦举办了The Between the Stones Project-Performance Tour(Phase 3),2020年9月在伦敦等地举办了BFI JAPAN SEASON。并协办了2020年7月16日起在阿什莫林美术馆举办的"东京艺术＆照片展"。

(三)表彰事业

日本国际交流基金于1985年创立了国际交流基金地球市民奖。对象是日本国内从事以下事业的团体:通过国际文化交流活动,加深日本与世界各地市民同志的友谊与合作,互相交换知识与构想,共同思考共同进步。

2020年7月1日基金开始了2020年度国际交流基金地球市民奖的筛选活动,但最终该年度的评选未能顺利进行,目前已取消。由于新冠疫情的影响,面对面直接交流变得困难,在这样的情况下,应该如何将交流事业继续下去,并使其继续结出硕果?为了探索以上问题,国际交流基金邀请往届"国际交流基金地球市民奖"获奖团体的成员,于2020年8月6日—7日举办了题为"新冠时代的地区国际文化交流"线上研讨会。线上平台是ZOOM Webinar(ZOOM网络研讨会)。该研讨会分别设置了3个分会题目:"推进多文化共生""国际交流与市民联合""通过艺术打造地区优势"。各个团体分别做了汇报。主要针对新冠灾难中的新举措以及产生的新课题。大家还讨论了新冠时代地区国际文化交流事业继续发展的可能性。会议录像目前仍可以通过网络浏览。

国际交流基金奖成立于1973年，2020年是第48届。奖励对象是通过学术、艺术及其他文化活动，对于增进国家相互理解，促进国际友好关系方面具有突出贡献，后续具有在这方面活动潜力的集体和个人。2020年年度因疫情关系未能举行选拔和授奖相关事宜，中止一年。

五、 国际交流基金亚洲中心的活动

国际交流基金亚洲中心2020年年度在可能的范围内积极开展了各项活动。2020年1月—3月，与NTT Inter Communication Center(ICC)共同举办传媒艺术展览会"开放的可能性——非线性的未来想象与创造"。地点是NTT[ICC]画廊A。本次展览会是2015年以来连续实施的"传媒艺术交流事业"的集大成者。在展会上可以看到亚洲地区的艺术家们通过传媒艺术的手法所进行的跨领域的表达。

国际交流基金亚洲中心于2020年初连续在国际文化会馆举办了4次演讲会和研讨会。该活动是"与东亚穆斯林青年对话项目"（TAMU/Talk with Muslims）的一环。旨在加深与东南亚的年轻穆斯林的交流和理解。第1次是演讲会，题为"日本与伊斯兰的邂逅"，于2019年12月4日在国际交流基金樱花大厅举行。第2次是演讲会并放映了电影。演讲题目是"通过电影解读东南亚的伊斯兰——以马来西亚为核心"，于2020年1月24日在国际交流基金樱花大厅举行。还放映了电影《皈依》（雅丝敏·阿莫导演/马来西亚/87分钟/DVD）。但由于受疫情影响，后两次活动没能如期举办。计划中第3次是研讨会，题为"多样的伊斯兰与日本的将来"。第四次是演讲会，题为"年轻穆斯林青年所面临的挑战"。

受疫情影响，国际交流基金亚洲中心2020年年度也举办了很多在线活动,"在线亚洲中心私塾"系列活动是其中重要的一项。①第1次活动在2020年7月8日通过YouTube播放,举办题为"新冠时代人们也要超越国境相连,新形式的国际文化接触的可能性"的在线讲座。讨论的话题是新冠病毒蔓延时代,文化及文化交流应该发挥怎样的作用。以日本、英国、新加坡的尝试为核心,邀请众多嘉宾集体讨论。第2次活动在7月28日举行,题为"现在只有足球可以做的事:联赛各俱乐部在东南亚的活动"。邀请了日本职业足球联赛、FC东京、湘南比马足球俱乐部、大宫松鼠足球俱乐部的嘉宾,一同探讨了东南亚日益增高的足球热的实际情况和日本职业足球联赛的国际活动。第3次活动在10月8日举行。YouTube直播了题为"新冠时代电影制作的课题:来自日本、印尼和中国的现场"的线上研讨会。限期免费播放电影《亚洲三面镜2018:Journey》,并邀请该电影的日本、印尼、中国导演进行座谈,畅谈新冠时代各国电影制作的课题与将来。第4次题为"日本与亚洲足球的未来——从足球指导者长期派遣事业来思考"。邀请了5位知名足球教练,探讨了JFA的亚洲战略,海外派遣指导者在当地的实际活动等内容,并一起畅想了"日本与亚洲足球的未来"。

2020年8月11日—13日,国际交流基金亚洲中心与日本经济新闻社数码事业媒体业务部共同举办了日经电子版在线研讨课"通往未来的国际交流——日语partners编织成的亚洲纽带"。在第1部的主题发言中,日语教育研究所理事长西原铃子就以下问题发表讲话:未来的国际交流是否仅有虚拟交流就足够了?她以国际交流基金的日语partners派遣事业为例,讲述了新冠疫情时代国际交流的意义和应该发挥的作用。第2部邀请了两名日语partners派遣事业经历者,请他们介绍了日语学习支援和日本文化介绍等派遣当地的活动,以及partners经验对回国后的作用和意义。他们还与嘉宾西原铃子一起探讨了日语partners派遣事业的魅力以及在国际交流中的意义和展望。

2020年10月31日—11月9日,国际交流基金亚洲中心在第33届东京

---

① Https://jfac.jp/culture/search/?keyword=%E5%AF%BA%E5%AD%90%E5%B1%8B, 2020年11月20日。

国际电影节的"TOKTO Premiere 2020"和"World focus"两个单元,放映了多部魅力四射的亚洲电影作品,向世界介绍亚洲丰富多彩的魅力和电影文化。地点是六本木大楼、EX剧场六本木、东京Midtown日比谷、日比谷Step广场、东京国际论坛、其他东京都内各剧场及有关设施和大厅。

六、 国际交流基金其他部门的活动

国际交流中心巴黎日本文化会馆在新冠病毒感染日益扩大的情势下,为通过日本俳句将世界各地的人们连接起来,开展了俳句大赛,题为"就算分离",广泛征集日语及法语的俳句作品。内容要求是表现新冠流行下的心情和感受。优秀作品被翻译为日语和法语,在巴黎日本文化会馆进行颁奖。

国际交流中心日美中心举办了线上研讨课系列"现在思考美国,与美国一起思考"。共计3次,第1次活动于11月20日举办,题为"生长在美国的日本传统空间",第2次于12月4日举办,题为"从市民领域思考日美之间的纽带",第3次于12月18日举办,题为"用语言连接起来的日本与美国"。

2020年10月27日,国际交流基金日美中心与美国社会科学研究评议会(SSRC)共同举办了英语的线上研讨会"新冠时代工作生活的平衡——日本和美国能够面对这一苦难吗?"此活动同时也是2020年"安倍研究员全球论坛"的一个线上活动。论坛旨在推介安倍研究院的研究成果,2020年年度第1次在线上举办,回顾了日本过去10年男女协同计划所取得的成果,考察了日本和美国所面临的课题,教育、婚姻状况、职业、人种差异等对流行病的影响等问题。

七、小　　结

未来一年里,国际交流基金将采取更多的新冠疫情应对战略和措施。"亚洲市民交流补助"还将继续。"新冠应对特别计划"也将得到扩大和充实。此外"国外日语教育机构援助"计划目前已提上日程。主要针对日语的网络课程、线上活动及线上教材的编写,以及有关网络环境的构建、研修及人才培养。针对日语教育机构所采取的各种新对策,基金将给予更多紧急援助。

综观2020年日本国际交流基金的各项活动,电影线上放映及电影节活动所占比重非常大。这一紧急情况下的应对措施虽显仓促,但对日本新锐导演作品的推介,对日本电影走向世界,推动日本文化产业的输出起到了很好的推动作用。相信如果疫情继续蔓延,日本国际交流基金2021年在这方面的投入还会加大。从日本国际交流基金的疫情应对来看,问题也是存在的。比如作为疫情对策的经济援助,只涉及日本国内的民间团体,并未涉及其他国家;2020年第一次日语能力考试被迫取消,如果疫情继续蔓延,2021年的日语能力考试如何进行?这是很多日语学习者非常关心的问题。还有Fellowship Program 2021年计划的取消,将对很多日语研究者产生影响,而基金并未有足够的应对策略。

智利·中国彩灯节：
中国文化"走出去"的商业实践

李 忠 郑 杰*

摘 要 文化"走出去"是国家"走出去"战略的重要组成部分。随着中国经济硬实力的不断提升，文化软实力和我国不断提高的国际大国地位越来越不相称，在全球化的大背景下，文化"走出去"作为提高国家文化竞争力和文化贸易水平的系统工程，意在通过展现中华文化的活力和创造力，发挥中国对人类文明发展的积极贡献。文化"走出去"是树立良好的国家文化形象，增强国家软实力，扩大中国文化的全球影响力，进而提升中国国际竞争力的有效途径。本文介绍由中国民营文化企业在智利首都圣地亚哥市举办的首届"智利·中国彩灯节"的运营状况，并通过这一项目，探讨中国文化在海外商业化运营的可行性。

关键词 智利 "彩灯节" 文化产业 文化"走出去"

中国从"十一五"时期开始实施文化"走出去"战略。"走出去"的思路，最早是针对经济领域提出的。2000年，在《中共中央关于制定国民经济和社会发展第十个五年计划的建议》中，提出了"实施'走出去'战略，努力在利用国内外两种资源、两个市场方面有新的突破"。①此后，"走出去"战略不断发展和

---

* 李忠，成都宽锦汉昱（蒲江）文化旅游有限公司董事长；郑杰，自贡灯彩文化产业集团有限公司中心项目经理。
① 详见2000年10月中国共产党第十五届五中全会通过的《中共中央关于制定国民经济和社会发展第十个五年计划的建议》。

完善,到《国家"十一五"时期文化发展规划纲要》中,明确了"十一五"时期文化发展的基本要求是抓好文化"走出去"重大工程和项目实施,充分利用国际国内两个市场、两种资源,主动参与国际合作和竞争,加强对外文化交流,扩大对外文化贸易,初步改变中国文化产品贸易逆差较大的被动局面,形成以民族文化为主体,吸收外来有益文化,推动中华文化走向世界的开放格局。

所谓文化"走出去",是指"通过发展文化贸易特别是文化服务贸易,促使中国的文化产品特别是内容产品进入国际市场,向世界传播中华文化,在获取文化产品出口和投资收益的同时,提高国家的文化软实力和影响力"。①文化"走出去"是国家"走出去"战略的重要组成部分。随着中国经济硬实力的不断提升,文化软实力和我国不断提高的国际大国地位越来越不相称,在全球化的大背景下,文化"走出去"作为提高国家文化竞争力和文化贸易水平的系统工程,意在通过展现中华文化的活力和创造力,发挥中国对人类文明发展的积极贡献。文化"走出去"成为树立良好的国家文化形象,增强国家软实力,扩大中国文化的全球影响力,进而提升中国国际竞争力的有效途径。

"十一五"以来,中国文化相关领域分别实施各类"走出去"工程,中国的文学作品、影视作品、传统戏剧曲艺、文物及艺术展览等纷纷走出国门,为"世界了解真实的中国"起到了积极的推动作用。这些走出国门的项目,主要以向海外受众展示中国文化为主,极少涉及中国文化产品在海外的商业运营。中国文化"走出去",不应该只是把优秀文化产品"送出去",更要"卖出去";中国的文化产品不仅要在国际舞台上亮相,更要参与国际市场竞争,创造与文化价值相称的商业价值。中国文化"走出去"的商业实践,将提高中国文化产品和服务自我优化、自我提升的能力,焕发更长久的生命力。

本文介绍由中国民营文化企业在智利首都圣地亚哥市举办的首届"智利·中国彩灯节",②并通过这一项目,探讨中国文化在海外商业化运营的可行性。

---

① 齐勇峰、蒋多:《中国文化走出去战略的内涵和模式探讨》,《东岳论丛》2010 年 10 月,第 165 页。
② "智利·中国彩灯节"在智利被称为 FESILUZ 项目,FESILUZ 为该项目的西班牙语缩写。

智利·中国彩灯节：中国文化"走出去"的商业实践

一、"智利·中国彩灯节"的基本情况

（一）"智利·中国彩灯节"的运营架构

"智利·中国彩灯节"由中国国务院新闻办公室、智利住房和城市规划部联合主办，四川省政府新闻办公室、成都市政府和自贡市政府承办，由两家中国公司和一家智利公司实际执行和运营。其中，来自四川省成都市的宽锦汉昱（蒲江）文化旅游有限公司组织中国的非遗商品、文创产品、旅游演出、美食赴智利，并负责活动现场的运营管理；来自四川省自贡市的自贡灯彩文化产业集团有限公司负责参展彩灯的设计、制作、安装、展出和现场维护；来自智利圣地亚哥的 CUTRALCO PRODUCCIONES LTDA.公司（由两位旅智多年的上海籍华侨持有）负责与智利政府的沟通、项目落地和活动现场的安保工作。

"智利·中国彩灯节"选择智利作为首届活动的举办地，主要基于以下原因：

第一，智利是南美洲唯一的发达国家，具有独特的政治经济地位。中国与智利虽然相距遥远，但两国关系亲密融洽。智利是首个与中国建交的南美国家，是中国进出南美的桥头堡；中国是智利的第一大出口市场和第一大进口来源地，并已连续10年成为智利的第一大贸易伙伴。2019年中智双边贸易总额410亿美元，2020年第一季度智利对华出口占智利总出口的35%。智利首都圣地亚哥是一个国际化的大都市，有很多来自欧洲、亚洲和南美各国的常住居民，人口和种族的多元化让智利呈现出强烈的文化包容性。很多世界一流的艺术团体都曾经在智利演出过，智利在整个南美地区有重要的艺术地位，智利民众对文化活动有很高的鉴赏力。文化是友谊的使者，智利民众对中国文化有浓厚的兴趣。中国在智利设有3所孔子学院，且拉美地区的孔子学院总部就设在智利。来自中国的文化活动，应该有实力、有信心走上智利的文化舞台。通过"智利·中国彩灯节"这个项目，将有助于增进中-智两国人民的相互了解，扩大中国文化在智利，乃至南美洲的传播。

第二，"智利·中国彩灯节"项目的执行期内，恰逢2019亚太经济合作组

织会议(APEC)和第 25 届联合国气候变化大会(COP25)在智利召开,借助于彩灯节,将在更广阔的国际视野中展示中华文化的魅力。

第三,2020 年正值中智建交 50 周年,"智利·中国彩灯节"作为中智建交 50 周年庆祝活动的重头戏,是一次中国文化走出国门的积极尝试,并将以此为契机,探索开拓南美文化旅游市场。

(二)"智利·中国彩灯节"期间的文化活动

"智利·中国彩灯节"于 2019 年初开始筹备,2019 年 11 月 28 日—2020 年 2 月 28 日在智利首都圣地亚哥河滨家庭公园(Parque Fluvial de Familia)展出。展场面积超过 6 万平方米,其中"彩灯展"包括以传统技艺捆扎,由 2 万多件青花瓷器组成的 60 米长的中国巨龙、2∶1 比例还原的高 20 米而直径超过 30 米的天坛祈年殿、35 米长的龙舟等共计 30 组彩灯;演出方面有《长嘴壶茶艺》《变脸》《晃板翘碗》等曲艺杂技节目和《俏花旦》《小城雨巷》《汉宫丽人》等舞蹈类节目,彩灯节期间共举办演出 322 场,平均每天 3—5 场;美食方面包括糖油果子、刀削面、章鱼小丸子、煎饼果子、酸辣粉等 8 个成都美食档口和炸薯条、炸鸡、汉堡等 27 个南美美食档口;商品销售方面包括熊猫元素纪念品、油纸伞、篾帽、京剧人物摆件、戏曲人物面具、T 恤、折扇、团扇等多个文创档口和糖画、艺术棉花糖、面人、铝艺、芦苇画等 5 个非遗档口;游乐园有儿童蹦极跳床、摩天轮、海洋球池等。彩灯节园区内还为红十字会、关爱艾滋病团体、少年癌症基金会、绿色和平组织、联合国儿童基金会(Unicef)等公益性社会组织提供免费展位,帮助其进行无偿的宣传推广活动。在历时 90 多天的彩灯节期间,共计 55 万智利群众入园游览,活动组委会为 Quinta Normal 区的低收入人群和孤儿提供免费公益参观票 22 500 张,另外还接待智利孔子学院 1 万余名学员。在彩灯节期间,非遗产品销售额 1 亿比索,文创产品销售额 1 700 万比索,餐饮销售额 2.28 亿比索。

在彩灯节演出环节,还策划了以"国家周"为主题的现场展演,先后组织了智利、秘鲁、哥伦比亚、玻利维亚等国家的艺术团体进行了表演。同时,在中国春节期间,中国驻智利大使馆在彩灯节活动现场举办了 2020 年新春团拜会。"智利·中国彩灯节"在当地民众中获得了极高的赞誉,是智利建国以来规模最大、持续时间最长、接待游客最多的大型中国主题文旅活动。

(三) "智利·中国彩灯节"的文化影响力

"智利·中国彩灯节"在申办之初困难重重,尤其是当地政府并不了解灯会,以为所谓"彩灯节"是以台灯、吊灯等灯具为主的展销会。经过运营团队的不懈努力,至2月28日活动结束时,共接待游客55万人次,智利人民充分领略到了中国彩灯文化的魅力。

历时3个月的"智利·中国彩灯节"产生了深远的文化影响力。中国中央电视台国际频道、美国有线电视新闻网(CNN)等主流媒体;智利国家电视台、智利电视台第4频道、智利大视野电视台、智利视角电视台、智利天主教电视台、圣地亚哥首都网等智利所有的电视台以及电台、报纸、新媒体、自媒体都对彩灯节进行了全面报道。彩灯节活动现场播放中国文化旅游部《中国旅游宣传片》、四川省委宣传部《四川旅游宣传片》、成都市委宣传部《成都旅游宣传片》共计320小时。智利政府网站推荐"智利·中国彩灯节"为圣诞节期间排名第1的"最值得去的八大景点"。

截至2月28日活动结束时,在国外主流社交媒体上,彩灯节亦成为重要话题。Tiktok("抖音"国际版)上,关于FESILUZ("智利·中国彩灯节")的话题超过57.7万条;Instagram上共获得超过8.57万名粉丝和200个跟帖;Facebook上共获得超过1.4万个用户点赞,游客分享了大量现场照片、视频,大部分视频获得近万次点击播放;Twitter上共获得超过800个Following和超过1 600个Followers。

彩灯节预展期间遭遇了智利国庆节后的社会暴乱,当地政府迫于安全考虑,停办了全国21场不同规模的文化活动,同时决定停办APEC和COP25会议。当时,彩灯节活动已全面准备就绪,精美的艺术作品和宏大的演出现场已经震撼了当地政府部门。智利政府在充分衡量局势,又考虑到彩灯节活动的受众是以家庭为核心的群体,决定保留"智利·中国彩灯节"项目,作为社会暴乱期间唯一可以举办的大型户外文化活动,使彩灯节最终得以完整呈现,并受到社会各年龄段、各阶层人士和各不同政见团体的支持和喜爱,得到了智利全体国民的认可和自觉维护。现场游客卡米拉·贝洛(Camila Bello)强调(在这里)"可以停止思考社会危机"(la necesidad de dejar de pensar en la crisis social),"好像进入了另一个国度旅行,可以逃离几个小时的暴力环境"(como si viajara a otro país y pudiera huir por unas horas de las escenas de violencia)。在2019年12月4日的《西班牙日报》(美洲版)报道中,将彩灯节评价为"智利抗议活动中的和平绿洲"(Festival de luces Chinas brinda "isla de paz" en medio de las protestas en Chile)。

在彩灯节结束数月之后,其文化影响力仍然得以延续。2020年6月,智利国家电视台在新冠疫情隔离期间,再次对彩灯节进行报道,目的在于丰富民众隔离期间的文化生活,安抚民众焦虑情绪。至2020年7月底,"智利·中国彩灯节"在Facebook、Twitter、Instagram、Tiktok上仍有大量用户于疫情隔离期间跟帖回忆彩灯节盛况,其中,Instagram跟帖已经由200个增加至超过3万个,Tiktok话题已经由57.7万增加至70.7万。网友@xanax.rar表示非常遗憾没有到现场观看活动,但"根据我看的2小时的纪录片,这些都是超越人类技巧的艺术"(segun el documental de 2h que vi son trucos que van mas alla de la accion humana.);网友@m_acuna表示"FESILUZ是一个世界级的活动,也是第一次来到智利和拉丁美洲。"(FESILUZ, un evento de clase mundial, llego por primera vez a Chile y a latinoamerica.)

彩灯节在智利的巨大社会影响令运营团队深受鼓舞,亦使我们意识到,文化商业活动在向海外观众传播中国文化的同时,也能为项目本身带来积极的宣传效果、可观的经济效益,从而为项目提供长久的发展动力。

二、"智利·中国彩灯节"运营中积累的经验

中国驻智利大使徐步在观赏过彩灯节之后表示,彩灯节的成功,一是得益于中智关系日益密切,智利民众有了解中国文化和中国发展的强烈愿望;二是彩灯展把传统与现代、民俗与民族完美融合,活动丰富多彩,表演形式活泼多

样;三是来自中国的宽锦汉昱(蒲江)文化旅游有限公司和来自智利的CUL-TRACO有限公司通力合作,表现出非常好的团队精神。

通过运营"智利·中国彩灯节",我们意识到,做海外文化项目其实就是做服务——为所有参与活动的海外受众服务。以服务的心态对项目进行规划、筹备、执行,及时聆听反馈,并有针对性地随时调整服务内容,对于项目的顺利运营可以起到决定性的作用。我们认为,"智利·中国彩灯节"可以为中国文化的海外商业传播提供以下值得借鉴之处:

(一)文化"走出去"要立足实地调查和正确的宣传

"智利·中国彩灯节"在策划阶段充分考察了智利的娱乐业、当地民众的消费习惯和酒吧、游乐场等娱乐场所,分析了当地受众及消费能力的现状,发现西方消费者因为消费观念的不同、经济环境的差异,储蓄的意识较为淡薄,"月光族"比例很高,甚至热衷于透支消费。同时,当地民众精神生活较为单一,通常会把业余时间放在酒吧,而"泡吧"并不适合全家一起参与。在智利的一些以矿业为主的城市,更是缺乏文娱活动。在调研的基础上,策划团队对活动的选址做了充分的考量和规划,力求达到交通、人口密度、区域消费能力的平衡。在活动的形式上,策划团队认为,相较于传统的文化汇演活动,彩灯节采用灯展与演出、美食、商品销售相结合的方式更容易获得成功。游客在看演出、品美食、选商品的同时,不只是被动地接受表演,还能主动地与彩灯展示产生艺术互动,并利用自媒体进行分享和传播。

在彩灯节项目筹备初期,运营团队按照举办活动的通常宣传思路,在智利进行大规模的传统媒体宣传,如在公交车系统(车身和站牌)、大型室外显示屏推送广告、在地铁口散发活动DM单、在电视台投放广告、联系学校、旅行社等进行广告宣传等。但在执行一段时间后我们发现,虽然投入了大量的资金和精力,但因为对彩灯节缺乏了解,当地民众虽然知道有这个活动,却没有表现出明显的兴趣。

彩灯节运营团队及时调整了宣传策略,通过招聘当地本科以上学历的高素质专职人员,通过网络宣传,有针对性地在社交媒体上组织和引导公众进行分享,对所有信息进行梳理和回复。运营团队从受众的角度筹划项目,通过各种有效渠道获取受众真实的意见和反馈,让受众参与到项目中,感到被重视和尊重,从而打破僵局,使彩灯节得以顺利进行。

(二)文化"走出去"要依靠优秀的执行团队和专业人才

"智利·中国彩灯节"的成功得益于优秀的团队和人才。彩灯节的实际运营团队虽然来自三家公司,且三家公司分属不同的领域、有不同的管理理念,还存在中文和西班牙语的沟通障碍,但在精益求精地传播优秀中国文化这一点上,团队全体成员却能达成共识。

首先,团队管理层有长期、密切的合作,并具有较高的执行能力,管理层对执行团队有充分的了解和全面的掌控。其次,团队对整场活动具有专业、严谨的态度,对展出内容有充分的认知,对中国文化有强烈的自信和尊重,这种自信不仅限于前台表演人员,还包括舞台相关的舞美、布景、导演等,也包括餐饮、安保、后勤保障等其他所有项目参与人员。积极、自信、激情的工作状态,能够激发出最佳的展演效果,并感染观众。

在海外执行项目,不一定总是一帆风顺的,可能会因为风俗习惯、治安状况等原因而遇到各种意想不到的困难。在彩灯节期间遭遇了智利近代史上罕见的社会暴乱,某些地区更是出现了逾百万人的游行和示威活动。在持续1个多月的社会暴乱中,智利政府实施了宵禁和军管政策。彩灯节团队一直严于克己,不参与、不围观、不外出、不宣传,最大程度上保证了团队的安全。在游行结束后迅速展开工作,确保项目正常进行。

彩灯节期间,团队部分成员遭遇持枪入室恐吓,并被劫掠财物。团队管理层及时对所有成员进行安抚,增加安保措施,并就当晚是否继续演出征求全体成员意见。所有成员一致表示必须坚持演出,确保了项目顺利运行。彩灯节结束时,三家合作公司以及智利当地各合作方已经结下深厚友谊,相约共聚下届活动。

彩灯节的演职人员以认真的工作态度、高超的专业技能,赢得了当地民众的欢迎,其中一部分演员还在智利被捧为"网红",特别是杂技演员、川剧变脸演员、非遗传承人,每个人都有自己的粉丝群体,甚至有粉丝为看表演14次买票入园,带着全家在台下为演员呐喊加油助威,还成为彩灯节的志愿者。演艺人才为彩灯节起到了非常好的宣传作用,这种演职人员在彩灯节中形成个人品牌,进而吸引当地粉丝反复消费的现象,在智利商业活动中是较为少见的。

(三)文化"走出去"要呈现原汁原味的中国元素

"智利·中国彩灯节"实际运营的三家民营文化企业中,宽锦汉昱(蒲江)文化旅游有限公司下辖的成都知名文化企业——结义楼文化传播有限公司曾成功打造了成都重点旅游演出项目"乐舞三国"情景剧,承接了2013年财富论坛和2014年接待新西兰总统夫人,下属的兴华业餐饮管理公司是由中国烹饪大师黄日述领衔的成都知名团膳和餐饮公司;自贡灯彩文化产业集团有限公司及全资子公司——自贡新亚彩灯文化产业有限公司长期耕耘彩灯行业,曾为美国、新加坡、加拿大、韩国等国家和地区的中国彩灯节制作彩灯,并先后获得国际、国内多项大奖;智利CUTRALCO PRODUCCIONES LTDA成立于2008年,CUTRALCO在智利原住民马波切语中意为"圣火",CUTRALCO公司的宗旨是将在中国已经有数千年历史的璀璨烟花带给智利人民,目前CUTRALCO公司是唯一一个在智利有烟花燃放业务经营权的华人公司,主要承接智利国家级大型烟花燃放业务。三家文化企业在各自的领域都有相当的实力,都重视推广中国文化。为了在彩灯节上突出中国元素,运营方共从国内发出38只40HQ货物集装箱,将彩灯节所有原材料、展演设备、文化商品运往智利;还派出70余名制作、安装、表演、销售、后勤、管理等专业人员前往智利。

中国元素还贯穿在具体的展览、演出、餐饮、产品销售等各个环节。在灯展方面,彩灯从材质到工艺,从造型到故事,都竭力突出中国主题、中国符号——天坛、江南园林、中国龙、熊猫、麒麟、十二生肖所代表的中国文化元素令智利人民流连忘返;在演艺方面,全部演出由在国内演出超过5 000场以上的专业演员担纲,汉宫丽人、川剧变脸、中国杂技让观众叹为观止;在美食方面,厨师团队由中国烹饪大师黄日述指导,坚持按照国内美食的原味,由中国厨师现场制作，没有为迎合外国观众的口味而做出任何调整，游客纷纷表示中国的美食让人欲罢不能；在非遗方面，由中国糖画第5代传人夏江、民间传统手工艺夏氏风车第5代传承人夏代友等5名非遗传人、民间艺人组成非遗和民间技艺展示团队，让智利民众感慨中国手艺巧夺天工；在文创销售方面，采购团队从2019年8月初开始选品，至8月底先后在成都、广州、杭州、上海等地考察旅游商品和生产厂家，最终选择了最具中国特色的文创产品，可惜文创产品因海运未能按时到货，在彩灯节活动结束前一周才上架销售，来自中国的京剧摆件、川剧变脸娃娃、手绣团扇，尤其是成都熊猫文创商品，受到智利民众的疯狂追捧。

在彩灯节期间，作为文化交流项目，我们也邀请了智利当地的表演团体演出舞龙舞狮、中国功夫等有中国元素的节目，但是游客反应较为平淡。受访游客表示"智利人表演的中国节目没有中国人表演的中国节目精彩"。通过彩灯节的运营，我们更加明确了"民族的才是世界的"，中国文化"走出去"要强调原汁原味的中国元素，而不是盲目迁就展出地的风习。

（四）文化"走出去"要尊重市场规律

"智利·中国彩灯节"的市场定位既不是单纯的文艺演出，也不是常规的灯会，而是文旅融合思路下的文化嘉年华。文艺演出的表演形式相对单一，还受到演出场地和场次的诸多限制，难以产生较大的市场回响；常规的灯会活动，以彩灯的展览展示为主，彩灯只作为产品出售给主办方，彩灯公司并不参与活动运营。而"嘉年华"（Carnival）是最早起源于欧洲的民间狂欢活动，如今已逐渐发展为包括大型游乐设施在内，融合各种文化艺术活动的综合娱乐节庆，甚至成为很多城市的文化标志。彩灯节作为文化嘉年华活动，包括以彩灯为核心的主题公园、与之配套的综合娱乐剧场和文艺表演，以及各种综合性文化服务，这种嘉年华活动，内容丰富，形式多样，市场号召力更强。

"智利·中国彩灯节"成功的关键，首先在于对智利文化旅游市场的研判。彩灯节在筹备阶段，就确定了项目服务的目标人群是广大智利民众，尤其

智利·中国彩灯节：中国文化"走出去"的商业实践

是以家庭为单位的群体，包括从儿童到老年人的全年龄段。根据目标群体，确定了彩灯节的宣传策略，不依赖传统的报纸、电台、电视台等宣传渠道，而是通过自媒体、社交平台对消费群体进行宣传引导。与传统宣传渠道相比，自媒体和社交平台的口碑营销需要长期、持续的发酵时间。常规的文艺演出一般持续 7—15 天，这个时间段文化信息刚开始发酵，活动就已经结束了，宣传效果欠佳。而"智利·中国彩灯节"这场大规模的文化嘉年华活动共持续 90 天，利用自媒体和社交平台的宣传可以产生非常好的效果，事实证明，门票销售的确做到了持续保持上升趋势。

"智利·中国彩灯节"在实际运营中，努力尊重文化市场。以往在文化"送出去"的思路下，很多远涉重洋的文化活动，尤其是政府和国企组织的项目，对文化市场不够敏感，仅仅以"交流"为目的，并不追求市场效益。对于一些有良好市场前景的文化商业项目，策划者也会怀有一种顾虑：对于首次或首届举办的活动，尚未形成强大的品牌影响力和市场号召力，不能投入太多，也不能期待太高的回报，只要能"保本"就行，甚至可以接受"赔本赚吆喝"。基于这样的考虑，项目在规划和实施过程中尽量削减开支、控制成本、压缩规模。一味担心失败，不敢放手去办，处处捉襟见肘，处处是短板，最终形成短板效应。

"智利·中国彩灯节"在筹备阶段就坚信，来自中国的彩灯节，在智利是新鲜事物，这个文化项目蕴藏着巨大的商机。策划团队精准分析了目标人群，在此基础上制定了明确的宣传方案和价格体系。在投入方面，确定投入应与活动的规模和市场前景相匹配，坚持大投入，大产出，以保证活动的种类足够丰富，内容足够精彩，呈现方式足够独特，最终这个集合优秀中国文化元素的嘉年华产生了良好的市场效应。

三、对中国文化"走出去"海外商业运营的思考

在"智利·中国彩灯节"期间，恰逢智利公众假期，大批圣地亚哥市民涌向维尼亚德尔玛等海滨城市，国内某演出团体在维尼亚德尔玛能容纳 5 万人

的大型剧场内,举办了3场庆祝2020年中国新年的文艺演出,门票免费,此活动现场观众总计1.3万多人次。与这种大型免费演出不同,彩灯节的定位是商业嘉年华,而不是面向智利民众的免费"文化惠民"项目。

在中国传统观念中,艺术是没有国界的,愿与五湖四海共分享。但艺术本身的价值,既包括了精神价值,也包含了商业价值,商业价值是精神价值的一种体现。坚持文化自信,要坚信文化不仅能体现精神价值,还能创造经济效益。我们希望让海外人士充分领略中国文化的魅力,同时,也希望中国文化在广阔的国际文化市场上占有一席之地,为此,我们尊重观众,尊重市场,尊重文化传播的规律。事实证明,优秀的项目完全可以吸引一流的投资,目前在智利,除了圣地亚哥,已有两个城市的政府主动提供演出场地和补贴,希望能与"智利·中国彩灯节"有长期合作。首届彩灯节的成功,也促使我们对文化"走出去"进行更深入的思考。

(一) 对保护知识产权的思考

"智利·中国彩灯节"现场没有使用任何海外文化作品,因为这涉及巨额的版权费用。我们大量使用了不需要付费的国内的音乐和影视作品,但同时也意识到,我们一定要重视自己的知识产权。现阶段,我国对自有版权的保护不够重视,没有受到保护的版权被任意免费使用,这严重伤害了原创者艺术创作的积极性和动力。

我们希望政府部门尽快梳理国内优秀的文艺形式、技艺及文化产品,包括非遗技艺、音乐、影像作品及其他经营类文化产品及服务等,树立版权保护意识,切实加强对传统文化技艺、非物质文化遗产的认证、传承和保护,保护民族文化品牌,禁止非法传艺和非法演出,防止优秀作品被滥用,补上知识产权保护的短板。

国家有关部门可以考虑对优秀作品和文化品牌进行国家认证,对认证的精品进行有偿使用授权,并给予主办方一定的补贴,同时监督主办方规范、正确地使用版权产品,避免"走出去"的文化产品和服务被滥用和廉价传播。对于粗制滥造、糟蹋民族品牌的项目,政府可追究其相关责任,对优秀的海外运营项目可以反哺国家税收,最终形成投入—产出—激励—优化的良性循环,从而为中国文化产品赢得良好的国际声誉。

同时,我国在海外的使、领馆文化部门应监督所在国对于我国版权作品的使用情况,积极打击侵权行为,捍卫版权权益。使、领馆文化部门应对前来展、演的活动内容进行审核,确保所有内容符合我国和所在国的法律规定和风俗习惯,避免因法律和文化差异造成的纠纷。当国内文艺院团在海外演出需要使用海外的版权作品时,使、领馆文化部门应配合、协调所在国授权使用,并提供当地相关文化、法律、条规的协助和咨询,以促进正规、合法的文化交流,避免因为各种版权问题而造成文化纠纷、经济纠纷。

(二)对文化专业人才的思考

随着中国文化"走出去"进程的深入,专业人才方面的问题日益凸显出来。以彩灯节为例,这项活动的主要受众群体是智利当地民众,我们向外国人士传播中国文化,语言问题成为最大的交流障碍。当海外观众无法从语言上理解演出的内容时,就无法看出门道,剩下的就徒有看热闹了。但看热闹不是欣赏,凑热闹不是文化传播。当演出中存在语言障碍时,翻译就显得尤为重要。如何围绕表演内容做好翻译工作,让海外观众清晰、准确地理解表演内容,是对外文化传播要解决的难点问题。彩灯节自筹备到结束的全过程中,我们深感文化"走出去"是个艰难的历程,其中专业人才的短缺是突出的问题,主要表现在,我们缺少熟悉海外文化市场和国际市场运行规则的外向型人才;缺少具有创新能力的策划人才;缺少面向海外观众的编导人才;缺少既精通中国文化,又了解西方文化,同时还有较强的语言表达能力的高水平翻译人才。

我国亟待构建文化"走出去"人才保障体系。我们需要完善"外向型"人才培养和选拔机制,有意识开展多层次、多领域专业人才培养,重点培养面向海外文化市场的经营管理人才、策划人才和翻译人才。中国的高校亟待调整课程设置和师资力量,合理整合涉及文化产业、市场营销、工商管理的相关课程培养计划,目标是培养出能够满足国际市场需要的复合型文化人才。

(三) 对中国文化"送出去"与"卖出去"的思考

从我国对外文化交流的整体态势上看,近年来,我们的文化贸易渠道得到了丰富和拓展,但中国文化"走出去"更多的是沿用传统的文化交流渠道,如借助于外交手段举办"海外中国年""中国文化节""中国文化展"等活动,在政府主导下有力地配合了国家的外交工作。这类活动主要由政府和国企、国有文艺院团承担,以智利近年进行的大型中国主题文化活动为例:

2019年4月17日,在智利天主教大学中心校区画廊举办"中国纤维艺术世界巡展",持续到5月30日结束。活动开幕式邀请了7位艺术家专程访智,并有智利政府天主教大学、外交部、文化部、教育部等100余位官员参加。展出包括清华大学美术学院、中国美术学院、鲁迅美术学院、西安美术学院、杭州师范大学美术学院、湖南工艺美术职业学院等15所艺术院校师生的艺术创作和中国传统与当代纺织刺绣大师佳作。

2020年1月8日,深圳艺术团在智利圣地亚哥赛里略斯市政体育馆举办《梅兰竹菊,新民乐跨界音舞晚会》。该晚会系"圣地亚哥一千艺术节"暨"欢乐春节"活动框架下的重要文艺演出。整场演出包括舞蹈、演唱、演奏等演职人员数十人,规格和成本很高,但只有包括市政官员和市民在内的2 000余位观众。

上述文化活动阵容之豪华,规格之高,投入之巨大,都是"智利·中国彩灯节"所不及的。这些官方组织的海外文化活动不计成本,为演出而演出,不重视市场反馈,不求市场回报,在宣传不足时,为了达到满座的现场效果,演出方甚至自掏腰包请人来看演出,文化影响力却十分有限。这些官方"送出去"的文化项目的另一个问题是,完全依托国内专业院团,无法在国外长期演出,限制了项目执行的周期,增加了执行成本。从文化传播的角度看,文化不是或不只是给政府官员看的,还要尽可能地让当地民众看到,让当地民众喜欢、接受、分享,在民众中的传播才能更好地体现出中国文化的价值和亲和力。

中国的民营文化企业也在积极探索文化"走出去"的路径。我们希望通过自己的努力,能够从文化"送出去"拓展到文化"卖出去",因为文化"卖出去"是一种可持续的文化交流,是更高标准、更高要求的市场行为。以"卖出去"为目标,可以激励我们对文化产品和服务进行更精心的打磨,在全球文化市场的格局中找到自己产品的定位,进而发掘和强化自身的品牌价值。

当前我国文化产业附加值较低、回报过低、盈利模式单一、缺乏商业运作能力,出口的文化产品内容单薄,未能借助于已有的文化资源拓展出完整的经济产业链。我们相信,高附加值、高回报的产业可以有长久的发展空间。"智利·中国彩灯节"是文化"走出去"的一次尝试,我们将继续以更严谨的态度、更专业的精神深耕海外文化市场,让更多的海外人士了解、欣赏、热爱中国文化,因为中国文化是我们的根和魂,我们对自己的文化充满自信和自豪。我们也相信,越来越多的中国文化企业将在文化"走出去"的新浪潮中直挂云帆济沧海。

国家形象与文化传播

文化的人际传播：特点、平台、模式
——以民间文化使者蒋彝为例

任一鸣*

摘　要　人际传播是人类最古老的传播方式，在科技发展带来众多传播新形式的背景下，以民间文化使者蒋彝为例，从传播与身份建构、传受互位的双向传播等方面，重新审视这种不借助任何科技手段的人际传播形式，分析其传播特点和平台模式，依然能给我们带来启发。面对面的人际传播可以弥补科技交际手段的不足，有利于民间文化使者更好地发挥传播中国文化的作用。蒋彝是20世纪在西方英语世界译介传播中国文化的海外华人之一，随着中国文化"走出去"战略的实施，蒋彝在海外的文化传播经历在文化传播学和文化外交方面的研究价值也日益凸显。

关键词　人际传播　文化使者　蒋彝

---

* 任一鸣，上海社会科学院文学所研究员，主要研究方向为比较文学与世界文学、国际文化交流。

文化的人际传播：特点、平台、模式

蒋彝是20世纪在西方英语世界译介传播中国文化的海外华人之一，作为在西方有着较大影响的华人作家和艺术家，蒋彝一生撰写了20部英文著作，包括文化艺术专著《中国绘画》《中国书法》以及游记、小说和儿童文学作品，内容广泛涉及中国历史、习俗和文化艺术，被誉为中国文化传播和中西文化交流的使者。近年来，随着中国文化"走出去"战略的实施，中国文化的对外传播无疑成为一个重要研究课题，蒋彝的著作以及他在海外的文化传播经历在文化传播学和文化外交方面的研究价值也日益凸显。

如果说蒋彝富含中国文化内涵的英文著作在西方世界的出版是一种借助大众传媒而进行的公共传播行为，那么蒋彝与西方国家文化界、艺术界、教育界人士的人际交往，并在交往过程中传播中国文化的行为，则属于人际传播范畴。人际传播是区别于公共传播的另一种重要传播途径，是人类最自然也是最基本的社会生活形态，它通过人与人之间在多种情境和关系形态中的交往活动中的相互接触与彼此往来，交换和传递知识、理念和情感，得以实现信息交流活动。由于处在人际传播行为中的传播者与接受者之间的关系形态具有较强的亲近性，譬如朋友关系、亲属关系、同事关系、师生关系等，所以人际传播一向被认为是传播效率较高的传播方式。虽然在信息时代，互联网、移动终端和社交媒体也是人际传播的强大手段，但人与人之间面对面直接沟通的传播有效性依然魅力不减，因其使用的传播符号除了一般意义上的语言之外，还包括了眼神、气味、表情姿势、语气语调等大量的非语言符号，比较容易以情感打动对方，使接收者易于认同，因此传播阻力小，接受效率也更高。蒋彝从中国移居英国、又从英国移居美国的过程中，结交了无数朋友。在与这些朋友的交往中，蒋彝完成了自我身份的重新认定，也有效地向西方世界传播了中国文化。本文以蒋彝的人际文化传播行为和方式为案例，考察人际传播的交际模式与传播特点。

一、 人际传播与身份建构

身份与环境之间的关系是人际传播的关键之一，而通过人际传播重新建构身份,也是人际传播的一大显著特点。在陌生环境中建立起的新的人际关系,可能导致处在此关系中的人产生身份认定问题,它往往令原有身份面临转换的机遇或扭曲的危机。有人面对这种身份转换的境况表现为执着于旧我身份的挣扎,也有人视其为重新定义身份的良机,蒋彝的情况属于后者,即陌生环境成为他通过人际传播而重新定义身份的机遇。

对于蒋彝来说,离开中国到英国以后重新建立的、由英国知名艺术家和汉学家,以及在西方颇具影响的中国著名画家构成的人际关系网,成为他重塑身份的新环境,而他在此新环境中所开展的传播中国传统文化活动,则将他自己在中国时的旧身份——政府官员刷新为中国艺术家的新身份。正如艾瑞克·艾森伯格(Eric Eisenberg)所说,传播是我们寻找自我的手段,它定义及建立个体身份。①"个体通过和他人之间的互动,尤其在角色表演中,学会用他人看待自己的角度认知自我的能力,这种能力有助于完善自我意识和自我身份认同,并使'宾我'得以扩展。"②蒋彝初到英国时,与我国现代著名剧作家熊式一合住于伦敦的一处公寓。1934年熊式一根据中国传统剧《红鬃烈马》改编的英文话剧《王宝钏》的剧本由麦勋书局(Methuen and Company)出版,在熊式一的力荐下,书中的12幅线描插图由蒋彝绘制,而封面和扉页则由中国著名画家徐悲鸿绘制,共四帧。这是蒋彝第一次以画家身份在英文出版物上亮相,而且,与徐悲鸿以某种比肩的形式共同出现,也助推了蒋彝"中国画家"身份的建构。同年,蒋彝以自己的三幅中国画作《黄州翠竹》《西湖堤柳》和《庐山古松》参加了在伦敦举办的一场世界性的以树为主题的绘画展览。在此次展览会上展出作品的200多位来自世界各地的艺术家中,蒋彝是唯一一位代表中国的画家。这次参展使蒋彝在英国艺术界声名鹊起,伦敦《标准晚报》刊登了他的画作《黄州翠竹》,伦敦《新闻画报》随后也刊登了他的另一幅画作《鸭》。在纸媒独霸天下的年代,蒋彝很快成为在英国知名的中国画家。从时间的先

---

① [英]安尼·希尔、詹姆斯·沃森、马克·乔伊斯、丹尼·里弗斯:《人际传播关键主题:文化、身份与表演》,刘蒙之、景琦译,世界图书出版社2016年版,第36页。
② [英]安尼·希尔、詹姆斯·沃森、马克·乔伊斯、丹尼·里弗斯:《人际传播关键主题:文化、身份与表演》,刘蒙之、景琦译,世界图书出版社2016年版,第47页。

后顺序来看,蒋彝为熊式一《王宝钏》画的插画面世于1934年7月,早于此次画展数月,因此,蒋彝得以获得携画作参加世界性画展的机会,应该是受到《王宝钏》插画的影响。因为"画家"的身份是蒋彝来到英国以后通过《王宝钏》插画首次亮相的身份,而在国内时他的身份是九江县县长。1934—1935年,中国著名画家刘海粟和徐悲鸿访英期间与蒋彝的交往,也在某种程度上助推了蒋彝艺术家身份的确立。当年,刘海粟携几十幅中国现代绘画作品抵达伦敦,准备举办一场中国现代美术展览会。在逗留伦敦期间,刘海粟夫妇在蒋彝和熊式一合租的公寓小住,蒋彝从而得以结识这位著名画家,并参与了展览会的筹备工作。后来刘海粟特邀蒋彝将自己的几幅作品在展会上展出。徐悲鸿在伦敦逗留期间,蒋彝陪伴他走访参观了伦敦的很多艺术场馆,包括博物馆、画廊等,从而也得以结识了伦敦的很多知名艺术家,比如著名画家菲利普·康纳德(Philip Connard)、著名艺术评论家和艺术史家罗杰·弗莱(Roger Fry)等。由于这些英国艺术家对东方艺术表现出浓厚兴趣,蒋彝在与他们的人际交往过程中既传播了中国传统艺术和文化,也通过他们提升了自己在西方文化艺术界的影响。

  此后,蒋彝的社交网络中出现了越来越多知名的英国画家、艺术收藏家或艺术评论家、艺术史专家。英国艺术界赫赫有名的评论家赫伯特·里德(Herbert E.Read,1893—1968)为蒋彝的《湖区画记》作序,对蒋彝的插画美誉有加,帮助蒋彝确立了在英国艺术界的地位,也肯定了蒋彝是一位被西方艺术界所认可的具有代表性的中国画家。英国著名艺术品收藏家、东方艺术爱好者温克沃斯非常欣赏蒋彝的绘画作品,1936年当蒋彝在贝蒂·乔尔画廊(Betty Joel's Gallery)举办首次个人画展"现代中国绘画扇面展"时,温克沃斯为画展撰写前言,力荐蒋彝的画作。1935年11月—1936年3月英国皇家艺术学院在百灵顿堂(Burlington House)举办中国艺术国际展览时,蒋彝应邀在展览期间做系列讲座"中国书法与绘画的原理和技法",英国著名收藏家艾莫佛皮路斯是蒋彝讲座的忠实听众之一,他付费听讲座,从不缺席。①艾莫佛皮

---

① Jiangyi, *The Silent Traveller in London*. London: Country Life, Ltd, 1938, p.248.

路斯主要收藏中国以及其他东方国家艺术品,他的收藏兴趣从中国清代瓷器一直延伸到汉、唐、宋的艺术品,不仅有瓷器,还包括玉器、青铜器、雕塑、绘画、漆器和琉璃等,百灵顿中国艺术展上的不少展品正是艾莫佛皮路斯专程去中国故宫挑选来的。在伦敦艺术协会(Arts Guild)由英国著名画家卢阿德担任主讲的一次活动中,蒋彝在发言中向英国听众介绍了中国传统绘画艺术,主题是关于中国绘画里的重要元素"节奏活力 Rhythmic Vitality"。①

与此同时,在著名汉学家骆克爵士的推荐下,蒋彝于1934年10月开始在伦敦大学东方学院任中文教师,自此,蒋彝的"中国画家"身份上又多了一重:中国语言文化传播者。骆克爵士时任伦敦大学东方学院董事,他与蒋彝和熊式一都很熟识,蒋彝在《伦敦画记》中写到,骆克爵士病重期间,他曾每周去拜访他一次,两人还曾一起讨论过汉字"夷"的含义以及翻译成barbarian的差异。②经由骆克介绍,蒋彝结识了伦敦大学东方学院著名汉学家庄士敦(Reginald F.Johnston,1874—1938),庄士敦时任东方学院远东系主任,③他为蒋彝顺利进入该学院任职提供了关键性的帮助。庄士敦的学生英妮丝·杰克逊(Innes Jackson)对中国古典文学和传统艺术有着浓厚兴趣和扎实基础,蒋彝曾给她上过中国语言文学课,蒋彝的英文出版物大多经英妮丝帮助翻译、润色、修订,他的《中国书法》即题献给了英妮丝。④英妮丝的英译本《唐诗三百首》(Three Hundred Tang Poems,1973)中的几十幅中国画插图也是蒋彝所绘。

蒋彝在伦敦大学东方学院开设中文课程和讲授中国文化的经历以及由此建立和拓展的英国汉学家朋友圈,不仅有助于他在英国学术界确立中国艺术史和艺术鉴赏"专家"的身份,而且也使他有机会对中国传统艺术的审美特征、创作技法和历史衍变等进行系统性的整理、归纳和提炼,为他后来开展的中国文化传播,无论是借助于撰写和出版游记,还是通过广泛的人际关系进行

---

① Jiangyi, *The Silent Traveller in London*. London: Country Life, Ltd, 1938, p.235.
② Jiangyi, *The Silent Traveller in London*. London: Country Life, Ltd, 1938, p.xv.
③ 伦敦大学东方学院成立于1916年,以语言教学为主,包括印度语、非洲语言和汉语等。中国著名文人老舍、萧乾等都曾在东方学院任教。
④ 《中国书法》题献给"C.Y.",此处的C.Y.指的是英妮丝中文名字"静茹"的缩写。参见郑达:《西行画记》,商务印书馆2012年版,第136页。

文化传播,都打下了坚实基础,作好了充分准备。

蒋彝踏上英伦土地3年左右就通过人际传播初步完成了身份的转换。3年前,蒋彝在中国江西的身份是县政府官员,3年后在英国伦敦的身份为杰出的当代中国艺术家、鉴赏家,中国传统文化的传授者。角色扮演是个体扮演特定形象和应对特定社会情境要求所呈现的性格与特征。蒋彝在英国获得的"艺术家"新形象,与当时英国艺术界对东方艺术的高涨热情息息相关,蒋彝对中国传统艺术的知识储备和自身所具有的艺术技能,非常适时地满足了西方艺术界的好奇心。蒋彝通过授课、讲座、参与画展和与友人交谈切磋等方式传播中国传统绘画和书法艺术,同时也在此过程中完成了自我身份的重新建构。随着蒋彝新身份的确立,他在海外的人际传播行为便与此身份形影不离了。

二、传受互位的双向传播

人际传播的另一显著特点就是传受双方都既处于有目的、有针对性进行信息传递的主动地位,也处于被动接受信息传递的接受者地位,即在人际传播的大多数情形下,传播者同时也是接受者。因此,人际传播更明显地呈现为双向交流形式。处于双向传播关系中的传受双方的身份在一定程度上决定了人际传播的内容。

在蒋彝与西方朋友的交往中,无不渗透着传受角色互位的文化双向传播。一方面,蒋彝本人的身份是中国艺术家,蒋彝在西方国家交往的大多是对中国文化艺术或中国政治、历史感兴趣的人,其中不乏汉学家、中国艺术品鉴赏专家或收藏家等,因此,这就决定了蒋彝在这些人际关系交往中信息交流内容的聚焦,即信息交流的主要内容是中国文化,具体来说,是他所熟悉并擅长的中国古代诗歌、中国书法以及中国传统民间画艺和艺术品手工制作技法等。另一方面,由于蒋彝身处西方国家,且所撰写的绝大多数游记的主题又是西方城市文化和历史,他的朋友圈也成为其西方游历中带有"导游"性质的信息传递方,而他则成为了信息接受方。他的西方"人脉"在一定程度上决定了蒋彝的旅游行程,即去哪里,看什么,以"导游"的形式向蒋彝传播西方文化。然而,人际传播的一大特点就是双向传播效应,即在人际交往过程中,传受双方不断换位,受方的逆向传播有时也能取得很好的效果。蒋彝在这方面做得尤为出色。虽然蒋彝与西方学者、文人、艺术家交往时所发生的文化传播行为,尤其是他在搜集系列《画记》素材时,从传播学角度并站在传播中华文化的立场上来看,应属于人际传播中偏向于逆传播的双向交流,即更多地表现为西方人主动向他展示西方的传统文化,而蒋彝的中国文化传播则偏向于被动的逆向传播。但无论主动还是被动,蒋彝都利用自己的中国艺术家身份、审时度势的交际能力,很好地掌握了双向传播中的场景和时机,使逆向传播依然取得了较好的效果。

以蒋彝与怀特希尔的交往为例。沃尔特·缪尔·怀特希尔(又译白山,Walter Muir Whitehill,1905—1978)是美国著名作家和历史学家,长期担任蒋彝著作出版经纪人并与蒋彝保持密切私人关系。作为研究美国早期历史和新英格兰地区文化传统习俗的专家,在蒋彝访问波士顿时,为了帮助蒋彝完成《波士顿画记》的写作,怀特希尔与蒋彝交往的主要目的是向蒋彝介绍新英格兰地区的人文历史和地理风貌,也就是说他们之间的人际传播以怀特希尔向蒋彝传播美国文化为主。但蒋彝的系列游记(包括《波士顿画记》)饱含着丰富的中国文化元素,怀特希尔展示给他的美国人文地理历史,都被蒋彝在《波士顿画记》中以中国人文地理历史的镜像表现出来,从这个意义上来看,担任蒋彝在美国的出版经纪人达20年之久的怀特希尔,在蒋彝的中国文化传播中发挥了极大的助推作用。[1]1956年6月,蒋彝应邀在哈佛大学做演讲。演讲当天,怀特希尔亲自到蒋彝的住处接蒋彝,当时怀特希尔身穿伦敦大学的深红色礼服,而蒋彝则穿上了中华民族的传统服装。[2]从传播学的角度而言,传播在文化中发生,传播的过程是文化不可分割的一部分。作为人际传播过程基石的符号或代码,包括服饰等,皆根植于文化之中,承载着深厚的文化意义。从

---

[1] 郑达:《西行画记》,商务印书馆2012年版,第258—259页。
[2] Jiangyi, *The Silent Traveller in Boston*. New York:W.W.Norton & Co, 1959, p.214.

衣饰打扮中人们可以得到关于个体的文化背景的许多信息,包括文化和群体身份、种族、社会角色和个体品位等。"在一个多元文化的社会,穿着传统服装的民族身份和信仰可以成为一种重要的能指"。①蒋彝和怀特希尔两人通过人际交往中的服饰符号,相互彰显和传递各自不同的文化传统。可见,人际交往中发生的传播行为,即便是以一方为强势,作为交流互动时不可或缺的另一方依然有可能发挥一定程度的逆传播作用。

蒋彝在巴黎访问时,为了帮助蒋彝完成《巴黎画记》的写作,蒋彝的法国朋友马德琳·尚贝尔(Madeleine Chambert)领蒋彝去参观巴黎民间艺人的人造花作坊,在参观过程中,马德琳·尚贝尔对巴黎民间艺人介绍说蒋彝是擅长花鸟画的画家,并向他们展示了蒋彝《纽约画记》中富有中国画风的花鸟插画。②随后,在与巴黎漆器匠人交流时,蒋彝借机向他们简单介绍了中国漆器的历史,说漆树原生在中国,中国最早关于漆树的记载是公元前12世纪,公元16世纪才引入日本。巴黎的漆器匠人也是在学习了中国和日本的漆器工艺以后,再创作出结合东西方艺术的漆器作品,是一种混合风格。蒋彝对中国漆树的历史和漆器工艺的介绍引起了巴黎漆器匠人的强烈兴趣,他们要求蒋彝写一些或翻译一些有关中国漆器艺术方面的文章。③因此,此番经历表面上看是法国人向蒋彝展示巴黎漆器艺术,但实际上却渗透着中国文化的传播。再比如,也是在蒋彝访问巴黎期间,法国诗人安德烈·保罗·巴斯蒂安(Andre Paul Bastien)送给蒋彝一本自己的诗集,里面附有插图,蒋彝就回赠他《纽约画记》中的一套"中国风"插画。④巴斯蒂安先生带蒋彝领略巴黎夜生活后,蒋彝就领他去看月光下的夜景,⑤向他传播"月"在中国文化中的丰富意象。

这种双向传播的例子在蒋彝的人际交往中还有很多。比如蒋彝在搜集

---

① [英]安尼·希尔、詹姆斯·沃森、马克·乔伊斯、丹尼·里弗斯:《人际传播关键主题:文化、身份与表演》,刘蒙之、景琦译,世界图书出版社2016年版,第138页。
② Jiangyi, *The Silent Traveller in Paris*. London: Methuen & Co., Ltd, 1956, p.203.
③ Jiangyi, *The Silent Traveller in Paris*. London: Methuen & Co., Ltd, 1956, p.205.
④ Jiangyi, *The Silent Traveller in Paris*. London: Methuen & Co., Ltd, 1956, p.92.
⑤ Jiangyi, *The Silent Traveller in Paris*. London: Methuen & Co., Ltd, 1956, p.94.

《波士顿画记》素材时,美国作家沃尔沃斯陪同蒋彝走访了堪称美国起源的城市波士顿,向蒋彝展示了美国的历史和文化。之后他们又一起去纽约的百老汇观看了以中国传统文化作品为母本的音乐剧《琵琶歌》。蒋彝1953年在访问旧金山期间,为了帮助蒋彝搜集《旧金山画记》的素材,旧金山州立大学政治学教授奥利弗·考威尔经常陪蒋彝四处寻访游览旧金山的名胜,由于蒋彝对"月亮"的意象特别痴迷,奥利弗·考威尔还专程陪蒋彝去了一趟月亮谷,①蒋彝得以借他乡之景喻故乡之情,向他的西方朋友传播了"月"这一中国文学和艺术的重要意象。

显而易见,由于人际传播活动交流的双方具有互为传播者和受传者、且双方可以在传受角色间不断切换的特性,因此只要接受信息的一方能够根据话题、场景、氛围即时做出反应,而且使反应传递到传播者,就能够有效地实现传播者与接受者的角色转换。处于双向交流中的蒋彝能够从相对被动的位置有效地展开逆传播,一方面得益于他本人审时度势、善于交际的技巧;另一方面主要得益于其中国艺术家的身份。蒋彝所交往的西方汉学家、文化史家、文学艺术家、收藏家都与中国有或多或少的渊源,他们或者非常了解中国文化,抑或对中国文化感兴趣,因此,蒋彝在与他们的交往过程中,话题不可避免地会围绕中国文化,蒋彝对中国传统书法、绘画的审美解读会极大地影响西方收藏家对中国艺术品的鉴赏品位,增强他们对中国古典艺术的理解和审美。双向交流中的这一抹"中国底色",令蒋彝在传受角色的转换上游刃有余,极大提升了传播中国文化的效果。

三、 人际传播平台与媒介

人际传播的场景和平台很多,如面对面茶叙、结伴出游、各种聚会、演讲会等。随着科技发展,人际传播也出现了一些新形态,比如微博、微信平台的点对点、一点对多点的传播等。这些新形态的人际传播虽然比人与人面

---

① Jiangyi, *The Silent Traveller in San Francisco*. New York: W.W.Norton & Co, 1964, p.313.

对面交往的传播范围要广得多,但后者社交距离的亲密度显然别具优势,不可替代。

对于蒋彝而言,家庭派对、餐馆聚餐是他拓展社交圈和进行人际传播的重要平台。这类日常生活中频繁发生的人际社交场合,因是较为私密的场合而令彼此之间有一种预设性的信任和喜爱。美国旧金山波希米亚俱乐部(Bohenmian Club)、波士顿萨默塞特俱乐部(Somerset Club)和酒馆俱乐部(Tavern Club)等,都是蒋彝在美国展开人际交往和人际传播的重要平台。这些俱乐部都是私密性极强的社交俱乐部,汇聚着社会上流和文化知识界名流,波希米亚俱乐部是早期旧金山文学圈乃至美国西部文学圈的重要场所,波士顿萨默塞特俱乐部是美国新英格兰地区社会精英聚首之处,而酒馆俱乐部的常客包括美国著名作家威廉·D.豪威尔(William Dean Howells)、亨利·詹姆斯(Henry James)、查尔斯 E. 诺顿(Charles Eliot Norton),马克·吐温等,甚至温斯顿·丘吉尔也曾去那里吃晚餐。[1]

在这些餐(酒)馆的聚会平台上,蒋彝结识了美国文化艺术界的很多名流,如知名画家查尔斯·霍普金斯(Charles Hopkinson)、著名摄影家和画家塞缪尔·张伯伦(Samuel Chamberlain)、东亚艺术专家兰登·华纳(Langdon Warner, 1881—1955)、纽约大都会博物馆远东部主任艾伦·普利斯特(Alan Priest, 1898—1969)[2]、《基督教科学箴言报》编辑欧文·坎南(Erwin D.Canham)、诗人大卫·麦考德(David Thompson Watson McCord, 1897—1997)[3]、著名作家和文学评论家约瑟夫·亨利·杰克逊、《纽约时报》著名书评家弗朗西斯·布朗(Francis Brown)[4]等。其中,兰登·华纳是美国著名考古学家和艺术史家,哈佛大学教授,曾任哈佛大学福格博物馆东方艺术部负责人,尤其谙熟

---

[1] Howe, M.A.de Wolfe, *Partial, And Not Impartial, Semicentennial History of the Tavern Club, 1884—1934*, https://openlibrary.org/books.

[2] Jiangyi, *The Silent Traveller in New York*. London: Methuen & Co., Ltd, 1950, p.155.

[3] 大卫 T.W.麦考德(David Thompson Watson McCord, 1897—1997)是哈佛基金会的执行秘书长,同时也是一位诗人,他曾带蒋彝参观哈佛大学图书馆,介绍波士顿的名胜古迹,并亲自驾车带蒋彝参观查尔斯镇的长明火炬。他还请蒋彝在当地最为古老的餐厅之一洛克-奥伯餐厅(Locke-Ober's)吃饭。

[4] Jiangyi, *The Silent Traveller in Boston*. New York: W.W.Norton & Co, 1959, p.11.

东亚艺术和佛教艺术,他也曾致力于研究"丝绸之路"上的艺术交流。①艾伦·普利斯特曾在北京生活过数年,精通中国丝绸、雕塑和青铜器,他还会唱京剧,时常喜欢在舞台上客串一些角色。根据蒋彝在《纽约画记》中记载,艾伦·普利斯特在与蒋彝的交往中,围绕中国绘画相叙甚欢。②

在餐(酒)馆的聚会平台上,蒋彝还结识了一些曾与中国有过贸易往来、对中国文化艺术感兴趣的商人家族成员。比如伊迪丝·韦特莫尔(Edith Wetmore,1870—1966)。③韦特莫尔一家与中国有着多年的交往,其祖父威廉·S.韦特莫尔(William Shepard Wetmore)曾从事与中国的贸易。韦特莫尔对中国文化有着浓郁兴趣,她收藏了蒋彝的所有著作。蒋彝与韦特莫尔相识后,韦特莫尔曾邀请蒋彝到自己的寓所茶叙,畅聊中国艺术。再比如,爱德华·坎宁安夫人(Mrs.Edward Cunningham)。④坎宁安夫人是赫赫有名的福布斯家族成员,其家族财富的来源主要是19世纪从事北美与中国之间的贸易。⑤由于家族与中国渊源已久的商贸关系,坎宁安夫人自然也是中国历史文化和艺术的爱好者。她拜读过蒋彝的游记系列,对蒋彝以中国文化为镜像参照的西方游记很感兴趣。在萨默塞特俱乐部的聚会平台结识蒋彝后,她又单独邀请蒋彝吃饭,从这位中国艺术家那里更多了解中国,了解中国文化艺术。⑥

就传统的人际传播媒介而言,除了亲情友情、专业同行以外,个人的兴趣爱好也是有效的交友媒介。蒋彝曾感叹自己在交友方面之幸运,自称共同的兴趣爱好使他在欧美结交了很多志趣相投的朋友。花、竹(及各种植物)和熊猫(及各种动物)是蒋彝中国画作品的主要题材,对动植物的喜爱不仅是蒋彝

---

① 华纳是一位有争议的人物。他20世纪初曾赴中国敦煌莫高窟,哈佛大学博物馆收藏的几幅敦煌壁画据说就是他带回美国的。参见:Fan, Shuhua, The Harvard-Yenching Institute and Cultural Engineering: *Remaking the Humanities in China, 1924—1951*. Lanham, MD: Lexington. 2014, pp.7—9.
② Jiangyi, *The Silent Traveller in New York*. London: Methuen & Co., Ltd, 1950, p.155.
③ Guide to the Wetmore Family Papers 1847—1950 and undated(bulk 1847—1854), See: brown. edu. Redwood Library and Athenaeum. 2013. Retrieved 24 August 2017.
④ Jiangyi, *The Silent Traveller in Boston*. New York: W.W. Norton & Co, 1959, p.9.
⑤ "Forbes Family, Forbes Family Business Records, 1658—1968: A Finding Aid", See: oasis.lib.harvard.edu. Retrieved 06 July 2017.
⑥ Jiangyi, *The Silent Traveller in Boston*. New York: W.W. Norton & Co, 1959, p.9.

交友的媒介,更是他通过艺术作品承载中国文化的传播媒介。蒋彝与英国环境活动家和作家理查德·巴尔贝克(1889—1982)的结识就是通过对植物的共同爱好。巴尔贝克热衷于造林工作,创立了一个名为"树木之子"(the Man of the Trees)的组织,1934 年巴尔贝克启发蒋彝画了一幅竹,①参加"树木之子"第一届国际画展。那时蒋彝刚到英国不久,这幅以植物(竹)为主题的中国画成为两人结交的纽带,利用这一纽带,巴尔贝克宣传了植树造林的理念,而蒋彝则传播了中国文化。

蒋彝对动物的爱好在英国也是广为人知。玛丽王后曾在蒋彝的个人画展上买过他的画册《鸟与兽》,此事成为当时英国各大报纸的要闻。1938 年底,中国熊猫"唐""宋""明"及另外两只熊猫一起抵达伦敦,受到了英国人的欢迎和喜爱,其中年幼活泼、憨态可掬的"明"尤其惹人喜爱,成为英国报刊以及明信片、卡通、玩具甚至电视节目的"明星"。那时蒋彝经常到伦敦动物园观察熊猫,画了成百上千幅的熊猫速写,熊猫坐、卧、仰、爬、走,各种姿态跃然纸上,受到英国人的喜爱,蒋彝因而一度被英国人诙谐地称为"熊猫先生",号称"最早画熊猫的中国画家"。熊猫在中国外交史上一向被视为中国与他国友好关系的象征,蒋彝以熊猫为媒拓展人际交往圈,也是巧妙地利用了这一具有中国文化特质的媒介,在人际交往中强化自己中华民族的文化身份。

根据心理学家海德的"平衡模式"所描述人际关系对态度的影响,假如两人互有好感,交往中又发现有共同的爱好,他们的关系就是平衡关系。这种平衡关系往往导致一方愿意认同对方的观点。换言之,拥有共同兴趣爱好的人与人之间传播行为更有效,"研究证明,尽管相反的特质有吸引力,但有一定程度相似性时传播更加有效"。②也就是说,蒋彝在与具有共同兴趣爱好的西方朋友交往时,他所进行的中国文化传播行为,无疑具有较强影响力。

人际传播可以是两个人面对面的直接传播,也可以是以媒体为中介的间接传播。蒋彝的人际传播手段可谓两者兼具,首先,他在与这些社交对象交往

---

① Jiangyi, *The Silent Traviller in Paris*. London: Methuen & Co., Ltd, 1956, p.188.
② [英]安尼·希尔、詹姆斯·沃森、马克·乔伊斯、丹尼·里弗斯:《人际传播关键主题:文化、身份与表演》,刘蒙之、景琦译,世界图书出版社 2016 年版,第 7 页。

的过程中,在共同进餐、共同出游时,通过语言、表情、姿势来传达他对中国传统文化艺术的诠释,但同时,他的人际传播媒介并不仅限于人际交往通常使用的语言、表情、姿势等,蒋彝还通过为他的西方朋友画小像、将自己的著作、书法或绘画作品赠送西方友人等手段,借助于更多的媒介来传播中国文化。

四、 链型和星型传播模式

人际传播的网络是相互交流信息的人们之间所形成的某种交往状态的模式。人际传播的效果有赖于人际关系网的广度、层次和紧密度,人际传播的模式也有赖于人际关系模式的特性。链型网络和星型网络是两种较为典型和普遍的人际关系网络和人际传播模式(如图1、图2)。

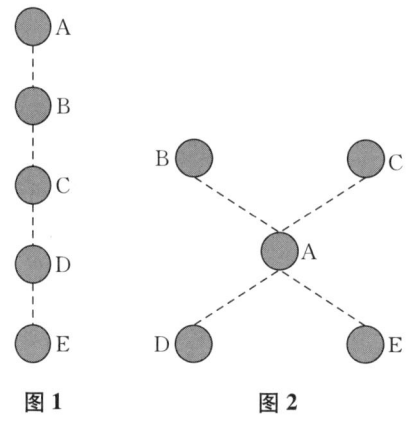

图1　　　　图2

链型网络也被称作线型模式,是指由 A 及 B 及 C 的关系链(如图1)。例如,蒋彝通过胡适认识了亚瑟·沃尔沃思,在亚瑟·沃尔沃思陪同下完成的1946年波士顿一日游又为蒋彝日后拓展社交圈埋下了重要的伏笔。蒋彝在波士顿美术馆认识了亚洲艺术部负责人富田幸次郎(Tomita Koujirou,1890—1976),通过富田幸次郎蒋彝又结识了艺术部的副部长罗伯特·特利特·潘恩(Robert Treat Paine)和中国画家陈新奇(Tseng Hsien-ch'I)。潘恩是研究日本艺术的专家,也研究中国陶器和木器。陈新奇是富田幸次郎的助手,协助他整

文化的人际传播:特点、平台、模式

理研究中国绘画等艺术藏品。蒋彝与美国诺顿出版社(WW Norton Publishers)总裁、纽约出版商斯托勒·伦特(Storer B.Lunt)的结识也属于链型模式,先是陈世骧介绍蒋彝认识了怀特希尔,怀特希尔又将自己的至交斯托勒·伦特介绍给了蒋彝,①伦特与蒋彝的友谊又开启了蒋彝日后与诺顿出版社的合作。这种链型人际交往模式更多地表现为朋友关系拓展时的单向延伸,而人际传播是一种基于人际关系的传播形式,因此相应的传播活动也呈链型模式。由于链型模式大多不是孤立存在的,即链上的每一个结点都有可能与另一个链型相交,或成为某个星型网络的中心,所以链型模式在人际传播中的效果并不逊色于其他模式。

星型模式是指由某一个关键结点出发,向四周发散开去的人际传播网络(如图2)。在蒋彝的欧美人际关系网中,熊式一、怀特希尔、艾伦·怀特和陈世骧都是星型网络中的关键结点性人物,蒋彝以这几位为中心结交的朋友呈发散式网状。当然,在错综复杂的人际交往关系中,星型模式往往与链型模式相互交叉或彼此包含。以蒋彝与沃尔特·怀特希尔的关系为例。蒋彝1952—1953年访问波士顿时,经陈世骧介绍结识了时任波士顿雅典娜图书馆馆长和哈佛大学教授的沃尔特·怀特希尔。蒋彝访问波士顿的日子里,与沃尔特·怀特希尔一家交往甚密,经常一起吃饭和参观游览新英格兰地区的名胜古迹。通过沃尔特·怀特希尔的介绍,蒋彝结识了在波士顿雅典娜博物馆艺术部的大卫·麦基宾(David McKibbin)、美国第二任总统约翰·亚当斯的后代、时任马萨诸塞历史协会主席的小约翰·亚当斯及其夫人②。此外,怀特希尔邀请蒋彝去波士顿萨默塞特俱乐部,将爱德华·坎宁安夫人等对中国历史文化感兴趣的人士引荐给蒋彝,为蒋彝提供了更多传播中国文化的机会。后来蒋彝访问法国巴黎时,怀特希尔夫妇也到了法国,邀请蒋彝与他们夫妇一起到法国的昂蒂尼酒庄(Antigny),与酒庄主人比尔·泰勒(Bill Tylor)夫妇共度数日,边品酒边畅谈中西艺术③。可见,蒋彝借助于陈世骧和怀特希尔建立

---

① 郑达:《西行画记》,商务印书馆2012年版,第259页。
② Jiangyi, *The Silent Traveller in Boston*. New York:W.W. Norton & Co, 1959, p.11.
③ Jiangyi, *The Silent Traveller in San Francisco*. New York:W.W. Norton & Co, 1964, p.299.

的人际传播模式就是链型网络和星型网络相互交叉或彼此包含的模式。这两种模式既是两种最常见的人际关系模式，也是两种重要的人际传播模式，由于其以千丝万缕的亲密关系为基础，因此传播的接受度强，且传播范围也呈不断延伸扩展的态势，这或许就是蒋彝在西方成功展开中华文化传播的原因所在。

人际传播是人类最古老的传播方式，在科技发展带来众多传播新形式的背景下，以民间文化大使蒋彝为例，重新审视这种不借助任何科技手段的人际传播形式，依然能给我们带来启发。随着信息和网络技术的快速发展，人们对信息安全也越来越敏感，人与人之间的警惕性变得越来越高，而信任度越来越低，这在一定程度上给人际交流设置了一道屏障。所谓"见面三分情"，人与人之间面对面交流的效果是先进科技难以取代的。蒋彝通过自己在西方文化艺术界的广泛交际以及相伴随的人际传播活动，不仅成功地完成了身份更新，为自己塑造了一个全新人设，也有效地向西方世界传播了中国文化。这种古老的面对面的人际传播比借助于科技手段的人际传播更有温度，更能增强传受双方的信任度。当然，对处于人际传播过程中的主体来说，其对周边环境和对话场景的把控，对表情、音调、姿势的即兴应对，对传受角色的成功转换，都有一定的要求，这也正是传统人际传播的魅力和优势所在，它可以弥补科技交际手段的不足，使更多处于中外交往关系中的、具有人际交往才华的个体扮演民间文化使者的角色，讲好中国故事，传播好中国形象。

广济医院与近代医疗卫生事业的发展*

丁 光**

摘 要 本文梳理了浙江大学医学院附属第二医院的前身广济医院的缘起，以及广济医院院长梅藤更在华45年对广济医院做出的卓越贡献，他对鸦片吸食病人的医治、对天花和麻风病等传染病的研究和医疗，为后来的传染病的预防和诊治积累了丰富的经验，推进了20世纪初中国传统医疗卫生制度的变革。广济医院的另一位院长苏达立继承了梅藤更的事业，为麻风病的医治研制出了一套新的方法，同时也大大改善了广济医院的医疗条件，他在日本侵华期间不顾个人的安危，救助和医治杭州的难民和伤病员，被人称为杭州的"拉贝"。今天的浙大二院，已发展成一家具有鲜明专科特色的现代化综合性研究型医院，在2020年全国抗击新冠肺炎期间，出色地完成了抗击疫情的历史重任。这家创建于1869年的古老医院，护佑生命的薪火在相传延续。

关键词 广济医院 梅藤更 苏达立 浙大二院

浙江大学医学院附属第二医院（简称"浙大二院"）是浙江省家喻户晓的省级三甲医院，它的前身是英国圣公会在华设立的杭州广济医院，迄今已有150周年历史，2019年12月，浙大二院成立150年之际，邀请了原广济医院院长梅藤更的曾孙女和苏达立的孙辈来参加庆典，两位院长与广济医院的渊源再一次从历史中被打捞出来，从中可以一窥中国近代医疗卫生事业

---

* 本文为国家社科基金项目"近代来华传教士慕阿德家族与中外文化传播研究"（项目批号：16BZJ028）的阶段性成果。
** 丁光，浙江大学外国语言文化与国际交流学院副教授，研究领域为海外汉学、中西文化交流。

的发展历程。

一、 广济医院缘起与"人间天堂梅医师"

第一次鸦片战争之后,随着通商口岸的开放,鸦片也乘机肆虐中国各地,来华传教士认为鸦片阻碍了基督教在华的传播,他们积极活动,组织反鸦片活动,帮助中国人戒烟。1859年,英国圣公会先在宁波设立戒烟所,由英国传教士岳斐迪(Frederick Foster Gough,又名岳腓烈)负责,用圣公会的校舍充当临时戒烟所。戒烟所筹备伊始,资金紧缺。印度的一名官员,曾经是征收鸦片的税务官,当他得知鸦片贩卖在中国对中国人造成极大的伤害,深受道德良知的谴责,他引咎辞职,决定帮助吸食鸦片而身心备受煎熬的中国人,他先后与孟买的一名圣公会传教士、香港圣公会四美主教(Rev. George Smith)商讨后,坚信必要的医疗辅助一定能帮助中国人戒烟,他个人捐助英国在华圣公会3 000英镑,[1]这一举措与英国圣公会的计划不谋而合,促使了圣公会成立鸦片戒烟所。这一部分捐款占戒烟所筹建总资金的1/3,传教士和鸦片病人的捐款占一半,剩下的一部分由圣公会资助。1859年戒烟所刚成立之际,当时没有一名专业的医务人员。慕雅德回忆道:"岳斐迪于1854年和夫人一起加入英国圣公会,1860年,医院成立之际,他主要忙于照顾鸦片病人。"[2]岳斐迪负责150名鸦片吸食者,在麦嘉缔(Divie Bethune McCartee)和戴德生(James Hudson Taylor)的帮助下进行医务工作,病人大部分来自浙江金华东阳县,慕稼谷写道:"第一批来医院的7个农民令我记忆犹新,他们身上背着麻袋,手里拿着银圆,眼中露出急切的神情,他们请求我们可怜可怜他们,帮助他们解除烟瘾。"[3]

戒烟所成立伊始,遭遇到很多困难。戒烟所人员缺乏一定的医药知识,但是鸦片吸食者,都希望通过医疗手段,在绝望的鸦片烟瘾中获得解救。太平天

---

[1] A.E.Moule, *The Story of the Cheh-kiang Mission of the Charch Missionary Society*, London: Seeley, Jackson & Halliday, Church Missionary House, 1878, p.43.

[2] A.E.Moule, *The Story of the Cheh-kiang Mission of the Charch Missionary Society*, London: Seeley, Jackson & Halliday, Church Missionary House, 1878, p.43.

[3] *The Chinese Recorder*, Vol 5, 1874, p.258. 慕稼谷后成为在华圣公会华中区主教。

国运动期间,杭州城的医院遭到洗劫,毁于一旦,医疗设施严重缺乏。一些英国传教士受到警告,病人中可能潜藏强盗的探风者,这使他们顾虑重重。但是病人的急切愿望,打消了他们的念头,圣公会开始筹建鸦片戒烟所。慕稼谷弟弟慕雅德主持了早期医院的筹建工作,由于操劳过度,健康受损,1867年,他不得不停止筹建工作,返回英国休养。1869年,陆赐(William Armstrong Russell)①从英国来到中国,英国圣公会在宁波创办了仁泽医院,后医院迁至杭州,他们派密道生(James Meadows,又名麦都)在杭州横大方伯巷租房3间成立戒烟所,共16张病床,治疗鸦片病人。广济医院的历史就从1869年开始算起,它的雏形是鸦片戒烟所,1870年改名为杭州大方伯医院。杭州大方伯医院一直由岳斐迪和戴德生主持,他们的工作重点是治愈鸦片吸食者。1872年,爱丁堡医学传教士甘尔德(James Galt)担任医院院长,在陆赐和密道生的支持下,大方伯医院改名为杭州广济医院。②因为当时医院附近的茶叶弄弄内有一口古井,水清而洌,还有孝慈庵庙都被圈入院内,故以"广行济世"之意,改名"广济医院"(The Hospital of Universal Benevolence)。③慕雅德这样描述这个以诊治鸦片病人为主的医院:"甘尔德工作高效而且非常耐心,每个月都有15—20个病人治愈并出院,门诊病人达到每月4 000多人,绝大部分都是免费治疗。"传教士医生的努力也显示了精神道德的力量,他们为此证明基督教传教士与鸦片贸易无关,医生的工作是对中英鸦片贸易无声的抗议。传教士期待他们的医学传教工作在中国城市和乡村广泛展开,以推动基督教在中国的传播。

《教务杂志》第5卷记载:"广济医院刚创办之际,只能容纳24张床位,一个礼拜堂,一个手术室,一个咨询室。中方工作人员包括一名本地信徒,但是他的医药知识非常有限,另外还有一名厨师、助手和勤杂工。"④1872年春节后,来诊治的病人达到90多人。医院收取鸦片吸毒病人住院医疗费每人2美

---

① 后成为在华圣公会华北区主教。
② The Chinese Recorder, Vol 5, 1874, p.257.
③ 医院由英国人开设,杭州人也称其大英医院。
④ The Chinese Recorder, Vol 5, 1874, p.259.

元。1872年度病人人数突破160名,包括两个顽固的鸦片病人。医院治疗戒烟的经验逐步积累,戒烟伊始,病人很难抵御住鸦片的诱惑。医院严禁病人吸食鸦片,病人刚来医院之时,保证遵守医院规定,随着疗程的进展,当鸦片辅助药品摄入量减少时,病人出现焦躁、不安的情绪,谩骂肇事时有发生。但是总体来说,大部分病人对医院和医生都很感恩。1874年,求诊病人达到3 000人,诊治的病人达到1 000人,平均每天诊治90位病人。根据慕稼谷回忆,病人中贫富相差悬殊,既有乞丐也有富人,那些穿着华丽的贵妇人,她们都坐着轿子来医院看病,西医得到了官绅和富人阶层的广泛认可。

1881年,梅藤更(David Duncan Main)到杭州传教,接管广济医院,他于1856年6月10日出生于英国苏格兰爱尔郡,自小跟家庭教师学习物理、拉丁语和法语,并接受神学教育。他通过了格拉斯哥大学基础医学考试,于1877年入爱丁堡医学传教会(Edinburgh Medical Missionary Society)系统学习医学,并立志成为一名医学传教士,到世界各地传教。1881年,他获得医学士学位,同年与佛罗伦萨·南丁格尔·史密斯(Florence Nightingale Smith)结婚,他的妻子对待病人温柔和蔼并非常耐心,正如她的名字,她也成为了像南丁格尔一样的杰出护士。1881年9月,这对新婚燕尔,受英国圣公会派遣,来中国传教,他们来到浙江杭州开展医务工作。因为他的姓氏翻译成中文为"梅",所以病人都称呼他"人间天堂的梅医生"(Dr.Apricot of heaven below)。

梅藤更接管医院以后,医院的基础设施非常落后,没有自来水、没有电、没有像样的设备、没有手术室,当时正式医生也就他一个。梅藤更在他的翻译斯特德曼(Steadman)的协助下开始行医,他亲自诊治每一名患者,梅夫人在医院担任护士,帮助照看女病人和门诊病人。[①]1897年,梅藤更在年度报告里说:"今年一共接受病人11 321人次,我们对每个病人只收24元费用,医院接纳所有病人,无论富人和穷人、高个和矮个,老人和小孩,跛脚和盲人、聋子等残

---

① Kinston de Gruche, *Doctor Apricot of "HeavenBelow"*, *The Story of the Hangchow Medical Mission*. New York, Chicago, Toronto: Fleming H.Revell Company, 1910, p.10.

疾人，对他们都一视同仁，治病救人是医生的责任，病人的需要第一位。我们无法用语言来描述那些急切需要我们帮助的贫穷病人，尽我们的力量来帮助他们克服病魔，并带去上帝的福音。"①对于医学传教的目的，梅藤更直言不讳："我们从身体和心灵共同拯救这些病人，我们工作的目标不仅帮助他们克服身体的疾病，而且要给他们带来上帝的启示。"②

梅藤更来到中国时，鸦片吸食仍然是中国民众普遍存在的一个毒瘾，所以帮助病人戒烟是他们工作的重要内容。梅藤更这样评价鸦片戒烟所："鸦片给家庭和个人的健康带来了很大的危害，但是一旦吸食鸦片的习惯养成以后，这不是一种时尚，而是习惯，吸食者需要很强的毅力来克制烟瘾，这往往超出了他们的承受范围。所以我们尽我们的全力来帮助他们克服烟瘾。同时也向他们传播上帝的福音。当他们在受到鸦片这个恶魔侵扰时，他们不可能明智地接受这一真理。所以鸦片是魔咒，严重阻碍了我们传教工作的进展。"③显然，鸦片吸食也是基督教传播的一个障碍。

19世纪，欧洲发生了一次天花大流行，天花是世界上传染性最强的疾病之一，由天花病毒引起，这种病毒繁殖快死亡率高，每年死于天花的欧洲人达50万人，亚洲人达80万人。天花也是威胁中国人健康的一大传染病，梅藤更主张接种疫苗，但是当时大部分中国人蔑视接种，在他的努力劝说下，医院病人渐渐开始接受这种现代的医学手段。梅藤更写道："打预防针的人数在逐年上升，但是还是有人存怀疑态度，半数的人意识到接种的真正价值，半数的人觉得接种是危险的……死于天花的人的尸体被放置在显眼的地方，在放入棺材前被所有的亲戚朋友围住，这将引发巨大的危险，当局目前也没做任何的努力去劝诫。首先，中国人排斥消毒杀菌的观念是根深蒂固的，如果这里有隔离医院的话，他们不会同意把病人送过去，事实上这里也没有隔离医院。应当给官员和民众做关于传染病的演讲，在他们面前做示范表演，证明消毒杀菌对财产、丝绸和缎面没有损害。现在很多人成功接种过，应当在天花病人的住处为

---

① Annual Report of the Hangchow Medical Mission, 1897.
② Annual Report of the Hangchow Medical Mission, 1897.
③ Shanghai Presbyterian Mission Press, 1898, p.10.

病人治疗,试着给房屋消毒。这项工作无疑很困难,但比起把房子烧掉,给中国房屋消毒的确是唯一的办法。"①

麻风病是由麻风分枝杆菌感染引起的一种慢性的传染病,《圣经》中有很多治疗麻风病人的例子成为传教士医生遵从上帝意旨的最佳体现,杭州患麻风病人众多,1887年,梅藤更首次在杭州开办了广济麻风病院。1892年又开设男麻风病房和女麻风病房。1899年,广济医院西湖肺痨病院成立。1909年在杭州宝石山上开设麻风病院,后因土地纠纷,1914年,广济医院又在松木场成立分院,设男、女肺痨病院,男、女麻风病院以及男、女清气院等。医院空气清洁,设备完善,有常驻医生,用新式注射,中华麻风救济会干事长邬志坚考察医院后称赞"吾国麻风院中,无出其右者"。②1916年始,梅藤更发现使用大枫子油治疗麻风病疗效显著,推广使用,取得了显著的疗效。1926年梅藤更退休回国之际,广济医院共有60多住院麻风病人,其中60%有一定的劳动能力。梅藤更对麻风病等传染病的医疗和研究长达40年,他采取开设麻风病院,麻风隔离救治方法在近代中国传染病治疗历史上具有独特的地位。

二、 步履艰难的广济医院扩建

20世纪伊始,广济医院得到了长足发展,1901年,广济医院产科病房成立。1905年,广济医院新校舍开工,1906年落成。1911年,医院从英国引进了X光机,是全中国最早引进的一批X光机。医院装备了发电机、自来水塔、电灯、电话、电疗器,诸多项目皆属杭州第一。

随着医院规模的扩大,医院庞大的支出,广济医院经济常常陷入困境,医院维修,建造新楼以及住院病人伙食费等,需要大量资金,杭州医学传教会记录了广济医院自1906年至1913年在医院维修、建筑新楼,购买家具等方面的开支状况总计达65 072英镑。

---

① 美国洛克菲勒基金会档案中心梅藤更书信,1917年4月28日。张煜等:《梅藤更笔下的杭州记忆》,《文化艺术研究》2016年第2期。
② 邬志坚:《25年来之救济麻风运动》,《麻风季刊》1927年第4期。

广济医院与近代医疗卫生事业的发展

广济医院的医护人员满足不了就医情况。"依照当时的情况,从国外请大量的医生来,几乎不太可能。所以,广济医院开始招收学生,就地培养医学人才。"①1883年起,英国圣公会在广济医院筹建医校。1885年,医院聘请希金医师(S.Hickin)专任教务,正式招收第一期医科学生,共计10人,他们于1889年毕业,第一期学生有刘铭之、张葆庆等人,这一期毕业的学生,全都成了当时西医药界的精英骨干。从1890年至1905年,医校先后招收第二期至第五期学生时,添设了生理、化学、病理、实验室等。1906年,梅藤更将医校与医院划分为两大部,将杭州大方伯巷戒烟所改建为医校,正式定名为广济医学堂,广济医院同时也创办广济药学堂,后改名为广济药学专门学校,莫尔根(H.B. Morgan)担任药学堂主任,梅藤更自兼校长,这是杭州首次开办药学专门学校。1904年,英国圣公会还建立了广济产科学堂,附设助产科,后又增设护士科,梅藤更夫人担任主任,培养助产士和护理人员,逐步形成专业的护理队伍。

广济医学堂自1881年招收学生开始至1927年停办,在此47年间,医、药、产科毕业生十一届,共计370余人,培养了众多西医药杰出人才。

广济医院具有很大的公益慈善性质,收取很少诊金,是真正的非营利性医院;但是随着医院的扩大,仅靠捐款使财务陷入困境,入不敷出。很难想象,梅藤更在广济医院的扩建过程中遇到的资金短缺状况。1916年梅藤更的一份手稿记载了他在广济医院扩建筹备过程中需要的资金。他计划建造一座长37米、宽15米的医校大楼,一楼设教室,三楼安排宿舍,另设计实验室、博物馆、图书馆等,他为扩建医院列出了一份清单:

1. 重建护士宿舍、隔离病房,需2 000镑。
2. 扩建妇产科医院,儿童病房,需1 000镑。
3. 从湖区迁移出麻风病院,给公共场合一个安全的环境,需1 200镑。
4. 建造新药房、助理的房间、药房、典当室、祈祷室、化学实验室、暗室、接待室、挂号室、办公室等1 000镑。
5. 扩大男子医院X光室1 000镑。

---

① 《浙医二院140周岁,寻找历史见证人》,《今日早报》2009年11月12日。

由于资金短缺,梅藤更动用个人资金建造了门诊部,他先期花了1500英镑,助手住房500英镑,男子医院和手术室500英镑,一共2500英镑。圣公会在1913年会议上声称投资2500英镑,梅藤更一个便士都没收到,他向哥哥借了2000英镑,又向朋友借了2000英镑建造妇女医院和一座女清气室。建造医校需要2万英镑,大大超出了他的经济力量。

为了维持医院的运转和持续发展,梅藤更一靠房地产运筹经营;二靠各种资助。除了英国圣公会提供部分资金外,梅藤更努力争取各个基金会的帮助,以及中国官绅的捐赠。为筹建医校,1912年至1917年,梅藤更与美国洛克菲勒基金会一直保持通信以获得资助,美国洛克菲勒基金会档案中心(Rockefeller Archive Center)保存的200多封梅藤更信件显示了他为扩大医院和医校的建设所做出艰苦卓越、锲而不舍的努力。

他也希望通过医校报批中国政府立案的办法获得中国支持。"人才和设备的补充,使得广济医校的条件越来越成熟,于是,在广济同学会的倡议下,信心满满的梅藤更院长开始积极筹备学校,并向政府立案。"1917年,梅藤更与广济医校呈请浙江省政府上报北京教育部立案,1918年获得批准。"广济医校的立案,开全国教会学校向中国政府立案之先河。"[①]1924年,三层十二开间的医院病房大楼落成,广济医院莫干山分院开张。

在梅藤更的领导下,广济医院得到了迅速发展,他创建了肺病医院、麻风病医院,开办了医校、药学院、护士学校、协和讲堂等,成为当时中国一流的医院和医校。1926年,年逾七十的梅藤更离任时,广济医院有500张病床、3个手术室、患者年住院4000例左右,已成全国最大的、技术最强、管理最先进的西医医院之一;他主治了3000个住院病人和6万个门诊病人,每年手术1000例。广济医专学校等,为杭州推广西医技术,培育了第一代西医师,共培养了370余名西医人才。光绪十五年(1889)毕业于广济医院的张集成,在上海创设了集成药房,杭州风靡一时的"集成"痱子粉,就出于张集成的首创。

---

① 《浙医二院140周岁,寻找历史见证人》,《今日早报》2009年11月12日。

浙大二院院史书收录了新医校落成的碑记,由林徽因的父亲林长民在1924年题写,赞颂梅校长:"先生莅浙,四十五年,以医救世,实导其先,博爱为教,宏愿允宣……"

梅藤更在晚年回忆录中写道:"要是能返老还童,还能有第二个青年精壮时期,我梦想还要选择在中国。"如今,蔡元培先生为广济医校五十周年所题的"济人寿世"四个字,印在马市街浙大二院门口的牌匾上,梅藤更与一个中国小患者相互作揖的照片被刻成铜像,体现了梅藤更"仁爱而老"的精神。

三、 苏达立与广济医院共患难

斯蒂芬·道格拉斯·斯托顿(Stephen Douglas Sturton),是另一名来自英国,与广济医院渊源深厚的院长。他于1896年9月12日出生于英国剑桥,1921年,斯蒂芬偕新婚妻子,于圣诞节前夕到达杭州,他为自己起了中文名字"苏达立",1928年7月,广济医院谭信院长辞职,苏达立担任杭州广济医院院长。自1921年至1951年回国,他为中国患者服务近30年。

1928年,他聘请菲利斯·赫度(Dr.Phyllis Haddow)负责麻风病治疗工作,使用口服大枫子油及肌肉注射大枫子油乙脂两种方法进行治疗,约近40%的患者治疗有效,因此麻风病院整体病人数量呈现稳步增长态势,平均达到60个住院患者左右。①1933年,苏达立发表《杭州的麻风问题》,介绍了杭州麻风病防治历史、流行病学情况及大枫子油治疗的效果等,继梅藤更后,他一直对麻风病进行深入的研究,在《麻风季刊》发表文章,找出新的更加有效的医疗方案。

鉴于麻风病院设备简陋,资金缺乏,苏达立也积极与英国国际麻风救济会联系,在1930年成功建造砖木结构的男女病房、诊疗室及礼拜堂,使杭州广济麻风病院的医疗条件得到明显的改善。

1937年日寇侵入杭州,苏达立带领广济医院度过了最困难的时期。他的

---

① 王思齐等:《近代杭州广济麻风院的建立及其历史影响》,《中国麻风皮肤病杂志》2017年第10期。

回忆录《从教会医院到集中营》(*From Mission Hospital to Concentration Camp*)反映了战乱期间广济医院的状态。1937年11月,在杭州快要沦陷的时候,他参与救治1 000多名伤兵,为了免除战时无法撤退的重伤官兵在杭州沦陷后遭受日军杀害,广济医院接收了660多名重伤官兵,包括空军英雄高志航等,并在11月22日寒冷的风雨中,将他们转移到广济医院重伤分院,重伤病员由苏达立的妻子负责,其他基督教、天主教、佛教、道教、回教等各宗教团体人士成立"红十字会",携手设立难民营,救济难民。"红十字会"成员包括中、英、美、法各国人士,苏达立被选为秘书长,广济医院成为当时杭州城里规模较大的难民避难所之一,其余几个分别是蕙兰中学、仁爱医院、弘道女中、基督教青年会、玛瑙寺等几处寺庙。这些避难所,以广济医院为中心,当日本人在杭州烧杀掳掠时,使民众获得逃难庇护。苏达立向杭州市市长周象贤争取到5万元支票,同时向英国伦敦市长争取到中国救济基金,为危难中的广济医院伤员筹备资金。1941年日军占领广济医院,苏达立本可以回国避难,但是他选择了与中国人共患难,1942年他被日军逮捕,直至1945年才被释放。苏达立曾保护了难以数计的中国妇女和儿童,当时"红十字会",在战时和战后9年时间内,一共开会200多次,苏达立不顾个人的安危,为救助杭州的伤病员和难民做出了重大的贡献,被人称为杭州的"拉贝"。

传教士在中国创立的医院为西医在中国的引进和发展打开了大门,他们引进西方最先进的医疗手段、管理方法和医疗设备,客观上促进了中国近代西医。他们的初衷还是传教,以传教方式获得中国人的同情和信任,更好地发展他们的传教事业,但是他们对西医的引进和发展,对传染病治疗和卫生防疫所做的工作在中国医学史上写下了浓墨重彩的一笔。150年后,广济医院已经发展成为一所具有鲜明专科特色的现代化综合性研究型医院——浙大医学院附属二院,即"浙大二院"。

四、浙大二院:抗疫勇士,国之荣耀

2019年,浙大二院庆祝医院成立150周年,医院邀请了梅藤更的曾孙女和苏达立的孙辈,感谢他们的先辈为广济医院和中国医疗卫生事业做出的卓越的贡献。

2020年伊始,全国新冠肺炎肆虐,这家创建于1869年的古老医院,护佑生命的薪火在相传延续。在这次全国抗击新冠肺炎疫情期间,浙大二院6 000名医务人员,坚守浙江阵地,并向湖北武汉、浙江温州、北京等疫情"战场"派出精锐的医疗队伍,承担浙江医疗队中危重病人最集中、病情最危重的援助任务。2020年,浙大二院常务副院长王伟林带领的医疗队抵达华中科技大学同济医学院附属协和肿瘤中心(武汉协和肿瘤中心),他们在一天时间内,改造病房、安装设备、调配人员、优化流程,增设40多张床位,收治新冠肺炎重症及危重症ICU病人。经过1个月的日夜奋战,他们历经前线后方4月余艰苦卓越的奋战,圆满完成了国家交托的时代重任。他们总结了抗疫专家的经验,编写《新冠肺炎疫情下的医院应对策略》,连线全球315家卫生机构、五国卫生部长,隔空传递中国方案和浙大二院经验,扛起了国家赋予的重大历史责任,获得了全国抗疫先进集体和多名先进个人的至高荣誉。庚子抗疫,为这家具有古老的历史传统的医院,续写了新的历史篇章。

"长谷川四郎与中国"初探
——以鲁迅与周作人为中心

王俊文 *

摘　要　长谷川四郎是日本战后文坛的一个独特存在。其结束近五年西伯利亚战俘劳改回到日本后发表的"西伯利亚"系列和根据中日战争末期自身从军经历所写的一系列小说,不同于其他作者在类似题材中的嘶哑叫喊,其营造的抒情世界澄明静谧,时至今日艺术魅力依然不减。长谷川四郎具有非凡的外语能力,虽不擅长中文,但通过鲁迅,尤其是竹内好出色的鲁迅翻译,长谷川四郎得以不断思考自身对中国的复杂情结,而其笔下的中国,背后几乎都沉潜着鲁迅的影子。本文以鲁迅与周作人为中心探讨"长谷川四郎与中国"这一主题,同时关注长谷川四郎与竹内好、武田泰淳的往来,前者可谓他的鲁迅引路人,而后者同为作家,在处理中国问题上与长谷川四郎的异同也是意义深远。

关键词　长谷川四郎　鲁迅　周作人　竹内好　武田泰淳

　　长谷川四郎(1909—1987)是日本战后文坛的一个独特存在。不同于武田泰淳、野间宏、大冈升平等,他并未成为日本战后文坛的中心作家。但结束近

---

* 王俊文,日本早稻田大学兼任讲师,东京大学大学院人文社会系研究科文学博士,主要研究领域为以武田泰淳、竹内好、鲁迅为中心的日本"二战"前后的文学者与中国的关系。译著:《鲁迅与托洛茨基:〈文学与革命〉在中国》[长堀祐造著,台湾人间出版社 2015 年版]。论文:《寻求日常的虚无僧——高桥和巳与竹内好、武田泰淳及吉川幸次郎》,《越境的中国文学——寻求新的冒险》,(日本)东方书店 2018 年版;《一个青年的来访——对 1939 年 5 月周作人的外围观察》,(日本)《文化论集》2019 年第 55 号。

五年西伯利亚战俘劳改回到日本后发表的"西伯利亚"系列和根据中日战争末期自身从军经历所写的一系列小说,不同于其他作者在类似题材中的嘶哑叫喊,其营造的抒情世界澄明静谧,时至今日艺术魅力依然不减。①

长谷川四郎具有非凡的外语能力,除大学主攻德文之外,俄法英文亦是他吸收外国文化的媒介。与创作并行的翻译工作对其作品世界影响深刻。②虽不擅长中文,但通过鲁迅,尤其是竹内好出色的鲁迅翻译,长谷川四郎得以不断思考自身对中国的复杂情结,而其笔下的中国,背后几乎都沉潜着鲁迅的影子。

本文以鲁迅与周作人为中心探讨"长谷川四郎与中国"这一主题,同时关注长谷川四郎与竹内好、武田泰淳的往来,前者可谓他的鲁迅引路人,而后者同为作家,在处理中国问题上与长谷川四郎的异同也是意义深远。

一、 长谷川四郎的中国漂流

长谷川四郎1909年出生于北海道函馆。1936年从法政大学德文科毕业,第二年进入"南满洲"铁道株式会社,5月赴满铁大连图书馆工作。1938年4月—1941年4月调至北京的满铁北支经济调查所资料班,收集、统计资料。到北京之后才开始学习中文。1941年4月回到大连,在满铁调查部第三调查室北方班工作。这期间花半年时间翻译了俄国军人阿尔谢尼耶夫的西伯利亚探险记《德尔苏·乌扎拉》(1942年9月版),该书被视为长谷川四郎文学的原点。

此后,长谷川四郎于1942年辞去满铁的工作,进入伪满洲国协和会调查部,到新京(现长春),主要调查内蒙古。1943年任伪满洲国协和会布特哈旗本部事务长,赴扎兰屯。

1944年3月被征兵入伍,隶属海拉尔的一八部队。该部队9月赴南方

---

① 中野重治:《〈鹤〉的世界》,转引自长谷川四郎《鹤》,みすず书房1953年版。
② 村上春树:《长谷川四郎〈阿久正的故事〉》,转引自村上春树《献给年轻读者的短篇小说指南》,文春文库2004年版。

(指东南亚诸国和南洋群岛——笔者注)途中遭遇鱼雷全军覆没,因懂俄语未随队的长谷川四郎躲过一劫。后被分配到位于中苏国境线的扇山哨所。部队本部在满洲里,1945年8月8日回本部与妻子会面时苏军突然发动进攻,整个哨所被歼灭。长谷川四郎再次大难不死。因苏军参战,部队四散逃入大兴安岭。长谷川四郎一个人脱离,逃到博克图,但又被别的部队逮住,编入残余部队,准备对苏军战车实施自爆时,天皇发表"玉音放送",战争结束。被送往西伯利亚之前日本战俘们被安置在齐齐哈尔的集中收容所。虽然不是没有机会逃脱,但出于赎罪和了解社会主义国家现状的心理,最后放弃逃跑,在离中国东北较近的赤图度过近五年的强制劳动生活。1950年才得以回到日本,真可谓经历了九死一生。①

二、长谷川四郎与鲁迅

如上所述,对竹内好战后的鲁迅译介,长谷川四郎获教匪浅。两人也有一定交谊,比如竹内好创办的《中国》杂志于1972年4月号登载了长谷川四郎的采访《自由人漂流记》。1973年2月《中国服装的布莱希特》(みすず书房版)出版后,长谷川四郎给竹内好送去一本,竹内好马上寄来致谢的明信片,并纠正说鲁迅《风筝》里的弟弟不是周作人,而是周建人。②1976年10月竹内好毕生最后的工作、鲁迅新译《鲁迅文集》的第1卷由筑摩书房出版,所附《月报》的第一篇文章《地上本没有路》,作者就是长谷川四郎。而竹内好于第二年去世,在杂志《海》的追悼特辑(1977年5月号)中也有长谷川四郎的文章——《关于〈鲁迅文集〉》。在这篇追悼文中,长谷川四郎说总是叫自己向鲁迅学习,不管遭遇什么外部的粗暴,不论内心如何躁动激越,也能平静地下笔,但当然自己远远无法做到。

不过,其实早在20世纪30年代,长谷川四郎就应该已经读过鲁迅的作品

---

① 参考晶文社1978年版《长谷川四郎全集》第16卷所附年谱,以及福岛纪幸:《我的叔叔 长谷川四郎物语》,河出书房新社2018年版。
② 《内幕的内幕》,《朝日期刊》1973年6月22日。

(比如1937年改造社便组织翻译出版了《大鲁迅全集》全7卷)。1939年3月他在杂志《满洲浪漫》第2辑上发表了小说《狂人日记》,称只是借了名字。除了《狂人日记》之外,长谷川四郎对鲁迅的主要作品几乎都有借鉴和关心。接下来按小说发表顺序做一下简单介绍。

(一)《两种样子》与《故乡》

《两种样子》原题《北京的春天》,①1954年9月收入みすず书房出版的小说集《红色的岩石》时改为现在的题目。小说交错着第三人称和第一人称(小林),以作者自身1938—1941年在北京的经历为素材,描绘了当时被以日本为首的外国人侵占的北京殖民地式风景中,疑似卖淫的不知名的中国女性,及主人公的中国女同事"刘隐",寓意当时居住在北京的中国女性的两种出路。"我"憎恶在北京的日本人(日本军人)对中国人的凌辱,却又相信在人们所不知道的深处存在着的亲和力。

在近代科学图书馆工作的主人公小林与同事中国女打字员刘隐互有亲近感,小林还应刘隐的要求教她日语,教材是刘隐自己所选的剧本《樱桃园》。当小林还沉浸在今后两人关系不断接近的想象中,当天傍晚刘隐就拜访了主人公,说自己讨厌在北京的日本人,无法尊敬来到北京的日本人。并告别说这是第一次也是最后一次拜访,但未明确说明原因,只是说:"据说希望如同地上的道路,地上原本没有路,走的人多了,就成了路。我想自己的脚虽小,但多少也能开辟点道路。"②在长谷川四郎的自传小说《德尔苏时代》③中提到中国女同事曾为自己读过鲁迅《故乡》最后的部分,《两种样子》中刘隐的告白应来自这一经历。

小林后来收到明信片,才知道刘隐去了南京,在中山大学图书馆工作,但刘隐觉得学校名不副实,准备去内地,并忠告主人公:"美游不如恶归"。主人公也深深铭记着只有祖国才是自己所居住的地方,也只有祖国才是自己所劳

---

① 《新女苑》1954年6月。
② 《长谷川四郎全集》第2卷,1976年3月,第195页。
③ 《文艺》1975年8月。

作的地方。

长谷川四郎显然对鲁迅《故乡》中的这句名言印象深刻,20年后再次提及。在上文介绍的为竹内好的鲁迅新译所写的推介文《地上本没有路》(1976年10月)中,他先从竹内好发表在杂志《文学》上的文章《日本的鲁迅翻译》(1976年4月)谈起。竹内好的文章罗列了鲁迅《故乡》结尾部分的12种日文翻译,并予以评释。长谷川由此想到自己20年前的这篇小说也化用了鲁迅的这句名言,来代言离开北京前往南京的女主人公追求新生的决心:小说中刘隐傍晚去向小林告别,走在北京的小巷时的自言自语"路,路",就是因为想起鲁迅《故乡》结尾的这句话。

(二)《阿久正的故事》与《阿Q正传》

《阿久正的故事》发表于杂志《世界》1955年3月号,入选第33次芥川赏候补作品(最后得奖的是远藤周作的《白人》)。同年11月收入河出书房出版的同名小说集时,对第1节做了较大改动,追加的部分白描阿久正在公司这一追求效率的巨大装置中如何存在、上下班,以及与之形成鲜明对照的、在家中的自由状态,并通过对话暗示阿久正对现代人类异化的危机感得不到妻子的理睬和理解。

"阿久正的故事"这一题目的灵感来自鲁迅的《阿Q正传》显然毋庸置疑,评论这篇小说时大家也几乎都会提到这一点。比如鹤见俊辅认为,阿久正是将阿Q移到日本之后的变身,作者对其做了不同于一般评价的解释。[①]而长谷川四郎本人也未否认,小说发表20年后他这样回忆,强调在关注"小人物"这一点上自己与鲁迅具有共通之处:

"虽然不是在表面上,我对作为资本主义制度下劳动者的公司职员,一直抱有一定的关心。……阿久正是从《阿Q正传》想到的名字,只是突然想到,如果非要说的话,两者仅在'微不足道'这一点上是共通的。阿Q是辛亥革命当时中国农村一名微不足道的贫农,那阿久正就是战后'民主化'的日本正将

---

① 《有人坐在空位上——长谷川四郎〈山猫的遗言〉》,《潮》1988年10月。

走向高度发展轨道时的一名微不足道的公司职员。"①

小说的主人公阿久正是东京办公中心丸之内一家电器工业公司庶务课的普通职员。担心原子弹,所以在离公司单程2个小时的地方与妻子精打细算地盖了一居室的房子。阿久正每天按时上下班,不说话,唯唯诺诺地没有存在感,固持着守势的人生,从不主动出击,对晋升加薪没有兴趣。因此虽然工作称职,但不受上司垂青,被同事无视。在公司从不释放自己的阿久正在家里会唱歌,会给周边的小孩讲故事,教他们自己从书店看来的理科知识。庶务课职员阿久正的一生也就像从生到死的事务工作一样,最后从书店出来过马路时遭遇交通事故,不治身亡。

论者会注意到阿久正在公司的压抑,认为他最后被汽车轧死并非偶然,而是作者有意的安排,控诉追求效率的机器社会。②但如果我们关注阿久正在家中、即自身"小世界"里的自由状态,却会有另一番发现。比如大江健三郎就指出阿久正身上有作者的影子,比如他给孩子讲自己小时候从长辈那里听来的民间故事,阿久正不是庶民,而是高等游民,阿久正身上有乐观主义、独立的一面。③

村上春树从小说家写作的角度也注意到阿久正形象的分裂。他认为,《阿久正的故事》里的阿久正工作之外的生活十分自得,他不是普通的"庶民",长谷川四郎通过阿久正来讲述的正是自身——"游民"。也许作者本意并非如此,但结果却让读者如此感知。这也导致这篇小说无法完全成为一个寓言。长谷川四郎无法像让自己成名的"满洲"和西伯利亚作品系列一样在"非日常中描写日常",对翻译的影响过深、文学根基原本就未扎根于本土的他而言,从战后日本的"日常"揭露"非日常"未能完全奏效。与此相对,鲁迅在《阿Q正传》塑造出与自己完全不同的阿Q这一形象,从而表现出自身的痛苦与悲哀。不过,虽然对这篇小说存在的分裂提出尖锐的批评,村上春树也不吝啬地给予

---

① 《作者的笔记》,转引自《长谷川四郎全集》第3卷,1976年版,第271—272页。
② 内村刚介:《卷末作家论 长谷川四郎 灰暗的心》,《现代文学22 长谷川四郎 开高健》,讲谈社1973年版,第444—445页。
③ 《长谷川四郎 道德主义者的经历》,《群像》1972年8月。

正面的评价,他认为这篇小说最值得评价的地方在于:虽然未直接描写战争体验,但不可思议的是,战争本身带来的一种状况得到了生动的体现。①

也许正如内村刚介所感受到的,这篇小说不是直接来自果戈理《外套》的小职员系列,而生发于长谷川四郎深爱的阿尔谢尼耶夫《德尔苏·乌扎拉》清澈透明的抒情性。②如何评价源自俄苏文学的抒情性与鲁迅深广的悲悯交缠催生的出这篇小说,值得继续深思。

(三)《亦攻亦守——墨子》与《非攻》

长谷川四郎曾化用鲁迅《故事新编》中的《起死》于现代日本题材,写下《白日骷髅抄》③和《千字文》,④不过这里先来看一下以他深感兴趣的墨子为题材的翻案剧本。

触发长谷川四郎对墨子兴趣的是布莱希特(长谷川四郎觉得鲁迅与布莱希特颇有相似之处)。在《中国》杂志的采访中,长谷川四郎称自己是(1969年——笔者注)读了布莱希特的《墨翟》(1948年布莱希特从逃亡地美国经苏黎世回到东德后偷偷地写作,但未写完)才知道墨子的,而且感觉墨子的非攻兼爱与毛泽东的想法很像。长谷川四郎觉得墨子与孔子、老子不同的地方在于民主主义,即主张"非命"(命运否定论),反对出身论。而且墨子在某种意义上与孔子十分相近,墨子批判的是孔子的模仿者,而非孔子本身。⑤

因此鲁迅的《非攻》自然也是长谷川四郎所关注的作品。他在《中国服装的布莱希特》(1973年2月)中赞赏鲁迅在《非攻》中与对象保持一定距离,由此自然地有一种幽默感,这种幽默感在《出关》中有点轻浮,在《非攻》中却显得厚重,但那是轻中有重,重中有轻。长谷川四郎尤其称赞《非攻》中描述墨子说服楚王放弃攻打宋国后回齐国途中经宋国的最后一段,认为乃点睛之笔。

---

① 《长谷川四郎〈阿久正的故事〉》。
② 内村刚介:《卷末作家论 长谷川四郎 灰暗的心》。
③ 《海》1975年1月号。
④ 《海》1975年7月号。
⑤ 长谷川四郎:《自由人漂流记》,第21—22页。

《非攻》依据的是《墨子·公输》,相关原文为:"子墨子归,过宋。天雨,庇其间中,受间者不内也。故曰:治于神者,众人不知其功。争于明者,众人知之。"

而鲁迅的《非攻》是这么写的(长谷川四郎读的应该是竹内好的日文译文):

> 墨子在归途上,是走得较慢了,一则体乏,二则脚痛,三则干粮已经吃完,难免觉得肚子饿,四则事情已经办妥,不像来时的匆忙。然而比来时更晦气:一进到宋国界,就被搜检了两回;走近都城,又遇到募捐救国队,募去了破包袱;到得南关外,又遭着大雨,到城门下想避避雨,被两个执戈的巡兵赶开了,淋得一身湿,从此鼻子塞了十多天。

长谷川四郎认为,墨子的精神是非神也非明,即不遮掩也不炫耀,而是争而治之,因此鲁迅不理所谓道德("义"),最后说墨子鼻子塞了10多天。长谷川四郎对此十分激赏。①《非攻》最后的这段描写体现了民众与统治者之间的媒介者、实践家不被理解的命运,②这种踏实做事不计报酬、淡然面对不公待遇的姿态,深得长谷川四郎之心。

不过长谷川四郎自身根据《非攻》翻案的剧本《亦攻亦守——墨子》③并未在这一点上大做文章,戏仿的因素更多,加入墨翟之妻的视角、儿歌和楚王与其母亲的戏份。长谷川四郎的剧本是作为"合作戏剧"的其中之一,以《亦攻亦守——墨子》、《寄予洪水的抒情诗——禹》(小泽信男)、《永远的乌托邦——老子》(佐佐木基一)、《即便首级飞走——眉间尺》(花田清辉)为序在《文艺》上同时发表的。在与竹内好、佐佐木基一关于《故事新编》戏剧化的座谈会上,长谷川四郎说虽然实际效果暂且不言,创作时是考虑了整体的

---

① 长谷川四郎:《中国服装的布莱希特》。
② 代田智明:《连接者——论〈非攻〉》,转引自代田智明《解读鲁迅 谜和不可思议的小说10篇》,东京大学出版会2006年版,第245—246页。
③ 杂志《文艺》1974年5月。1974年11月27日在东京六本木演员座剧场上演。

起承转合的,《禹》《墨子》《眉间尺》《老子》分别为起、承、转、合。而且各自都有明确的主题,《墨子》讨论的是和平问题。并且说明这次脚本的写作方法与布莱希特的态度有共同之处,不为个人心理、命运、情念所拘,而关注人在大的状况下的活动。①

因此,对长谷川四郎的改编做进一步分析需要联系他的布莱希特论、戏剧理论及实践,而且把长谷川四郎的剧本与同时发表的其他三个《故事新编》翻案剧本放在一起讨论。

(四)"假如鲁迅活着"

在《自由人漂流记》(1972年4月)这篇访谈的最后,长谷川四郎说了这么一段意味深长的话:

> 我对鲁迅感兴趣的是,如果鲁迅今天还活着会怎么样。……现在在中国鲁迅被捧上神坛。我觉得这与鲁迅是革命的有点儿不一样。……(此处的省略号为原来所有——笔者注)鲁迅所写的东西我无条件地认为全部都很好。不过那是革命前写的。我想鲁迅死得正是时候。如果活着的话,在革命后的官僚组织中,鲁迅会不行,还是成为官僚呢?文学者的工作,很难预料之后会怎么样。此外,毛泽东也被捧上神坛,我对此也很不感冒。不过不感冒,也没有办法。

这里的"革命"应该理解为中国革命的成功,即1949年中华人民共和国的成立。关于"假如鲁迅活着"这一话题,在战后日本于20世纪50年代已有两位文学者触及:中野重治的《秋天的一夜》、②荒正人的《要是鲁迅活着——关于某种否定面》。③长堀祐造指出,他们虽然评价的向度不同,但在鲁迅是"革

---

① 《历史·民众·寓言——关于鲁迅〈故事新编〉的戏剧化》,《剧场》1974年11月,第38—39页。
② 《中央公论》1954年1、2月号。
③ 《文学》1956年10月号。

命的文学者"这一点上是一致的。①长谷川四郎秉承了两位前辈的这一认识,同时在"文革"愈演愈烈、领袖被神化的20世纪70年代,对官僚组织与文学者鲁迅的矛盾表示出深深的担忧。

两年后在短文《一件小事》②中,长谷川四郎提到1937年自己在大连图书馆工作时内山完造从上海过来,谈及晚年的鲁迅,说鲁迅不修边幅,有时会被店员叫"闪开"。虽然中国大陆为鲁迅造铜像,但对自己而言,真正的鲁迅就是作为大众一员在街上散步、如内山完造回忆的那样有时会不小心被店员叫"闪开"的形象。自己熟悉的鲁迅是孤独的,寂寞中不被注目,也没有谁注意倾听,却仍然发声的《呐喊》自序中的鲁迅。

文章中,长谷川四郎还表示同意竹内好对《一件小事》的解说:体现了鲁迅积极的一面,鲁迅从车夫身上发现中国民众的伟大,猛省自身。长谷川四郎看来,面对所谓"正人君子"的教条和绵延数年的权力斗争,鲁迅总怀抱着"一件小事",亦即民主主义。反过来,《故乡》中与少年闰土形成鲜明对比的老年闰土衰老卑屈,由此鲁迅思考"怎么办"。鲁迅虽然知道希望也是虚妄的,但比起绝望,还是更愿意相信希望。

三、长谷川四郎与周作人

长谷川四郎对周作人的关注早在1938年赴北京满铁北支经济调查所工作时就已开始。虽然当时未曾拜访周作人,但兜里常常装着一本松枝茂夫翻译的周作人选集《北京的点心》。③鲁迅和周作人迥异的气质,给他留下深刻的印象:鲁迅的血"既热又冷",性情激烈;而周作人流淌的血温和清凉,与对象之间保持着距离。④

---

① 长堀祐造:《永远的革命者的悲哀——试论"假如鲁迅活着"论争》,转引自长堀祐造《鲁迅与托洛茨基:〈文学与革命〉在中国》,王俊文译,(台湾)人间出版社2015年版,第341页。
② 《世界文学全集33》月报23,集英社1974年版。
③ 松枝茂夫:《北京的点心》,山本书店1936年版。
④ 长谷川四郎:《北京柏林物语》,第18页。

但在长谷川四郎看来,虽然表面上看鲁迅进步、周作人保守,但作为同一家族制度中的兄弟,就如同人行走时,一只脚迈出去,自然一只脚要留在原地,他们其实是一个人的两面。①长谷川四郎这一独特的周氏兄弟观,也许很难得到认同。但必须考虑到,首先他是在20世纪70年代初中国大陆国内鲁迅被捧上神坛、与1967年"文化大革命运动"中悲惨死去的周作人形成鲜明对照的背景下提出的;其次作为一位有良知的日本文学者,对周作人的"落水",他深省日本人的自己也负有同样的责任。

在受木山英雄翻译的周作人作品集《谈日本文化》②触动而一发而不可收写下的长文《周作人与日本人》③最后,长谷川四郎一番饱含情感的表白让人难以忘怀:

> (写这篇文章的——笔者注)本意,在于袒护。即袒护周作人。不过与其说是袒护,不如说出于以下目的:如果在中国的法庭上周作人被判有罪,我也想同担此罪;如果在中国的法庭上,周作人被判无罪,也希望一并担负无罪。④

文章中,长谷川四郎介绍了周作人对日本文化的洞察。尤其是周作人强调日本民族与中国在宗教信仰上的不同,说假如能懂以抬神舆壮丁为象征的日本神道教信徒的精神状态,便可了解日本为何侵华。⑤指出周作人思考日本法西斯时参考的不可能是重视生产关系的马克思主义,而是性学家蔼理士的理论,⑥分析周作人个人性情上与"革命"的不和,间接探讨周作人留在北京的理由。

长谷川四郎对周作人留京原因的探寻,或者说各种善意的推测,贯穿了整篇文章。他引用法国诗人瓦雷里的文章,推测周作人关心的不是大事件,而是

---

① 长谷川四郎:《北京柏林物语》,第15页。这一见解最早见于《中国服装的布莱希特》。
② 木山英雄:《谈日本文化》,筑摩书房1973年版。
③ 《文艺展望》第6号,1974年7月,修改后改题为《北京》,收入单行本《北京柏林物语》。
④ 长谷川四郎:《北京柏林物语》,第58页。
⑤ 长谷川四郎:《北京柏林物语》,第22—23页。
⑥ 长谷川四郎:《北京柏林物语》,第31页。

因为微不足道而不被感知的连续性事件;①认为周作人对日本文化过于乐观,未认识到日本本身的变化,以及"不变的"中国所发生的巨大改变,而且这次战争也与之前不同,并非局部和一时的;②附会周作人《留学的回忆》中的"悲哀的玩具"寄托了他希望借眼下这场战争结成中日精神联盟的幻想;③以为周作人留在敌占区,至少在主观上是为了拯救民生;④在人情上,妻子羽太信子也是周作人"冒险"的一个原因;⑤同时周作人是观念论者,容易怀疑,这种小心延误了周作人的行动……⑥

长谷川四郎还重点讨论了《谈日本文化》中所收的两篇文章:《尾久事件》和《鬼怒川事件》。周作人在这两篇文章里由日本的时事出发,从社会心理学和性学阐发自己清明的见解。比如《鬼怒川事件》,父母通过性行为生下小孩,为了自己的生计将女儿卖到从事性生意的场所,这本身就是不正常的。但更不正常的是,被卖掉的女儿思想一激进,父亲就写信叫妓院老板予以严厉管教。女儿甘受卖到妓院的命运以尽孝道,但思想激进了,就成为不孝女,由此折射出社会的忠良与尽孝不能两全的奇异现象。长谷川四郎赞叹周作人从日本人都未特别留意的新闻报道中发现这一事件本身的不正常,而这正说明周作人才是正常的,其笔锋直指"人吃人"的社会,主题与鲁迅的《狂人日记》是一致的。⑦

长谷川四郎深深折服于周作人基于文化常识的洞察力。周作人希望学问和艺术的研究应该超越政治,但失败了,即便如此,长谷川四郎仍然表示敬意。而周作人说对于中国而言,没有比日本更应该亲善来往的国家,也没有比日本更应该排斥的国家,这一字一句更是打动长谷川四郎。周作人精通西方文学,兼具古风的东方文人的风采,认为中日应该超越"西方",联结精神上的同盟,

---

① 长谷川四郎:《北京柏林物语》,第32页。
② 长谷川四郎:《北京柏林物语》,第34页。
③ 长谷川四郎:《北京柏林物语》,第34—35页。
④ 长谷川四郎:《北京柏林物语》,第40页。
⑤ 长谷川四郎:《北京柏林物语》,第44—45页。
⑥ 长谷川四郎:《北京柏林物语》,第52页。
⑦ 长谷川四郎:《北京柏林物语》,第49—51页。

同时也不忘批判日本国民性中丧失理性的一面。长谷川四郎觉得这都是应该继承的精神遗产。

四、 长谷川四郎与武田泰淳

长谷川四郎曾说,如果没有战争,自己不会成为小说家。①武田泰淳也是如此。虽然一个在东北,一个在上海,两人都在中国大陆经历了日本的战败。因此在读到泰淳晚年最后发表的作品《歌》时,长谷川四郎表示文中描述泰淳年轻时在上海置身于中国民众和土地上的心情,对此自己完全能够理解,并敏锐地指出泰淳的上海回忆中鲁迅的影响。②

泰淳虽然年龄比长谷川四郎小3岁,但战前就以文艺评论《司马迁》(1944)在文坛崭露头角,战后迅速成为"战后文学"派的中心人物,其作品充溢着村上春树在长谷川四郎小说中寻找不到的"存在的疯狂",迥异于长谷川四郎独树一帜的冷静间离风格。但两人保持着良好的关系。

例如,长谷川四郎1955年5月发表于《新潮》的小说《足柄山》被宇野浩二在第33回《芥川赏选评》③上严厉批评,宇野浩二认为《足柄山》故弄玄虚,只是陈旧的因果报应的故事。告诫作者要自重,不要再写这样的小说。而泰淳则给予了高度评价:继承了小川未明鲜艳暗黑色彩的系统。文体端正,文章的节奏与庄野润三相似,但采用了日本古代传说、或者说能和狂言的节奏。小说的主题写的是无法言说的悲痛以及不可饶恕的罪。作者成功地在作品中营造出梦魇般、幻想式的紧迫气氛。④

在追悼泰淳的文章中,长谷川四郎笔下的泰淳有着土生土长的东京人的爽利口舌,精通中国古典,飘逸却又自带某种威严,并以"武田泰淳是读书人,格局巨大"结尾。包括出身(籍贯和大学)的不同等因素,必须承认长谷川四

---

① 长谷川四郎:《我作品中的原型》,《群像》1958年5月号。
② 长谷川四郎:《东京零地带的贫困寺院》,《海》("武田泰淳追悼特辑")1976年12月号。
③ 《文艺春秋》1955年9月号。
④ 载《东京新闻》之《文艺时评》1955年4月30日。

郎与泰淳隔着一定的距离。但两人还是有不少值得进一步探究的相似或不同之处。比如长谷川四郎多次提及泰淳的名作《光苔》(1954年3月),其发表时间仅晚一个月的小说《神知道真相》①跟《光苔》关注的其实是同一问题——原罪及谁有"审判"他人的权力？比如两人都把中国习惯外敌入侵的坚韧性比喻成成熟的女体,并在实际的中国生活中寻求与中国女性的连带。再比如献给周作人的《北京》这篇长文最后深情的表白(上引)宛若泰淳在告白秋瑾的小说《秋风秋雨愁煞人》(1967—1968年)最后部分对失败的革命者的惋叹。而在战地小说中主人公自然地融入异国风景、仿佛自身原本便是风景一部分的长谷川四郎与同样作为士兵的泰淳凝视异国风景的"丧家犬"心境,其比较和探讨亦是今后的课题。

五、结　语

　　以上对"长谷川四郎与中国"做了走马观花式的俯瞰。而这都生发自长谷川四郎的核心文学观。长谷川四郎认为人性存在于底层人之中,这是自己创作的出发点,对此之外的事情没有兴趣。这里的底层人,既包括战争期间在日常生活和战地接触到的中国普通民众,也包括战后日本社会中的小人物"阿久正"。

　　对于"罪"的意识,长谷川四郎警惕过于泛滥的倾向。他认为,日本过去的确犯下大罪,但主要的责任在于国家。个人既有与国家共谋的地方,也有抵抗的地方,不然置身国家,人是无法活下去的。"罪"的意识,那是国家的策略。光谈"罪",就会成为国家的共谋。文学家应该踏踏实实,学语言、好好理解对方,团结对方一起做事,而自己也是这么做的。②从此我们可以深切体会到长谷川四郎对国家、权力的彻底怀疑,以及作为文学者的诚实态度,这也是今天讨论"长谷川四郎与中国"这一题目的意义所在。

---

① 《新日本文学》1954年4月号。
② 长谷川四郎:《自由人漂流记》1972年4月。

林京子与上海书写

蔡钰凌 *

摘　要　在日本文学的上海书写中,林京子(1930—2017)的上海书写是一个特殊个案。林京子自20世纪70年代后期开始有意识地书写上海,陆续发表了一系列上海题材的作品,其中以《米歇尔的口红》《上海》《预定时间》三部长篇小说为代表作。林京子书写上海的基础,主要基于她15岁前在战时上海的中国人弄堂内生活的经验,与她对上海的"怀乡"情感。不过,林京子书写上海更主要的目的,在于她质疑以遗忘"帝国记忆"来与"帝国日本"进行切割的"战后日本"与"战后终结论",进而欲以"上海"与"帝国日本"和"战后日本"进行对话,并以"上海"来叩问历史与自我。林京子笔下的"上海"借此所具有的时代能动性,正是其上海书写之所以无法被简单地纳进日本文学的上海书写这一坐标中的任一象限,成为一个特殊个案的原因。

关键词　林京子　上海书写　帝国记忆　怀乡　战后终结论

　　近代以来,与上海关系密切的日本人众多,他们因各式各样的理由奔赴上海:有些是因旅行短暂到访;有些则是因工作外派、出差、信仰、战争等原因,暂居或行过上海;更有些是因生活营生等私人理由,长期移居上海。若以文化人为例,作家芥川龙之介、村松梢风、金子光晴都曾到访上海,"魔都"一词更是

---

* 蔡钰凌,台湾台北市人,清华大学中国语言文学系博士、高雄义守大学博士后研究员,主要研究领域为中日比较文学、日本当代文学、殖民地文学与当代大众文化。

出自村松梢风之手;与鲁迅私交甚笃的内山完造一开始则是被制药公司外派至上海的推销员,后因缘际会地开始经营内山书店,从而与中国文化人有深刻的往来;日本战后派作家武田泰淳、堀田善卫则是在战争末期因工作之故被派赴上海,至日本战败后才陆续被遣返回国。这些日本文化人都曾以文字留下他们对上海经验的体会与思考,甚至建构出各自的一套上海论述。

除了这些为人所熟知的文化人外,其实上海更多的是名不见经传的日本庶民,他们有些是日本公司的基层员工,有些是自己做小生意,其中有不少人甚至更已做好落地生根、埋骨上海的打算。而这些日本庶民的上海经验,可从发生在20世纪50年代与70年代的两波以"外地"①经验和遣返经验②为主题的"遣返文学"创作出版热中,或多或少看到一些,尤其是在1972年中日两国发表恢复邦交的共同声明后,以"外地"第二代的上海记忆与经验为主的这波创作出版热中,出现了不少内含对上海浓郁"乡愁"的日本庶民回忆录。

不过,在日本文学中这一由上述文化人与庶民所构成的上海书写之坐标中,日本女作家林京子及其于20世纪70年代后期持续创作了近30年的上海系列作品,却很难被归入任一象限中,成为在讨论日本文学的上海书写与日本人的上海经验时的一个特殊个案。

一、林京子:进入战后日本社会双重歧视与排除体系的女作家

不管在日语圈或汉语圈,林京子都是一个稍嫌让人陌生的名字。

林京子在1975年以中篇小说《祭场》荣获第18届群像新人奖、第77届芥川奖,蜚声文坛,《祭场》是一篇关于长崎原子弹爆炸的小说。从获奖后的访谈中得知,这篇小说出自林京子的亲身经历,她是长崎原爆的幸存者。此后,

---

① 当时,日本人把日本本土称为"内地",其他海外的日本殖民地、占领区则被称为"外地"。在本文中,为呈现时代语境,故而会加上引号使用这一称呼,特此说明。
② "遣返经验"意指第二次世界大战结束后,从"帝国日本"的"外地"和战地被遣返回国的日本人在返国与归乡过程时的经验。

林京子陆续发表了不少原爆主题作品。她从亲身经验出发,讲述被爆者和生死一线之隔的特殊生命状态,以及幸存者终身无法摆脱原爆症、内部被曝等"内部之敌"①的人生困境,以此反复探问战争与核的正义性、合理性,以及人、战争与核之间无法共生共存的关系。因为这样,原爆书写遂成为林京子创作中的一个重要谱系,迄今多数人对她的认识,多半来自于此。

然而,较少被注意到的是,其实林京子在长崎被爆之前,曾在"外地"上海生活了近14年。这段幼年的上海经验不仅影响了林京子的人格养成、战后生活,日后更是她长期的创作素材,上海系列遂成为她继原爆系列之后的又一创作谱系。

林京子在1930年8月28日出生于长崎市东山手町。因父亲工作的关系,她出生几个月后,即被家人带往上海定居,此后他们一家长期住在虹口密勒路(今峨嵋路)的弄堂,弄堂里的邻居除了房东一家之外,多数为木匠、苦力、娼妇、小贩等中国底层庶民,并且,整条弄堂多数是中国人,仅有他们一户日本人。直到1945年2月底返国为止,林京子依傍黄浦江而居,黄浦江的风土遂成为她人格长成的重要养分。

1945年2月底,林京子的父亲在获知日本可能战败的消息后,便匆忙地买了船票,让妻子赶紧带着3个女儿返回日本。由于当时上海和长崎之间的海域遍布美军设置的水雷,为了安全,他们走陆路返回。原来搭船只需24小时便可抵达长崎,但走陆路却得先从上海乘船到大连,再从大连搭火车沿朝鲜半岛南下釜山,最后乘坐釜关渡轮到下关,总共得经过数天的折腾才得以踏上日本本土。

在此之前,林京子只有两次短期返国的经验,分别是为躲避1932年的"一·二八"抗战和1937年8月的淞沪抗战的战火。前者林京子年纪太小,已无记忆;后者则可说是她与"内地"日本的第一次接触,留下的多数是与表姐们一同玩耍的回忆。要说真正直面"祖国"日本,则是从1945年3月初从上海

---

① "内部之敌"意指被核辐射污染的粉尘微粒透过呼吸、饮水、食物等被人体吸收后,长期留在人体内,对人体细胞造成持久性的隐性侵害。

返抵谏早①后开始,结果却不太美好。

林京子与"祖国"日本的第一个冲突为转学事件。林京子的母亲原本希望就近将她转入谏早的中学,但却被校长严正拒绝,校长直言不讳,认为他们这群在"外地"吃香喝辣的日本人竟然在"内地"粮食严重缺乏时回来,实在太不像话了,因而冷言冷语地拒绝了林京子的转学申请。为此,母亲只得将她送到长崎就学。而在进入长崎县立高等女学校就读后,林京子很快便发觉自己所使用的语言与周围同学所使用的具有差异。虽然大家的母语都是日语,但一是林京子不太会说长崎方言,日语标准语的抑扬顿挫也与"内地"的不尽相同;二是林京子对日语和汉字的理解与想象,完全建立在上海的原风景上。比如她对"かわ"(汉字写成"河"或"川")这一日语汉字的理解是黄浦江那样的大江大河,而不是日本俳句世界中的涓涓细流。语言的差异让甫回日本的林京子被视作"纯粹的日本人"里的异端,经常受到同侪的排挤与欺负,又一次品尝到被"祖国"拒斥的滋味。②

此外,被爆者的身份也让林京子再一次进入日本内部的歧视与排除体系,反复受到"祖国"的拒斥。③而在她结婚生子后,连同她的子女也遭受到同样的待遇,日本政府特意发给被爆者子女"被爆者子女健康检查诊断证",这意味着被爆者子女也被纳入了日本内部的歧视与排除体系。并且,身体上的遭难并没有和原子弹爆炸的闪光一起结束,反而是以原爆症、基因遗传这种形式,如影随形地跟随着被爆者。这些都让林京子在育儿过程中,越发感受到沉重的精神压力。因为这样,林京子在丈夫的建议下,试着以写作抒发压力,并在1963年开始在文学杂志《文艺首都》上发表以长崎原爆为主题的作品。

---

① 谏早隶属于长崎县,为日本北九州岛的一个西部城市。
② 关于遣返者与归国者被战后日本社会拒斥的研究,可参见[美]华乐瑞:《"日本种族的未来"与"好辩者":满洲归来的女性与西伯利亚归来的男性》,转引自华乐瑞《当帝国回到家:战后日本的遣返与重整》,黄煜文译,(台湾)远足文化2018年版,第107—147页。
③ 关于战后日本社会对被爆者的歧视与排除,可参见[日]黑川绿、藤野丰:《对"市民"的包摄与排除》,转引自黑川绿、藤野丰《歧视:统合与排他的日本近代史》,黄耀进译,(台湾)游击文化2017年版,第227—234页。

二、 启动林京子上海书写的关键：20世纪70年代的"遣返文学"创作出版热与遣返者的再度集体登场

不过，除了书写原爆经验，林京子在20世纪60年代的习作期时，其实也已开始尝试书写上海，但上海书写的正式启动，则要等到1972年中日恢复邦交之后。伴随着中日恢复邦交，在日本引发的第二波"遣返文学"出版热与遣返者及其文学创作再次集体登场，是促使林京子有意识地建构出上海系列这一创作谱系的关键。

"遣返文学"中的"遣返"一词的日语为"引揚げ"，翻译成汉语有"撤回、返回、归来"之意，而"引揚者"则可翻译成"遣返者"。"遣返者"是战后日本的特殊词语，意指日本战败后，从"帝国日本"的前殖民地、占领区与战地被遣返回国的一般平民。而"遣返文学"则是指这些人以自身的遣返经验与"外地"记忆为题材，所撰写的回忆录、小说、散文等文学作品。

根据日本研究者浅野丰美的调查显示，日本战败后，从中国、朝鲜、东南亚等地被遣返回国的日本人人数约有650万人，占当时日本总人口数的近10%，其中341万人是一般平民。若再从中细分，从"满洲"被遣返的约有123万人，从"满洲"以外的中国各地被遣返的约有46万人。[①]就此可知当时从中国被遣返回国的遣返者总共有近170万人，这无疑是一个极为庞大且惊人的数字。

而当这341万的遣返者带着各自不同的"外地"记忆与遣返之殇，踏上"祖国/内地"的土地后，他们却赫然发现铭刻于自身的"外地"记忆与"故乡"感觉，不管是对"祖国"或对他们自身而言，都具有强大的杀伤力。究其原因，这是因为战后日本极力要摆脱的，正是这一带有加害者痕迹的帝国印记。也因此，本土的日本人借由与这群带有帝国印记的遣返者划清界限，将自己合理地组入被害者的框架，因而这些遣返者的"外地"经验与遣返经验无法如原爆

---

① 浅野豊美：『帝国日本の植民地法制——法域統合と帝国制序』，名古屋大学出版会2008年版，第568页。迄今学界对遣返者的总数仍具有多种说法，但整体而言，主要介于650万—690万人。本文所引用的数据主要参考自浅野丰美的研究，特此说明。

经验的"被害/受难记忆"一般,成为战后日本的"公的记忆/集体记忆"。是以,这群遣返者只能或主动或被动地抑制或封印这些"外地记忆/帝国记忆",以及遣返过程的"受难记忆",并将这些难以言说的记忆、经验与情感隐蔽在自身的记忆皱折中。①

然而就在1970年前后,日本开始在"友好"的主流基调下进行东亚战后问题的处理(中日恢复邦交即是其中一环)之际,此前遣返者被封印或隐蔽的记忆、经验与情感也一并被召唤了出来,这首先体现在综合性杂志《潮》于1971年8月刊登的《日本人的侵略与遣返经验 遣返者100人的告白》一文。这也是继1950年前后的遣返回忆录热后,遣返者及其"外地"经验与遣返经验再一次集体性地进入公众视野,并形成热潮。

不过,在表现形式或内容风格上,20世纪70年代出现的第二波"遣返文学"与上一阶段以藤原Tei(てい)《流星在闪烁》(1949)为代表的体验记录形式不尽相同。此时出现的相关作品所采用的表现形式已不限于体验记或回忆录,而是朝小说、散文、诗歌、绘画、漫画等多元的创作领域延伸扩展。同时,创作主力也并非上一阶段在"内地"出生长大的"外地"第一代,而是他们的子女,即在"外地"出生长大的"外地"第二代,因而在内容上,这群"外地"第二代不仅讲述了自身的"外地"经验与遣返经验,还更多涉及他们被夹缠在"'故乡'/外地"与"祖国/内地"之间的曲折心境与"异乡人"感觉,以及他们与战后日本之间的紧张,甚至是对峙关系。②并且,在日本政府已于1956年宣布"已不是战后"的20年后,"外地"第二代在作品中所呈现出来的看似永无止境的"战后",无疑直击了战后日本民众普遍相信的"战后终结论"。

林京子的上海书写正是在上述的时代语境与历史脉络下发展起来的。要

---

① 相关论述可参见朴裕河:『"引揚げ文学"を考える——序にかえて』、『おきざりにされた植民地・帝国後体験——"引揚げ文学"論序説』,转引自朴裕河『引揚げ文学論序説——新たなポストコロニアルへ』,人文书院2016年版,第9—12、23—30页;[美]华乐瑞:《遣返、去殖民化与战后日本的转变》《遣返者的共同制造,一九四五到四九年》,转引自华乐瑞《当帝国回到家:战后日本的遣返与重整》,第11—28、65—106页。

② 相关论述可参见成田龙一:『"証言"としての戦争(1965—1990)』;成田龙一:『"戦争経験"の戦後史——語られた体験/証言/記憶』,岩波书店2010年版,第189—200页。

注意的是,林京子虽未与这群"外地"第二代的遣返者一同经历战后混乱失序的大遣返潮,但她的长崎原爆经验与和他们共有的"'外地'的'帝国之子'"这一背景,包括进入战后日本社会双重的歧视与排除体系,都让她在战后日本极力要摆脱"外地记忆/帝国记忆",以重塑自身"战后民族国家日本爱好和平的公民",甚至是"被害者"的形象与意识之际,与这群"外地"第二代的遣返者产生共鸣,进而共同以书写"外地记忆/帝国记忆"来对战后日本社会的集体性记忆的暴力做出抵抗,质疑蔓延在战后日本社会的"战后终结论"。

三、 林京子的上海书写:以"上海"叩问历史与自我

正如上述,其实早在习作期,林京子即在1969年2月号的《文艺首都》上,发表了一篇与上海有关的散文《黄色水流》,这是她初次讲述幼年的上海经验。同年12月,她发表了部分主题为上海的短篇小说《维多利亚的箱子》,这篇被日本文学研究者岛村辉视作林京子上海书写的萌芽。①但她在这一阶段主要还是以原爆书写为创作重心,要到20世纪70年代后半经历过上节所言的启发与触动后,她始较为集中且有意识地书写上海,并在1976年陆续发表了散文《伊达卷》《眺望街道》《酒神的佳肴》《春光》。而首批以上海为主题的小说,则是1977年下半年发表在文学杂志《群像》上的短篇小说《黄沙》和《声响》,第一部长篇小说《米歇尔的口红》(1980)则是集结了1979年1月至12月分别在《海》《妇人公论》杂志上刊载的7个短篇。

此后,林京子持续书写上海,陆续发表了长篇小说《上海》(1983)、《预定时间》(1998),短篇小说《赏花》(1981)、《假面》(1997)、《啦啦啦,啦啦啦》(2006)等。除此之外,林京子也撰写了不少与上海有关的散文与评论。而在占林京子总作品量约有1/3强的上海书写中,最具代表性且足以勾勒出她对上海经验之思考的,主要是3部长篇小说《米歇尔的口红》《上海》《预定

---

① 相关论述可参见岛村辉:「"小野京"としての林京子——「文藝首都」発表作品の位相」,2019年,未刊稿。

时间》。

写于中日恢复邦交,并顺利缔结了《中日和平友好条约》后的《米歇尔的口红》,主要讲述日本小女孩"我"及其家人在1937年至1945年10月这段时间的生活情景,这段时间也正是日本从中日战争渐次走向太平洋战争,最终至两次原爆让日本宣告战败的战争时代。在这部带有自传性质的作品中,林京子以工笔式的细描,再现出她幼年时代的"外地"经验与上海记忆,林京子将之称为"我的上海"。

日本的上海史研究者高纲博文将在中日恢复邦交后,前上海日本侨民对"外地"上海的记忆奔流而出的现象,称之为"上海怀乡情结",并将林京子的《米歇尔的口红》置于这个脉络。[①]也因此,多数研究者承继这个观点,都以"乡愁"来解读之。然而,"乡愁"一语其实并无法全面涵括这部作品。林京子透过此作所欲深究的,其实是我们在思考与讨论战争议题时,容易忽略或省略的面向,即对支配者/侵略者与被支配者/被侵略者的"战争日常"之掌握。小说中,林京子尝试以对日本庶民诸如内部被害、庶民的求生、难民论述、战争动员等真实的"战争日常"之描写,来掌握人与战争的幽微关系,进而以更加贴近历史现场的方式,细致复杂地看待与清理战争与殖民的问题,与历史大叙事的后设性论述近身肉搏,最后以此对日本进行"内部告发":"日本所发动的战争不只侵害了他国人,也侵害了日本人",试图借此唤起日本对发动战争做出全面性的反省。

而在《中日和平友好条约》缔结3年后的1981年8月,林京子参加了旅行社主办的上海·苏州五日游,《上海》正是林京子以这段旅行经验为原型所撰写出来的长篇小说。在小说中,林京子以幼年曾在上海生活近14年的"我"为主人公,讲述"我"在睽违36年后与上海重逢的心路历程。并且,通过描写"我"在旅程中对新中国的历史演进、社会制度、民生状况、生活习惯等所做出的观察,与这些对中国民众的日常生活所产生出的具体影响,林京子勾勒出一

---

① 关于"上海怀乡情结"的讨论,可参见[日]高纲博文:《上海日本人归国者的怀乡情节:"我的故乡·上海"的诞生》,转引自高纲博文《近代上海日侨社会史》,陈祖恩译,上海人民出版社2014年版,第304—327页。

幅20世纪80年代初期的新中国图像。

不过,在这幅新中国图像中,林京子的目光却不仅仅落在1949年之后的中国上海,她还将自己熟悉的幼年生活场域——战时上海、她自我建构出的"我的上海",以及20世纪80年代初的上海互作参照对比,以此呈现出上海的今昔变化。换言之,上海的今昔变化是《上海》的一大侧重点。而另一侧重点则是通过不同出身背景、工作属性、年龄世代、旅行目的的旅行团团员,对上海的前世——日本"外地"与今生——中华人民共和国之感觉、观察、思考与提问,对比呈现出日本战争世代与战后世代对日本发动战争的历史认识与对中华人民共和国的看法。也就是说,林京子笔下的20世纪80年代初期的中华人民共和国图像,不仅具有上海本身的变化,更包含了日本旅行团团员对这一空间不同的感知与解读,以及由此折射出的战后日本民众对中国的观感,并尝试以此追问中日两国和解的可不可能等问题。这是在日本文学的上海书写中,罕见的论述与提问方式。

《预定时间》则是在林京子的上海书写中,少数不具林京子个人身影的作品。《预定时间》是主人公"我"晚年凭着零碎的记忆与一册剪贴簿,伏在案前所记录下的前半生回忆录,时代背景为1938—1948年。这十年间,"我"仅有1940年8月—1942年2月这段时间人在东京,其余都以特派记者的身份待在上海。换言之,"我"所亲炙的上海,是淞沪抗战后到中国人民解放军对国民政府发动总攻击这一时期的上海,是先后陷入中日两国、国共两党之争的战火中的上海。而战时记者的特殊身份,也让上海的秘密战、谍报战、混杂交错的人际网络、战地的实况、为"东亚共荣"所进行的"宣抚"①、日本领导阶层的内斗、租界上流社会的繁华、世界各国的权力角力、战后上海日侨的管理、对战犯和汉奸的举报与公审处刑等情况,在"我"眼前历历可见。林京子以这样的"我"作为小说主人公,其创作野心可见一斑。

---

① "宣抚"一词含有"宣传""安抚"之意,在中日战争时期,"宣抚"则具体意指日本在中国沦陷区的政治思想宣传,我们或许也可将其称为"思想战"或是"思想宣传战"。这个词语在当前的日语世界中,几乎已经成为死语,而在中国,可能也只剩下经历过中日战争的世代会对这个词汇还怀有记忆。

实际上,《预定时间》不完全是林京子虚构出来的作品,她其实借用了前夫林俊夫①与室伏克拉拉②的上海经验,这不仅让林京子得以跨出自身的经验范畴,拉开其上海书写的历史维度,探问更广阔的历史,更让《预定时间》成为一个被赋予了多重向度与多元指涉的文本,内含有林京子对自身不在场的"大人的上海"的探索,有她与林俊夫的情感纠葛,有她透过室伏克拉拉所欲探讨的女性的自我觉醒与自主,有她对被帝国日本的"偷换理论"无情牺牲的战时日本青年的同情,还有她对这些青年的"未竟之梦"所发出的喟叹。

《预定时间》写于战后中日关系陷入最低潮的20世纪90年代后半叶,当时林京子刚在1996年7月的第二次上海之行中,经历了被中国民众拒斥的经验,这些来自外部与内部的事件都让《预定时间》在探问历史之外,还流露出与当代进行对话的意图。

首先,《预定时间》含有林京子以主人公"我"的人生图像与事后的自我剖析与反省,重新叩问中日两国战前历史之意,换句话说,林京子尝试以此来思考自己两度(1945年与1996年)被上海拒绝的历史成因。再者,透过对战前历史大叙事的追索,与对"我"这种在帝国日本的"偷换理论"下,最终导致精神全面败北的日本青年的个人小叙事的描绘,林京子尝试在一般民众的层次

---

① 林俊夫毕业于早稻田大学,后进入朝日新闻大阪本社担任记者。1938年8月被外派至上海,后一度被召回,调赴东京支社新设立的东亚部。1942年2月,朝日新闻社发现"佐尔格—尾崎秀实事件"的调查触手渐次伸向林俊夫,遂在2月下旬火速将他派往上海。此时,除了朝日新闻社的特派记者一职,他同时兼任海军中国方面舰队报道部"嘱托"(幕僚),负责指导被纳入军部管理的报纸如《大公报》《新闻报》《中华日报》《大陆新报》中的中国记者。1944年起,他以笔名林俊、俊民,在杂志《扬子江》《政治月刊》《申报月刊》《新世纪月刊》《杂志》上发表了一些政论性文章。日本战败后,林俊夫作为"技术雇用日侨",被国民党中央宣传部对日文化工作委员会征用。从日本战败至1948年12月初被遣返为止,他以笔名林俊、俊民、三木七石,在以日本侨民为对象的报刊如《改造日报》《导报》《远风》上发表了一些政论。

② 室伏克拉拉是日本自由主义派评论家室伏高信的长女。原本就读东京女子大学,但入学不到一学期即退学。后在高信的建议下开始学习中文,仅学1年,她便将谢冰莹的《女兵自传》翻译成日语,由日本的青年书店在1939年6月出版。1940年10月,克拉拉前往南京,任职于汪精卫的南京政府宣传部,并担任高官家眷们的日语老师。1942年2月,克拉拉移居上海,任职于日语杂志社,专事翻译工作。这一时期,她陆续翻译出不少时评与中国文学作品,其中最受瞩目的为张爱玲的《烬余录》。此外,她还从事诗歌创作,草野心平对她的诗作赞誉有加。日本战败后,她与内山完造、武田泰淳、石上玄一郎等人在1945年年底,一同出席了对日文工会举办的文艺恳谈会,后被国民政府"技术征用"。克拉拉最后在1948年早春,客死异乡。

对当时中日关系所面临的困境,提出一个对中日两国双向的追问,即在长达15年的中日战争中,有不少真正认真思考中日关系的人;在日本战败后,也有一些真诚谢罪,对日本与自己做出严厉批判与反省的日本人,而在中日关系再度遭逢挫折与考验的时刻,作为一般民众的我们应该如何从此前失败的经验中习得教训,如何从这些前人身上攫取思想资源,并以此来思考与清理战后中日两国之间始终动荡不安的关系?特别是在两国之间尚有诸多战争遗留问题悬而未决的情势下。

总的来说,透过上述的讨论,可勾勒出林京子以"上海"所要表述的思考。林京子笔下的"上海"不只是空间、个人经验上的指涉,更是战前夹缠在中日战争、战后夹缠在中日关系等外在因素中,属于林京子自身,但又同时缠绕在中日两国之间的历史创伤、战争伤痕与政治纠葛中的"上海"。并且,林京子对上海的诠释,始终跟随着外在事件与内在精神的变化而有所转变。换言之,林京子笔下的上海具有因时改变的能动性。而这种能动性让林京子的上海书写不仅止于表露"乡愁",更暴露出夹缠在中日历史夹缝中的"殖民者的伤痕"、中日两国之间剪不断理还乱的纠葛,以及战后日本以遗忘"帝国记忆"来和帝国日本进行切割的逻辑,这正是林京子致力以"上海"叩问历史与自我的结果。据此,我们不难看出林京子的上海系列作品,在日本文学的上海书写中所具有的特殊性。

在本文中,笔者首先尝试爬梳出林京子在20世纪70年代后期,有意识地发展上海书写的契机,进而以林京子上海系列作品中的3部长篇小说《米歇尔的口红》《上海》《预定时间》为中心,梳理出林京子上海书写的发展与变化之轨迹,及其以"上海"叩问历史与自我的脉络与过程。林京子笔下的上海,虽然包含了她个人"怀乡"的情感,但经过历史脉络的整理与叩问过程的分析讨论后,可发现林京子更大的企图,在于她尝试以"上海"去应战写作当下的时代课题,诸如战后日本面对历史的态度、处理战争遗留问题的方式、中日关系的消长变化、日本与东亚各国之间如何友好等"战后"议题,从而与"帝国日本"和"战后日本"进行对话。林京子上海系列作品所具有的这种时代能动性,正是林京子的上海书写之所以无法被简单地归纳进日本文学的上海书写这一坐标中的任一象限,成为一个特殊个案的原因。同时,透过追索林京子以"上海"叩问历史与自我的过程,还可以清晰地看见战后日本在面对历史、战争与战争遗留问题时的暧昧态度,以及对战争记忆、帝国记忆的刻意遗忘,这也正是林京子以"上海"要去近身肉搏的对手。林京子的上海书写的当代意义与时代价值,正在于此。

参考文献:

1. [日]林京子著,井上ひさし、河野多惠子、黑古一夫编:《林京子全集》(全8卷),日本图书中心2005年版。
2. [日]浅野豊美:《帝国日本の植民地法制——法域統合と帝国制序》,名古屋大学出版2008年版。
3. [日]毛里和子:《中日关系:从战后走向新时代》,徐显芬译,社会科学文献出版社2009年版。
4. [日]成田龙一:《"戰争経驗"の戰後史——語られた体験/証言/記憶》,岩波书店2010年版。
5. 徐静波:《近代日本文化人与上海:1923—1946》,上海人民出版社2013年版。
6. [日]高纲博文:《近代上海日侨社会史》,陈祖恩译,上海人民出版社2014年版。
7. [日]高纲博文等编:《战时上海:1937—1945》,陈祖恩等译,上海远东出版社2016年版。
8. [日]朴裕河:《引揚げ文学論序説——新たなポストコロニアルへ》,人文书院2016年版。
9. [日]黑川绿、藤野丰:《歧视:统合与排他的日本近代史》,黄耀进译,(台湾)游击文化2017年版。
10. [美]华乐瑞:《当帝国回到家:战后日本的遣返与重整》,黄煜文译,(台湾)远足文化2018年版。

当代德语文学机制和文学公共领域

顾文艳*

摘　要　本文立足文学公共领域和文学机制的概念,阐述当代德语文学机制的基本形态和变革趋向,探讨文学与机制在当代德语地区社会文化语境下的关系。2020年德国法兰克福书展首次因新冠肺炎疫情而转向数字化,可以视作文学机制运作过程中的数字人文转折,尽管文学事件的媒介形式变革并没有影响到事件背后文学公共领域的批判性政治属性。德语文学机制可以被视作一个能够"促动"文学行业持续运作的机制框架。这个框架的社会场域与德国文学公共领域重合,其运作实践除了携带公共领域的政治批判特征,也在文学与机制的关联中反映技术媒介的时代变革。

关键词　文学机制　公共领域　法兰克福书展　文学奖项　数字人文

一、从法兰克福书展说起：德语文学公共领域

2020年10月14日,一年一度的德国法兰克福书展在线开幕。作为全球规模最大的国际图书博览会,第72届法兰克福书展受到新冠肺炎疫情影响,取消了实体展会,首次与德国公共广播联盟(ARD)合作直播平台,全程以线上结合少数线下实体活动的形式展开。4天"电子书展"(Bookfest digital)期间,3 644场活动在线举行,来自103个国家和地区的4 400个策展方在线布

---

* 顾文艳,华东师范大学中文系比较文学与世界文学讲师,复旦大学现当代文学博士,主要研究领域为中德文学关系、当代德语文学和现代文学理论。

展,20多万用户注册线上平台参展。①同时,组委会在法兰克福城区组织了多场限制人数的线下文学朗读会,辅佐线上虚拟书展"专场"(special edition)的展开。这一届法兰克福书展的主题词是"希望的信号"(Signals of Hope),以展示德国书业文化界与德国主流文坛应对疫情险阻的正面姿态;主宾国加拿大在虚拟网络上给出的另一个主题词"独异的多元"(singular plurality)一方面指涉来自多元文化的"独异"主体各自在家参加线上文学活动的情形;另一方面则暗示着世界文学机制在后疫情时代所面临的变革。

变革的信号首先来自数字革命对于传统文学形式所带来的挑战:法兰克福书展的电子化本身就意味着德语文学机制正在经历一次颠覆性的数字转向。作为每年德国最重要的文学事件,法兰克福书展无疑是位居德语文学机制的运作核心。这里所说的"事件"(Event)可以理解为"按照计划发展的、非同寻常的并且能够招致参与者具有身份和集体特征体验的事情'发生'(Ereignis)"。②从性质上来看,法兰克福书展最初是以促动图书贸易展览为目的旨向的商业事件,在现代化进程中也演化成为围绕出版文化事业的文学事件,同时在国际文化外交背景下发展其政治属性,因而也能够"招致"(hervorrufen)事件参与者在经济、文化和政治方面的诉求。往年的书展期间,事件参与者集中在一个依托物理空间(展会现场)形成的文化场域;2020年,这个文化场域移步虚拟网络平台,在集合更大观众基数的同时也冲破了物理空间的界限,在网络上集合了众多在不同场所发生的交流活动作为子活动直播,包括当代欧洲最重要的社会哲学家拉图尔(Bruno Latour)和德国社会学家罗萨(Harmut Rosa)在公园树林里直播的对谈。③线上书展的尝试象征着德语文学机制的数字化转向,尤其是其中以事件为媒介形成的文化场域之变革。

然而,尽管这个文化场域受到疫情冲击,在数字人文的整体发展局势下选

---

① 参见法兰克福书展官方网站数据记录:https://www.buchmesse.de。
② Peter Kemper, "Event," in Erhard Schütz (hrsg.), *Das BuchMarktBuch*: *Der Literaturbetrieb in Grundbegriffen*, Reinbek bei Hamburg: Rowohlt-Taschenbuch-Verl., 2005, S.119.
③ 拉图尔和罗萨的对谈以及大部分2020年法兰克福线上书展的系列活动都可以在YouTube等网络平台找到视频回放。

择了新的媒介形式和事件载体,但是它在运作程序和文化内涵上保留了德语文学机制的核心属性:它既是一个活跃的贸易展销市场,也具备哈贝马斯所说的欧洲传统"文学公共领域"(Literarische Öffentlichkeit)的所有特征。根据哈贝马斯的说法,随着前工业时代资本主义的兴起,市民社会基于私人领域的公共讨论逐渐扩延,最终推动欧洲以宫廷为代表的权力领域的转型。在"城市"这个同时具有物理和象征性质的空间背景下,宴会、咖啡馆、沙龙等公共舆论空间的出现聚拢一批带有私人个体意识的话语群体,促使了"一个介于贵族社会和市民阶级知识分子之间的有教养的中间阶层"的形成。①与此同时,资本主义社会下作为作家"委托人"的出版商代替宫廷贵族时期的资助人,文学市场与文化商品形式的昌明则赋予了文学艺术彻底的可讨论性。②以平等的社会交往方式、针对一般(非政治)问题的讨论和文化商品化普及为前提特征的"文学公共领域"为欧洲资产阶级带有反抗权威与批判性质的"政治公共领域"形成铺平了道路。与这种公共领域文化传统相应,每年书展期间数百场作家面向公众的小型交流会和朗诵会仿似18世纪遍布巷陌的文化沙龙等公共舆论空间,而国际化的文学交流平台也充斥着哈贝马斯所说的"带有挑衅性"③政治批判——比如2009年的法兰克福书展就是最为国人所熟知的一场政治闹剧。

  早在1976年就加入的"国别"主题的法兰克福书展在20世纪90年代以后把"主题"演变为每年邀请"主宾国"参展的国际化传统,成为当今德语文学机制,乃至国际图书文化领域最重要的一个国际文学交流活动。对于历时10年申请才成为"主宾"的中国而言,2009年的法兰克福书展不仅是传统的国际图书版权贸易促进会,同时也是一个文化外交事件,是推行以书籍文化为代表的文化"走出去"战略的关键步骤。然而,在这场文化交流的另一端,具有高曝光率和政治外交影响力的大型国际书展无疑能为德国乃至整个西方世界与中国就人权、民主、言论自由等公共政治问题对话提供平台。这种意图同时表

---

① 哈贝马斯:《公共领域的结构转型》,曹卫东等译,学林出版社1999年版,第37页。
② 哈贝马斯:《公共领域的结构转型》,曹卫东等译,学林出版社1999年版,第42页。
③ 哈贝马斯:《公共领域的结构转型》,曹卫东等译,学林出版社1999年版,第55页。

现在德国民间和官方对文化"来宾"的公开表态上,并且早在书展正式开始之前就已现端倪。如果说书展开幕式上德国政界首脑默克尔的致辞只是比较客气地呼吁来宾国开放"言论自由"和文学禁忌,①那么德国媒体、民间知识分子和异议人士则是通过负面报道、公开辩争甚至现场对峙等直接的形式毫不留情地展开了对中国时政文化的批判。自从2007年法兰克福书展正式宣布中国为2009年主宾国,②德国境内争议络绎,尤其如德国笔会(P.E.N.-Zentrum Deutschland)这样汇聚异议人士和流亡作家的民间文学组织,纷纷出于对中国内外政治问题的不同意见,抗议德国官方对中国文化战略输出的认可与支持。2008年,中国海外异议人士和德国知识分子作家代表联名指责德国广播电台对外栏目《德国之声》中文部门的报道中有偏护中国政府的倾向,最后电台在舆论压力下撤销了中文编辑部华裔副主任的职务。这个事件几乎可以看作次年法兰克福书展上中国官方作家代表团和德国主流知识分子拥护的异议作家代表针锋相对的序幕。从9月为预热书展筹办的"中国与世界"研讨会临时取消、之后又在舆论压力下恢复作为持不同政见者的华人作家参会邀请——到书展期间的官方开闭幕和数百场小型交流活动上中国官方和海外批评人士的僵持——再到闭幕后德国媒体对矛盾的后续报道,为期一周的书展不仅为文学领域的跨文化交流提供了直接向国际政治公共领域过渡的平台,也为多方政治立场创造了一个融合文学接受和公共舆论的博弈空间。③对中国官方作家代表团以抨击嘲谑为主的负面舆论中,德语地区对中国文学的接受也受到

---

① 参看《法兰克福汇报》当日相关书展开幕的报道,标题引用默克尔演讲中"没有禁忌"的说辞:"'Keine Tabus': Merkel und Xi eröffnen die Buchmesse." *Frankfurter allgemeine Zeitung*, 13.10。2009. https://www.faz.net/aktuell/feuilleton/buchmesse-2009/themen/keine-tabus-merkel-und-xi-eroeffnen-die-buchmesse-1866006.html。

② 2007年5月,新闻出版总署署长柳斌杰和德国法兰克福书展主席尤根·博斯(Jürgen Boos)正式签署《关于2009年中国作为主宾国参加法兰克福国际图书博览会谈备忘录》。参看毛小红:《向世界展示中华文化的成功范例:第61届法兰克福国际书展中国主宾国活动述评》,《中国出版》2009年12月。

③ 目前有关2009年法兰克福书展文化交流活动的出版文献材料比较零散,维也纳大学汉学系王远远2014年硕士论文《文化对话的困境:从法兰克福书展中国主宾国谈起》对2009年法兰克福书展的文化政治风波做了比较详尽的资料整理,参看:Wang Yuanyuan, "Ein Kulturdialog mit Schwierigkeiten: China als Gast auf der Frankfurter Buchmesse 2009," Masterarbeit Sinologie, Universität Wien, 04. 2014。

了泛政治化的冲击。在书展论坛上作为中国作家代表发表演说,并通过"德国高压锅""贝多芬和歌德的故事"①等故事桥段幽默诙谐地回应德国媒体诘问的莫言被归类为"政府作家"(Staatsautor)。一直到3年后莫言荣获诺贝尔文学奖,德国批评界对莫言作家身份和文学作品的评价仍然莫衷一是;而当年法兰克福书展更是充满戏剧性而不无对抗式的将非德语文学作品的最高奖项德国书商和平奖(Friedenspreis des Deutschen Buchhandels)颁发给了中国流亡德国的异议作家代表。

2020年,加拿大作为主宾国参加法兰克福数字书展,同时宣布延续主宾国身份参加2021年的实体书展。与2009年中国作为主宾国参展时引发的舆论冲突不同,加拿大的线上参展将其文学顺利地融入了德语文学公共领域的接受话语。当今加拿大最重要的作家玛格丽特·阿特伍德(Margaret Atwood)和德国主持人在线进行了1小时对谈,除了延续2019年凭借新作《证言》获得布克奖后亲临法兰克福书展现场的讨论话题以外,也谈及后疫情时期全球治理和民主进程问题。作为加拿大当代文学代表,阿特伍德的女性主义小说、反极权主题的文学创作以及她本人鲜明的政治立场填补了书展"主办国"本身以政治批判性为导向的公共领域的所有文学期待。因此,尽管这一次依托网络虚拟平台而非实体空间媒介,加拿大和德国之间的文化外交和跨文化文学交流没有遇到内容上的障碍:交流主体双方见证了意识形态的趋同,并在此基础上进一步推进国别文学作为世界文学的流通。这种从政治出发的文学交流与文化接受直接影响到此类文学"事件"作为政治座谈的戏剧表演属性,比如2020年线上书展安排的众多对谈中有关中国的活动就包括了德国公共广播联盟组织德国当代社会哲学家弗里德曼、德国作家妮娜·格沃戈和德国图书销售交易贸易会会长斯科匹斯同香港"学民思潮"召集人之一黄之峰的对谈。②从这个角度来看,德语文学公共领域从根本上来看是一个注重文学政治

---

① 参见莫言:《优秀的文学没有国界——法兰克福"感知中国"论坛上的演讲》,《上海文学》2010年第3期。
② 参见书展官方网站发布的对谈公告:https://www.buchmesse.de/timetable/session/fuer-das-wort-und-die-freiheit-freehongkong。

功能,甚至倾向文学政治化的公众空间。主流知识分子的批判性政治话语从内部出发,主导当代德语文学接受机制的运作方向。无论依托实体还是虚拟的媒介空间,法兰克福书展作为德语文学机制中的事件性机构都承载着这种运作范式。

二、 德语文学机制:定义、运作与历史

如果说法兰克福书展是以"事件"的形式参与到德语文学机制的运作当中,那么这种事件性的参与涵盖了机制运作的各个环节:从文学作为货品的分发和版权交易,再到围绕本土抑或国际文学作品在德语文学公共领域的接受。同时,每年书展前夜颁发德国书商和平奖和德国图书奖这两个年度图书奖项,后者也可以视作是德语当代文学经典化机制的重要组成部分。2020年德国图书奖颁发给了女作家安娜·韦伯以英雄史诗形式写的小说《安妮特:一部史诗》(*Annette, ein Heldinnenepos*)。小说围绕一名法国在20世纪60年代抗议运动时期的社会活动家安妮·波曼努瓦(Anne Beaumanoir)的人生故事,其获奖理由在于它"不仅关乎勇气、抗争和自由,更凝结了一段影响欧洲至今的德法关系史"。[1]这里,作家作为知识分子的社会关注和政治立场在德语文学公共领域得到认可,作品也在文学接受机制中经历相应的经典化推送。

至此,有关德语文学机制的讨论主要围绕以法兰克福书展为例的事件形式,尚未涉及"文学机制"的定义及其在德语语境中的历史内涵。从德语语词概念上来看,德语中的文学机制(Literaturbetrieb)大致可以理解为一种将文学文本和社会效应衔接起来的运作(Betrieb)构成。不同于由其他与这里被译作"机制"(Betrieb 也有运作、运营之意)相仿的后缀名词组成的类似概念——如强调个人社会属性的"文学生活"(literarisches Leben)、注重商品价值的"文学市场",或者强调产业性能的"文学工业",等等——文学机制涵括的范围定义

---

[1] 参见德国图书奖官方网站公布的获奖词:https://www.deutscher-buchpreis.de/preisverleihung-2020/。

重点突出文学与社会互动过程中具有"促动性"或者"运作性"(betreiblich)的部分,关键在于相关社会机体围绕"文学"运作的动力来源和维持运作的实践个体。因此,"文学机制"的定义囊括了一大片与文学相关的行业领域,其核心内容就是某一个特定社会中能够"促动"文学行业持续运作的机制框架和实践活动。借用雷希特(Steffen Richter)在德国文学机制导读中的概括作为这个定义在德语地区的补充:"所有参与塑建文学文本生产、分发和接受之框架条件的机构、机关、人物,以及它们彼此之间互相关系的总和"就是所谓的文学机制,其重点并非机制的构架设置,而是机制中各个组成部分互动的运作关系。①

与这种本身偏重"促动"和"运作"性质的词源学定义相应,现实中的德语文学机制就是一个始终处于动态的运作机体。在任何一个历史节点,文学机制本身的持续依赖于各个参与方的交流互动。按照上引导读中的定义,德国文学机制中的互动主要是在生产、分发和接受等3个运作层面展开的,每一个运作层面都涉及不同参与方的行动和关系。在文学机制的第一"生产"层面,主要参与方是创作者(Autor),包括作家协会和文学创作共同体,还有文学资助,如奖项基金和文学课程。到了第二层面,至今仍以纸质图书为核心媒介(电子图书市场逐年递增)的德语文学机制主要依赖于两个参与"分发"的机体:出版社和图书交易。文学稿件经由出版社编辑、印刷、制作成书,获取版权后得到宣传销售,分散到各个与图书交易相关的行业机构:书店、图书馆、书联会和书展等。最后,经过前两个层面加工的文学产品得到了"接受"与反馈。在这个阶段,从事"文学批评"的个人和机构针对公开成型的文学作品进行评论研究,并且重新作用于上一阶段的撒播。

尽管以上主要参照的是当代德语地区的情况,按照文学作为文化产品进入读者视野和大众市场的3个阶段划分的这种运作架构适用于大多数现代社会的文学机制。作为一种包含"促动性"内涵的"机制",它定义的核心在于其动态的运作——生产、分发和接受3个层面的相关方在各阶段内部的运作和

---

① Steffen Richter, *Der Literaturbetrieb: Eine Einführung*, Darmstadt: WBG, 2011, S.8.

跨层面的互动构成了文学机制的全部内容。上述在每个阶段的主要参与方事实上都可以被归结为不同文学行业的从事者：作者、译者、作家协会代表、文学基金代表、出版人、书商、广播剧制作人、批评家，等等。因而，文学机制也类似一个由各方具备专业性和职业性的文学"行业"组成的文化职场，其基础运作形式就是各行各业文学从事者之间的合作与互动。

在历史发展的过程中，这个统筹各个文学行业的整体机制始终处于自我更新的状态。不同历史条件下，上述定义中围绕生产、分发和接受3个层面运作的机制会呈现相应变化的运作形态。就本文关注的当代的历史时期而言，决定性的历史条件主要在于政治形态和媒介技术两方面。

1989年两德统一以前，冷战政治意识形态对德语文学机制的发展和分野具有决定性的影响。如大多数研究者对战后德语文学的划分，西德、奥地利和瑞士德语区大致可以看作是同一个文学机制的运作地域。该地区文学在生产、分发和接受等3个层面皆以英美文学市场制度为参照，同时结合德意志文学传统，形成了一个由各种典型现代西方文化机构组成的"文学社会体系"[①]（Sozialsystem Literatur）。与这种立足市场和社会机构的文学体系截然不同的是几乎可以看作民主德国政治体系一部分的东德文学机制。如果说联邦德国和其他西方德语区的文学机制在生产、分发和接受等3个层面的运作围绕的是多个根植于"文学社会体系"的、趋向机构化的利益参与方，那么民主德国的文学机制——至少在前30年——围绕的是一个核心的政治机构：德

[①] 文学社会体系的形成主要延续1945—1949年美、英、法盟军占领时期通过文学文化对西德社会思想改造（Re-education）的计划，在各城市建立的文化机构，如柏林的"美国之家"（Amerika-Haus）、克隆的桥社（Die Brücke），还有各个城市的"文学之家"（Literaturhaus）。具体参看Siegfried Müller, Kultur in Deutschland: Vom Kaiserreich bis zur Wiedervereinigung, Stuttgart: Kohlhammer Verlag, 2016, S.336；经过20多年的发展，到了20世纪60年代末，西德社会的文学交流演变为一种"与社会经历和社会互动紧密相连的程序性交流。文学交流主要不是通过直接的个人交往进行，而是通过文学及之内的机构和组织，围绕基础文本形成作者和读者之间的互动。文学交流的整体形态由历史功能所决定，并且在互惠和竞争过程中产生或转化为其他性质的社会行动。这样看来，文学位于社会行动的系统关联当中，受到文学、文化和社会的互相作用，又处于文学社会系统的内部地带"。Wolfgang R. Langenbucher, Handbuch zur deutsch-deutschen Wirklichkeit: Bundesrepublik Deutschland-Deutsche Demokratische Republik im Kulturvergleich, Stuttgart: Metzler, 1988, S.474.

国统一社会党(SED)。在中央党派的领导下,协调各阶段的子机构和分组织得以左右文学机制的运作:比如1952年从德国民主革新联盟(后作东德文化联盟Kulturbund der DDR)分离出来的德国作家协会(Deutscher Schriftstellerverband)。从协会宗旨和工作构成来看,东德作家协会和同时期成立的中国作家协会相似,都是由中央党派直接领导的文学组织,有着相似的内设机构和直属单位。文学政治机构把整个机制衔接为政治宣传体系的一部分;同时,赋予机制中每一个环节政治性也可以被看作是掩饰机制内部"等级差异"的一种尝试——在民主德国首任文化部长、东德文化联盟主席贝歇尔(J.R.Becher)的设想当中,理想的"文学社会"(Literaturgesellschaft)不仅是所有文学创作的统一,也需要"所有的文学相关者,作家、出版人、排字工、印刷工、书商都是平等的参与方"。①虽然这个设想最终也只是停留在设想,但是民主德国各个围绕政治策略运作的参与方在政治权力面前都是"同样"被分配任务的零件,"等级差异"取决于与其中央权力关系的轻疏程度。

在民主德国的最后几年,以党派政策为主轴运作的文学机制在国家政权的危机当中一步步走向坍陷,最后在柏林墙倒塌以后短暂的时间内迅速蜕变,融入了联邦德国以市场机构化为主要特征的文学机制。东德文学机制中首先被废除的就是实施政治权力的审查制度。根据东德文化部的改革方案,1989年12月1日起,每一个得到授权的出版社都可以直接获得印刷许可,不再经受政治部门的干预。②事实上,1989年以后的德国文学机制主要是西德"文学社会体系"的衍生,再加上一部分文学市场经济制度对东德政治化文学机制的同化。遗憾的是,在这个同化统一的过程中,被扬弃的不仅是限制自由表达和艺术独立的审查制度,还有东德出版界的整体生产力,最终造成其"生产容量"的显著萎缩。③根据林克斯(Christoph Links)2009年发表的一项东德出版行业研究,两德统一时期得到文化部授权的78家东德出版社(其中文学出版

---

① Wolfgang R.Langenbucher, *Handbuch zur deutsch-deutschen Wirklichkeit*, 1988, S.479.
② Christoph Links, *Das Schicksal der DDR-Verlage: Die Privatisierung und ihre Konsequenzen*, Berlin: Links, 2009, S.30.
③ Ibid., S.325.

社16家)到2007年只剩下12家(剩余的文学出版社更是屈指可数),平均每年的图书生产总量只有1989年的18%。①由于大多数原东德出版社在经历市场经济私有化阶段时仍带有私有制所无法兼容的、被林克斯称为"多重残疾"的特质,它们在融入新的出版行业的过程中被淘汰了。②换言之,原民主德国国有的文学"分发"机能在1989年民主德国国家"消失"之后也渐渐退化,转向原西德的市场模式。

三、技术媒介变革中的文学与机制

两种意识形态分野下的文学体系在政治统一之后也得到了以西方同化东方为主要形式的合并。20世纪90年代以后的德国文学机制延续西德的市场文学机构化运作,远离了政治策略的管控。在这样的转变过程中,传播媒介的更迭就成了比政治形态嬗变最重要的外因。当然,文学媒介在德语文学机制的发展历程中一直是一个显性的变量——尤其是战后西德地区,从一开始盟军占领时期以报纸杂志为主要文学载体,到20世纪五六十年代在广播电台兴盛时期广播剧种和其他文学栏目的涌现,再到20世纪80年代文学"影视化"热潮,传播技术的变革趋势在西德文学生产、分发和接受等3方面的运作规律中清晰可见。相对来看,媒介革命给东德文学机制带来的冲击较小。除了纸质出版,戏剧表演在民主德国应是最重要的文学媒介,戏剧文学也因而成为了一个时常被经典化的文学类别。

两德统一以后,德国和世界其他同处于"全球化"进程的国家地区一样,各类社会文化机制之间的界限在共同的"全球市场"面前逐渐模糊,甚至濒临消失。文学机制和影视行业之间出现越来越多的共同领域,数字时代的电子图书市场与网络传播路径则威胁着传统纸质书业文化在文学"分发"阶段的主导地位。在文学信息高速传播的21世纪,这个以国别或语种为界限的德

---

① Christoph Links, *Das Schicksal der DDR-Verlage: Die Privatisierung und ihre Konsequenzen*, Berlin: Links, 2009, S.9.
② Ibid., S.34.

国/德语文学机制已然成为国际文学机制的一部分:它与世界文学共享新的文学媒介和新媒介文学类型生产(如广播时代的广播剧和互联网时代的网络文学),共享同一个全球市场下的畅销图书,共享世界文学经典化机制(如全球性的诺贝尔文学奖、英美地区的布克图书奖等)下推出的文学经典,也终将与各国文学机制共享生产、分发和接受各层面的运作特征。

总体来看,当代德语文学机制是一个跨国运作的语言文学机制。在德语世界由政治历史和文化传统划分的各个社会地区中,文学的生产、分发和接受在形态上虽各有差异,但其核心促动力都源自同一个德语文学市场。20世纪90年代以后文学全球化和文学市场集中化加速,前几大德国出版集团占据了图书(包括电子书、有声书等多媒体转换产品)市场越来越多的销售份额,德语文学机制中正在慢慢融入更大的世界文学机制和全球文化经济体。在当今数字革命的整体趋势下,德语文学机制在生产、分发和接受等3个基本层面都面临技术媒介的挑战。2020年的疫情直接加速了文学媒介与运作实践的电子化进程。根据德国图书销售交易协会(Börsenverein des Deutschen Buchhandels)发布的数据统计,2020年上半年电子书营业额比2019年下半年上涨了17.8%,购买电子书的人数比前半年上涨了0.3%。这个涨幅虽然并不出众,但是如果按照季度营业额和购书人基数进行比较就会发现2020年上半年上涨的营业额大部分来自第二季度,也就是新冠肺炎疫情开始横扫欧洲大陆的时间:2020年第二季度德语电子书市场营业额比第一季度上涨38.9%。如果按照更加具体的时间段来看,2020年1月—3月,电子书市场营业额同比前期下降4%,但是接下来疫情暴发的整个3月,由于德国境内线下书店全面关闭,物流服务减速,线上电子书交易额度急速增加,并且一直持续到在线下书店恢复营业的5月以后。① 电子书市场的扩张意味着作为文学机制的重心从传统实体书业转向了数字媒体的高速运作。再回到2020年法兰克福线上书展——尽管哈贝马斯所说的"挑衅性"政治诉求仍然主导着当今德语文学公共领域

---

① 数据源自德国图书销售交易协会2020年的官方报告:https://www.boersenverein.de/markt-daten/。

对文学的接受与评判,但是在技术媒介的变革潮流中,德语文学机制正在吸纳更加庞大的数字化市场和新媒体文学平台,塑形更为复杂多元的文学经典化机制。在这种渐趋复杂的运作过程中,以知识文化精英为代表的批判性诉求或许也需要探索新的文学形式,以适应后疫情社会加速数字化也加剧多元化的文化现状。

港澳台文化交流与实践

台湾少数民族文化研究

严文志*

摘　要　"促进各民族像石榴籽一样紧紧抱在一起",习近平同志反复强调这句话,郑重写入党的十九大报告。台湾少数民族由17世纪汉族移民移入前,即已定居在台湾的数十个语言及生活方式不同之族群所构成,目前仅16个民族为中国台湾地区当局所承认,根据台湾登记之户口统计至少约57万人口(2020年8月),占台湾人口的2.38%,现今已有四成六人口设籍于都会区,部分区域之族人甚至认同其现居地为原乡而形成部落。台湾少数民族文化是最早文化创意产业投入、在地文化与观光旅游结合可称全面性发展,而且取得国际肯定的佳绩,台湾少数民族文化整体发展已有着全面性的成果,尤其在传统文化传承、文化创意、观光产业及文化弘扬等发展经验,应可以透过《中共中央关于制定国民经济和社会发展第十四个五年规划和二〇

---

* 严文志,上饶师范学院副教授、台湾交通大学博士后,台湾云林县人,妈祖文化的终生义工。主要研究领域为妈祖文化传播、妈祖文化创意产业、妈祖文化经贸等。

三五年远景目标的建议》中"加强两岸产业合作,打造两岸共同市场"为桥梁作为大陆少数民族文化发展的借鉴,真正落实"壮大中华民族经济,共同弘扬中华文化"。共同完成第十四个五年规划和二〇三五年远景目标。

关键词 台湾少数民族 少数民族 十九大 十九届五中全会 十四五

"促进各民族像石榴籽一样紧紧抱在一起",习近平总书记反复强调这句话。各族人民亲如一家,是中华民族伟大复兴必定要实现的根本保证。也正因如此,"促进各民族像石榴籽一样紧紧抱在一起"郑重写入党的十九大报告。海峡的另一端台湾也有着少数民族族群。

台湾位居欧亚大陆与太平洋盆地、亲潮与黑潮、汉族与南岛民族等多元地理环境、文化与族群的汇流交会地带。台湾少数民族属于南岛语族(Austronesian)的一支,包含台湾少数民族各族及与汉文化互相涵化的平埔诸族。不到台湾总人口数2%的南岛语族,居住活动地分布达1.6万多平方千米,占全台湾面积45%。在台湾变异性极大的自然环境中,台湾少数民族因应不同的生态而发展出不同型态的采集、狩猎、渔捞及农耕的方式;同时,也衍生出不同的聚落型态及建筑方式。因此,文化反映着族群跟自然环境的对话关系,在台湾这个生态多样性的海岛,也孕育出台湾少数民族文化多样性的丰富内涵。

一、 台湾少数民族

台湾少数民族是指原居于台湾的民族,由17世纪汉族移民移入前,即已定居在此的数十个语言及生活方式不同之族群所构成,属于南岛民族;其中台湾本岛的所有民族为南岛语系台湾南岛语群,兰屿上的达悟族则属于南岛语系马来—玻里尼西亚语族的巴丹语群。由于西方早期以"福尔摩沙"一词称呼台湾,在部分文献中又被称为"福尔摩沙人",意即"福尔摩沙岛上的居民"。

目前仅 16 个民族为中国台湾地区当局所承认,根据台湾登记之户口统计至少约 57 万人(2020 年 8 月),占台湾人口的 2.38%。

这些早期台湾的住民所使用的语言属于南岛语言,与东南亚、南太平洋岛屿使用的语系相同,因此被归类为南岛语族(Austronesian)。南岛语族分布甚广,东起南美洲西岸的复活节岛、西至非洲东岸马达加斯加、南到新西兰,而台湾是最北的岛屿。

台湾南岛民族在过去的历史中大都没有文字记录,直到 300 多年前,尤其在荷领时代,对台湾部分平埔族才有较详细可靠的记录。因此在那之前的历史,都可算是史前史。对于南岛民族的研究,到后来公认以语言学的研究方式探讨其起源与迁徙,最为适当。

在语言学分类上,泰雅语群分成泰雅语和赛德克语两支,泰雅语本身又可分成赛考利克和泽敖利两分支。从地理分布来看,赛考利克芳延的区域最广,包括台北、宜兰、桃园、新竹、台中、南投;赛德克方言主要在南投县仁爱乡(赛德克族于 2008 年正名为第十四族台湾少数民族),其中太鲁阁方言遍布于花莲县。

泰雅语群最分歧的区域集中在南投县仁爱乡,这跟本族起源的传说正好相符合。布农族主要分布在南部中央山脉一带,分成 5 种方言,其中最南的 Isbukun 方言和其他 4 种差别最大,因此可以推测南部方言最早从古布农语分化出来。

邹分成北邹和南邹,从语言学上看,虽然两者关系还算密切,语言却相去甚远,是否真正属于同一语族还需进一步深入研究(南邹的沙阿鲁哇族与卡那卡那富族于 2014 年正名为第十五族与第十六族台湾少数民族)。

鲁凯族地理分布包括屏东县雾台乡、高雄县茂林乡、台东县卑南乡,地理上并不连续;研究显示他们扩散之前,应该居住在高雄县境内茂林乡比现在更深的山区,迁徙方向主要由北向南。

排湾分布在屏东县,主要分支原来都在西北端;他们的口传历史也说他们来自大武山。阿美族今日人数最多,地理分布也最狭长,在花东纵谷北到南都有阿美聚落;他们原来应该来自北方,后来才扩散到南部。

中国台湾少数民族的来源,大致可以分成3种说法:一是北来说;二是西来说,认为他们来自中国大陆;三是南来说,认为他们来自南太平洋岛屿。台湾的史前遗迹久远且复杂,分布于全岛,目前发掘出来的器物包括石器、玉器、陶器、骨角器、青铜器、铁器及人骨遗留等,历经旧石器时代、新石器时代到金石并用时代。考古学家认为,这些器物不但有台湾独有的,也有类似于四周文化系统的,因此台湾史前文化应该不只有单一来源,而是从多处移居而来。

台湾少数民族各族曾是台湾的主体族群,但17世纪后受外来移民数量的扩张以致居住范围受到排挤,治权领域逐渐缩小;这些区域现今主要位于台湾本岛东部、西部山区以及兰屿,并由官方划定为少数民族地区,简称原乡,少数民族则享有自治权。此外,少数民族长期以来因都市化而流入各大都会区,现今已有四成六人口设籍于都会区,部分区域之族人甚至认同其现居地为原乡而形成部落。

二、台湾少数民族现状

400年前,早在汉人来到台湾拓垦、定居之前,台湾西海岸的平原地带,从北部的宜兰、基隆一直到恒春,就已经有许多不同文化、不同语言、不同部落认同的人群在居住着。这些比汉人更早居住在台湾平原地带的不同人群,由于和汉人的语言、文化都不相同,因此在早期的台湾历史文献中常被称为"番"。从"番"的字形、字意来看,"番"是由"禾"与"田"所组成的,是用来指称以某种方式耕作的人,是一种生活方式。但是,在汉文化为中心的眼光下,"番"就含有歧视的意味。

"平埔番"或"平埔熟番"的字眼出现在志书中,主要是为了和"生番"与"高山番"相区别。"平埔熟番"的称呼虽然在18世纪中期以后就出现在清朝的文献中,但主要还是在19世纪中期以后的文献出现得比较多。例如,《噶玛兰厅志》(1851)就有"平埔番"一词。简单地说,18世纪下半叶在文献中出现的"平埔番""平埔熟番",是指居住在屏东平原、宜兰平原、台东平地与恒春平野的土著族群。事实上,我们现在所谓的"平埔族"隐含了两个意涵:"平埔"

与"熟埔"。"平埔"一词较流行于民间;而"熟番"则是较官方的用语。

日本学者土田滋是以语言作为主要的判准,将中国台湾的少数民族分成高山族(高山番)和平埔族(平埔番)两大类。前者包括住在台湾山地和东部的9个族群:泰雅族、赛夏族、布农族、邹族、鲁凯族、排湾族、卑南族、阿美族和达悟族。后者则包括原居于台湾北部和西部平原,现已几近消失的10个族群:凯达格兰族、噶玛兰族、道卡斯族、巴宰族(巴则海族、噶哈巫族)、巴布拉族、巴布萨族、洪雅族、邵族(水沙连)、西拉雅族和猴猴族。

最早期的调查资料是在1624年的荷兰殖民时期,描述中国台湾少数民族是居住在大小不同的独立部落当中。在这些部落之间常常会发生贸易、通婚、战争和为了防止外敌入侵而形成的结盟关系。根据当时和现代的民族学和语言学的标准,这些部落被人类学家分成20个族群,且被经常引用和讨论,其中巴布拉族与巴布萨族、巴则海族、洪雅族、道卡斯族最晚于17世纪在台湾中部已建立大肚王国。不过有人怀疑这些族群是否联合成一个政体、王国或是真正的"族群"。

中国台湾地区当局对台湾少数民族族群的认定,最初以移川子之藏的分类为基础,建立9族的族群分类。1998年台湾少数民族委员会成立后,开始制定认定办法并执行。欲达到认定完成,须向台湾少数民族会提出申请,并考究其族群存在之证据,以及完成一定数量族人之署名,经核定后,即合法保障该族群的利益和权利。此规范能使统治归类之族群以及未识别族群因经过考究得以回复正名其传统。截至2014年5月,已经完成认定16个族群。16个族分别如下:

(一)阿美族

阿美族为台湾少数民族中人口数最多的一族,大多分布于台湾东部地区,以花莲到台东一带的纵谷平原与海岸山脉外侧之平地为主,也有部分族人居住于屏东恒春地区。1899年日本民族学者伊能嘉矩依据地域、语言、风俗习惯的差异,将阿美族分为南势阿美、秀姑峦阿美、海岸阿美、马兰阿美及恒春阿美等5个地域。

1. 南势阿美群是阿美族中位居最北的一群,他们与太鲁阁族和后迁入的噶玛兰族毗邻而居,主要包括今花莲县新城乡、吉安乡、寿丰乡、凤林乡及花莲市等乡市,主要部落有荳兰(Natauran)、薄薄(Pokpok)、里漏(Rilao)、七脚川(Cikasowan)等社;因位居泰雅族北势群的南方,故相对称为"南势阿美"。

2. 秀姑峦阿美群是阿美族位居中部的一群,分布于现今的花莲县凤林镇、光复乡、瑞穗乡、玉里镇、富里乡等,因地处秀姑峦溪流域,故命其名,主要部落有:太巴塱(Tafalong)、马太鞍(Fataan)、奇美(Kiwit)、拔仔(Pairasan)等社,西与太鲁阁族、布农两族为邻。

3. 海岸阿美群也是位居阿美族中部的一群,分布于花莲县丰滨乡、台东县长滨乡和成功镇间的海岸山脉东侧沿海地区,主要部落有猫公(Fakon)、顶仔漏(Tigalao)、静浦(Cawi)、港口(Makutaay)、长光(Ciwkagan)、白守莲(Pisirlan)、成功(Madawdaw)等,因为滨临海洋,故称之。

4. 马兰阿美群是位处南部的阿美族主要族群,分布在台东市附近,又称台东阿美,与卑南、鲁凯、排湾及布农等四族毗邻而居,主要部落有马兰(Falangao)、都兰(Etiran)、都历(Torik)、东河(Fafokad)、小马(Piyoho)、麻荖漏(Madawdaw)等。

5. 恒春阿美群因原住恒春而得名,是阿美族最南的一群,原属于马兰阿美,因受到排湾及卑南两族的隔离,而自成一群,人口最少;光绪初年,部分族人由恒春迁移到太麻里和马兰阿美隔邻而居,现在大部分都散居在花东纵谷区的池上、关山、鹿野、太麻里与屏东县恒春镇等地区。

阿美族自称"Pangcah",是"人"或"同族人"的意思,而 Amis 原意为北方,是卑南族人对于其北方阿美族人的称呼,久而久之,约定俗成,"阿美"渐渐成为通称。但其实大部分的阿美族人仍多以"Pangcah"自称,只有马兰阿美群才多使用"Amis"。

(二) 泰雅族

泰雅族分布在台湾北部中央山脉两侧,以及花莲、宜兰等山区。又分为泰雅亚族(Tayal)和赛德克亚族(Sedek)。泰雅亚族又分为 Sekoleq 群和 Tseole

群。赛德克亚族又分为东赛德克群和西赛德克群。

泰雅族居住地域境内的高山相当多,例如插天山、栖兰山、合欢山、大霸尖山、奇莱山等都是。河川则有新店溪、大甲溪、秀姑兰溪等。以山田烧垦和狩猎采集为生。人口分布以花莲秀林乡最多,分布区尚有南投仁爱乡、新竹尖石乡、桃园复兴乡、花莲县万荣乡、宜兰县南澳乡。总人口数约7.9万多人,仅次于阿美族,为台湾少数民族的第二大族。

文化特质:

1. 纹面的艺术:除了美观、避邪以外,代表了女子的善织、男子的勇武,也是死后认祖归宗的标志。

2. 精致的织布艺术:以苎麻为原料、植物染料为主的泰雅族织布是少数民族中最善于织造艺术的族群。目前因毛线材料的便利性及色彩多样性,许多族人都乐于使用,反而使传统的原料逐渐没落。

3. 浪漫的口簧琴舞:口簧琴为九族所共有,但能将它发挥得淋漓尽致并配上舞蹈表现男女情意的只有泰雅族。

4. 贝珠衣:以白色贝类穿孔磨成细小如绿豆之贝珠,将它穿缀于整件衣服上,是泰雅族独特的衣饰文化。贝珠衣有多种形式,最尊贵的一种是部落领袖或猎首英雄于凯旋归来参加盛会时所穿,也是结婚时重要的聘礼。

除了贝珠衣以外,珠裙、珠帽、绑腿亦以贝珠串成。珠裙常使用于订婚或女子生产后男方送给女方家长的答谢礼。珠帽则为头目所佩戴。

祭典祖灵祭(maho,泰安乡后山用语):由于传统社会组织及宗教信仰的瓦解,泰雅族目前只剩下祖灵祭还如期举行。传统举行祖灵祭的季节是小米收割以后(大约在7月),由头目或长老开会商议时间,全社男子都要参加,在天未亮时,到达祭场,每人手持竹棒,上面插有黏糕、猪肉,为献给祖灵之供品。祖灵祭的祭品不能带回部落,必须在祭祀地吃完。沿途回家时要越过火堆,以示与祖灵分隔。

在1991年及1993年,苗栗县的泰安乡曾经举办了全乡的丰年祭,各村的族人聚集在一起,重现祖先传统的生活方式与祭仪。在1994年、1995年南投地区也举办了两次类似的活动。在传统社会结构瓦解、生活习俗丧失的今天,主办的联合活动,倒是让大家了解泰雅文化的好时机,只是如何落实于族里的现代生活,或让更多的泰雅子弟有机会学习祖先的智慧与技艺是值得思考的。

(三)排湾族

排湾族以台湾南部为活动区域,北起大武山地,南达恒春,西自隘寮,东到太麻里以南海岸。分为 Raval 亚族和 Vutsul 亚族;Vutsul 群又分为 Paumaumaq 群(北排湾族)、Chaoboobol 群和 Parilario 群(南排湾族)、Paqaroqaro 群(东部排湾)。

依据现行的行政区域划分,排湾族分布在屏东和台东的 12 个乡和台东市一个里,分别是:屏东县的三地门、玛家、泰武、来义、春日、狮子、牡丹和满洲 8 个乡,台东县的金峰、达仁、大武、太麻里 4 个乡,以及台东市的新园里,其中以屏东来义乡分布最多排湾族人。总人口数约 8.7 万人。

排湾族最引人注目的是华丽的服饰。除此之外,有严格的阶级制度,大致分为头目、贵族、勇士、平民等 4 个阶级。阶级观念不仅表现在财产和婚姻上,连姓名的取用都依阶级的不同而有一定的范围。一个排湾族人只要知道他的名字就可以判断他的阶级。头目及贵族也享有装饰上的特权,例如百步蛇的条纹、雄鹰羽毛、琉璃珠等。阶级制度为世代所承袭,排湾族为两性平等的社会,家族的财产、权力由长嗣继承,其于兄弟姊妹结婚后搬出本家,另立家屋、家名。

(四)布农族

布农族分布在埔里以南的中央山脉及其东侧,直到知本主山以北的山地,是部落的散居社会。布农族分为六大社群:卓社群(南投县玉山一带)、卡社群(南投县东部山区一带)、丹社群(南投与花莲县界一带)、峦社群(南投县、嘉义县界玉山一带)、郡社群、搭科布兰郡(简称兰社群,在今中央山脉南投,人数较少)。现今布农族的分布地以南投县信义乡最多,其次为花莲卓溪乡,另外还有分布于高雄县桃园乡、台东县海端乡。总人口数约 5 万人。布农人喜欢山居,高山深处常有他们的聚落。是父系社会,行大家族制。

台湾少数民族当中,最先被国际人士知晓的,是以"八部合音"闻名于世的布农族。1952年日本的音乐学者黑泽隆朝将布农族的Pasibutbut(祈祷小米丰收歌)寄至联合国的文教组织,当代的知名音乐学者听了之后,惊讶于古老的部落为何会有如此繁复的和音,当时西方的音乐学家认为音乐的起源是由单音、双音而发展至和音的理论也不攻自破,从此重写了音乐起源说的论点。每年11月—12月,布农人举行小米播种祭,为了祈求小米能够丰收,因此社里的男子围成一圈,一起合唱"祈祷小米丰收歌"。族人相信,歌声越好天神越高兴,今年的小米就会结实累累。因此,每一个人都以虔敬的心情唱着。歌声一开始,其实只有四部合音,但当音域高到某一个层次时会出现8个不同的音阶,因此被世人称为八部合音。这也是目前世界上独一无二的和音方式,台湾少数民族的音乐堪称世界音乐的瑰宝。

除了"祈祷小米丰收歌",布农族的器乐演奏是少数民族当中保存最完善的一族:

1. 杵音是布农族与日月潭邵族特有的乐器,通常由8—16根长短不同的木杵交替地在石板上敲击,借着不同音阶演而奏出优美的旋律。在从前,族人也用它来传达信息。

2. 口簧琴是少数民族普遍的乐器,但每一族使用的时机稍有差异。以布农族而言,是排遣寂寞或悲伤时宣泄情感的工具。在排湾、泰雅、阿美则是谈情说爱、男女互表情意的催化工具。

3. 另一种布农族特有的乐器是四弦琴(在卡社为五弦),是族人自娱的乐器。

4. 弓琴也是布农族盛行的乐器,以竹子为弓、细钢丝为弦,一端衔在嘴里,左手持弓右手拨弦,悠扬的琴音虽然细微,却耐人寻味。

(五)卑南族

卑南族位于中央山脉以东,卑南溪以南的海岸地区,台东纵谷南方的平原上。依其起源传说,分为两个系统:一是石生起源说的知本系统,发源地为Ruvoahan,包括知本、建和、利嘉、初鹿、泰安。一是竹生起源说的南王系统,发源地是 Panapanayan,包括南王、槟榔、宝桑。昔称"八社番"。人口集中在台东县,其中以台东市比例最高;其次是卑南乡,总人口数大约1.1万人。卑南族分布于台东县卑南乡,共分为8个社,包括知本村、建和村、利嘉村、泰安村、槟榔村、美农村、初鹿村、南王村、温泉村。

卑南族的文化特质为:

1. 斯巴达式的会所训练。

2. 精湛的刺绣手艺:以十字绣法最普遍,人形舞蹈纹是卑南族特有的图案。

3. 戴花环的普遍性:虽然不是只有卑南族才戴花环,但形制的一致性及花环所代表的男子成年意义是其他族群所没有的。

4. 巫术的盛行:早期,卑南族的巫术十分盛行,其他族群的人都惧怕三分。巫术又分为白巫与黑巫,白巫替人治病,黑巫施咒害人。目前卑南八社尚有多位祭师。光是南王就有20多位男、女巫师,负责部落性的祭仪。或为族人祈福趋邪。甚至有一位巫师开业服务,为人占卜、趋邪,解答人生疑惑,当然,服务的对象不仅止于卑南人,连汉人也前去卜问。

(六) 鲁凯族

鲁凯族主要居住中国台湾南部中央山脉的东西两侧,高雄县茂林乡、屏东县雾台乡、三地门青叶村、马家乡三和村南三和及台东县卑南乡东兴新村、金峰乡嘉兰村新富小区等处。人口总数为1万多人。语言学家及人类学家根据语言及文化的特征,将鲁凯族分为三群:住在西侧为分布在老浓溪支流浊口溪的下三社群,分布在隘寮溪流域的西鲁凯群,以及住在山脉东侧的一支则分布在吕家溪流域,称为大南群或东鲁凯群。

三群不仅分布的地区分散,彼此之间往来不易,如下三社群(因与布农族的上四社群相对应而得名)与布农族、邹族的往来,比与西鲁凯群和大南群往来还要方便;西鲁凯群则为排湾族所环绕,对外人而言不易区分此两族;而大南群则与东部的卑南族、布农族有互动关系。三群之间差异甚大。

鲁凯族因与相邻的排湾族逐渐同化,所以日本据台初期学者甚至将鲁凯族并入排湾族系统,显然是因两族所在地紧紧相邻,以及过于类似的生活习惯所致。在服饰、花纹、头饰方面,鲁凯族与排湾族都有很高的相似度,而且两族都实施贵族、平民社会阶级制度,也都崇拜百步蛇,所以日本学者起初将两族视为同一族群。

鲁凯族事实上与排湾族仍有差异,例如:

1. 鲁凯族人不举行排湾族的"五年祭",根据宫本延人《台湾的少数民族》记载:数十年前,曾有和排湾族布曹尔(Butsul)系接壤的鲁凯族部落,也学着举行这项祭典(五年祭),结果村内死了好多人,鲁凯族人认为这是天谴,以后便不再举行了。

2. 排湾族不论性别行"长嗣"继承制;鲁凯族则为"长男"继承制。

3. 丧葬不采蹲踞曲肢葬,而采侧身葬或直放葬。石板所筑之墓穴的形式,或尸体埋葬时的姿势,都不相同。

(七) 邹族

邹族人现今的居住分布以嘉义县阿里山乡一带的山区为主,亦即邹族以阿里山山区、曾文溪流域与浊水溪上游流域为中心,东方在中央山脉玉山山麓与布农族的势力范围接壤,西与嘉南平原的汉族为邻,南方则与鲁凯族毗邻。

邹族人除了主要分布在阿里山一带之外,另外还有少数聚落分布在高雄、南投二县境内,与布农族人混居。阿里山乡依部落区为分成北三村:来吉、拉拉屋雅、达邦村(包含两个重要的部落达邦及特富野);南四村:里佳村、山美村、新美村、茶山村。

邹族分为阿里山邹亚族(又分为 Tapagu-Tufuja 群和 Lututu 群)、卡那布亚族、沙阿鲁阿亚族。邹族的人口主要分布在嘉义县阿里山乡,其次为高雄县三民乡,另外还零星分布于高雄县桃园乡、南投县信义乡境内。总人口 6 000 多人。

（八）赛夏族

赛夏族分布在新竹苗栗两县交界的山区，和泰雅族毗邻而居，传说赛夏族祖先曾自大霸山山麓移至大湖及苗栗一带，其后又继续南移。赛夏以鹅公髻山和横平背山的脊线，分为南北两群。北赛夏分布在新竹县五峰乡大隘社的十巴儿(Shipaii)、夏埔(Shigao)、碑莱(Pilai)。南赛夏分布在苗栗县南庄乡东河村瓦罗(Walu)、卡拉湾(Kalawan)、蓬莱村的巴卡散(Pakasan)、阿米希(Amisi)、泰安乡锦水村的巴卡利(Pakali)、马陵(Malin)、坑头(Invawan)、狮潭乡百寿村。著名的矮灵祭场向天湖即是隶属于东河村。

族人分布以苗栗县南庄乡最多，主要在东河、蓬莱、南江三村。其次为新竹县五峰乡，新竹县竹东镇亦有赛夏族人。赛夏深受泰雅族影响，也有黥面习俗，是父系社会，以矮灵祭闻名。总人口约有5 700人(2009年7月数据)。

文化特质：

1. 黥面与文身：黥面男女皆有，文身则是猎头勇士的专利，通常刺青于胸前。

2. 代表氏族的臀铃与肩旗：臀铃是赛夏族特有的乐器，主要由竹管与薏仁的果实穿缀而成，在矮灵祭期间，每一氏族派一员背着臀铃绕祭场舞蹈，声音幽远泣诉，阐述了矮灵祭复杂的心绪。目前有些臀铃用铜管代替竹管。肩旗也是各氏族的代表。南、北群的造型不同，通常由族里的男子负责扛旗，独立绕行于祭场。肩旗上面写有家族的姓氏。

3. 音词反复的祭歌：矮灵祭歌唱法并不像其他族群或现代歌谣的唱法，而是重复着几段音节。以第一首第一节为例，共有五句，唱法却是 $^1\char`\^\char`\^2\char`\^1\char`\^2$，$^2\char`\^3\char`\^3$，$^3\char`\^4\char`\^4$，$^4\char`\^5\char`\^5$。以不规则的方式反复唱法，是非常特殊的表现方式。

（九）达悟族（雅美族）

达悟族在行政区分上隶属于台东县兰屿乡，总人口数3 000多人，分布在红头、渔人、椰油、东清、朗岛、野银六村。台湾东南海外的兰屿岛，面积45平方千米，是一火山岛。全岛大部分为山地，大半为热带雨林覆盖。达悟族人在山海交接处建立村落,住屋为半穴居。因四周环海,他们以捕鱼为生,每年3月—6月随着黑潮洄游到来的飞鱼,是族人最重要的渔捞物。也种植并食用薯、芋、粟。因为海洋在生活中的重要性,连带使得鱼舟下水礼也成为雅美族年中的重要行事之一。

由于地理隔绝,他们是少数民族中较晚接触汉人的一支。达悟族居住于台东外海的兰屿岛上,达悟人自称"达悟",是"人"的意思。早期称之为"雅美"一词是日本人鸟居龙藏所命名,1995年,旅台的达悟青年成立"达悟同乡会"希冀正名"雅美"为"达悟"。

用什么方式来认识达悟族呢?这可以从达悟族的"飞鱼文化"说起。每年3月,飞鱼随着黑潮洄游到兰屿的海域,达悟人举行召请飞鱼前来的招鱼祭,祭典之后,达悟人开始捕飞鱼,但只限于晚上以火炬照明,以吸引鱼群,到了4月,准许白天用小船钓大鱼,夜间则休息。5月—7月,开放白天捕飞鱼,这几个月也是最繁忙的季节,但除了飞鱼以外,其他的鱼类不准捞捕。

捕了这么多飞鱼,吃不完的晒干储存,过了9月,约中秋节以后,禁止再食用飞鱼,所有吃不完的飞鱼也要全部丢弃。不同的月份用不同的方式捕不同的鱼类不仅调节了海洋鱼类的生态,而吃飞鱼的季节限制也遏制了滥捕、贪婪的情况发生。

达悟人视飞鱼为上苍赐予的神圣物品,因此要以敬畏戒慎的心情对待。无形中衍生成一种社会规范。以现代的观点来看,达悟人的飞鱼文化是非常先进的生态理念。

另一个非常符合生态保育的观念是对鱼类的分类。基本上,鱼可以分为:

1. 老人鱼(只有老人可以食用)。

2. 男人鱼(味腥、皮如砂纸,女人不能食用)。

3. 女人鱼(肉质鲜美,任何人皆可食用)。

因此,一个达悟男子在捕鱼时,必须捕捞到不同种的鱼,以供应家里的男女老少享用。间接地抑制了过量捕杀单一鱼类的危机,也兼顾了生态保育的平衡。

兰屿为热带海洋性气候,年平均温度为26 ℃,除了冬季较寒冷外,大部分为炎热的天气,又因位于台风季节的要冲,岛上又无高山屏障(最高峰仅548米),因此聪明的达悟祖先发明了穴居地下屋,使台风季节仍能高枕无忧,又为了适应炎夏的燠热,栏干式的凉台设计是夏日最好的休憩场所。穴居的地下屋下雨时是否会积水?聪明的达悟人在挖地基时,以卵石铺陈,让雨水渗透进地下,连接天然的水道送至海里。

(十)邵族

邵族分布在日月潭周围地区,也就是旧称"水沙连"的地方。相传邵族的祖先在追逐一只白鹿时,无意间来到了日月潭,发现周遭风光明媚且资源肥美,是个可让子孙世代生存的地方,于是举族搬迁至此。

日月潭位于台湾岛的中央,被水社大山、卜吉山、益积山、潭头山、松柏仑山、猫兰山等群山所围绕,隶属于南投县鱼池乡,乡内山岳甚多,并散布着大大小小10多个湖泊,构成台湾少见的镜湖景观。日月潭区含括水社、日月两村;邵族人口最集中的"德化社"(Barawbaw),即属于日月村。另外,头社系统的邵族则位于南投县水里乡坎顶村的大平林。邵族目前人口600多人,是台湾少数民族族群中人口最少、汉化较深的一族。

邵族的居住地虽然不靠海,但因为世居于日月潭畔,所以发展出海陆兼具的产业文化,而渔产也是邵族人重要的食材来源。邵族的生产方式主要为捕鱼、打猎和山田烧垦,渔业在邵族的重要性仅次于农垦业,其渔猎的方法相当多,如"浮屿诱鱼法""鱼筌诱鱼法""毒鱼""网鱼""罩鱼"等,都足以显示邵族渔业的发达。

由于水力的开发迫使邵族迁徙及放弃耕地,再加上交通进步后,促使日月潭成为国内外闻名的观光胜地等原因,造成邵族在生产方式上不得不从传统转而仰赖观光业。虽然日月潭大部分的观光业仍被汉族人所掌握,多数邵族人仅以帮佣和打零工为主,但无论如何,由于日月潭和邵族的紧密关系,邵族文化早已因商业化和观光化的包装,成为邵族人生活的一部分了。

1. 湖上杵歌

邵族最为外人所熟知的莫过于"杵歌"了,而如今也发展成专业的表演歌舞艺术,并列入日月潭的八景之一、世界的38首著名民歌之中。"杵歌"包含"杵声(杵音)"和"歌舞"两部分:以杵击石,发出叮叮咚咚声即是"杵音",再加上敲击动作与朴素的歌声,就形成"杵歌"了。"杵歌"多由邵族妇女所演奏,由于节奏强烈,因此为多数人所喜爱。

2. 独木舟文化

独木舟是少邵族特殊的交通工具,是将整支树干挖空制成的,邵族人称为Ruiza,据说是邵族祖先受潭中的猴子所启发。独木舟对邵族人来说是非常重要的,无论在潭中载人、捕鱼、运货都非常方便、适宜。

(十一) 噶玛兰族

噶玛兰族以前称为"蛤仔难三十六社",但事实上其聚落的数量是超过六七十个社以上。主要分布于宜兰、罗东、苏澳一带,以及花莲市附近、东海岸之丰滨乡、台东县长滨乡等地,人口约1 200人(2009年7月数据)。原居于兰阳平原,后因汉人争地压力而逐渐南迁,是最晚汉化的平埔族。

过去对噶玛兰族的称呼都以兰阳溪为界,以北的称为"西势番"、以南的称为"东势番"。当时重要聚落包括打马烟社、抵美简社、奇立丹社、抵美福社、流流社、武暖社、歪仔歪社、新仔罗罕社、利泽简社、加礼宛社、奇武荖社等。

噶玛兰族人是现今台湾平埔族群当中族群意识强烈、文化特质最鲜明的一群人。15年来,噶玛兰族人为争取复名,四处向中国台湾地区当局陈情,为了能展演噶玛兰族的文化特色,噶玛兰族人动员族中耆老、妇女、青年,无畏舟车劳顿,也不惜将神圣私密的 Kisaiiz(除瘟祭)公诸于世,到台湾各地表演,为的只是让一般大众和中国台湾地区当局见识他们的存在,早日完成复名大业,无愧于在流离失所中黯然死去的祖先。

噶玛兰族人最可贵、最引以为傲的地方,在于日常生活作息中保存了噶玛兰文化。以新社族人而言,保留了噶玛兰语言、风俗(如新年祭祖 Palilin)、以 Metiyu 为中心的祭仪(如 Pagalavi、Patohoka 等)以及与农渔业相关的祭典(如入仓祭、海祭),噶玛兰族人也恢复或创造了一些传统文化(如歌谣舞蹈、丰年祭、香蕉丝织布等），还建构出与噶玛兰族人相关的族群图腾（如大叶山榄 Gasop 等），即使拥有这些特质，中国台湾地区当局和一般社会大众还是不断地质疑噶玛兰族的存在，不是称噶玛兰族人完全"汉化"，就是指噶玛兰族人是"即将消失的族群"，让噶玛兰族人深刻地感受到社会对噶玛兰族人的漠视与不尊重。

新社、立德、大峰峰、樟原、佳里宛等部落是现今花东地区噶玛兰族人较集中、文化保存最完整的，然而受限于地理环境，族人齐聚不易，加上受到现代化的冲击，以及族群身份的暧昧不明，使得先祖遗留下来宝贵的文化资产急遽流失，噶玛兰文化传承遭受前所未有的断层。

（十二）太鲁阁族

太鲁阁族于 2004 年 1 月 14 日被中国台湾地区当局认定为一个民族，其文化习俗与泰雅族略有相似，同样是居住高山、狩猎水耕，视彩虹为神灵桥的民族，但是两族语言无法沟通，分布地虽相邻，彼此甚少来往。

传说太鲁阁族以中央山脉的白石山腰的一根大石柱为发祥地，后来迁移至现在的南投县仁爱乡合作村，族人称此地为 Truku Truwan，因人口增加，后来分为 3 个社群为 Truku、Toda、Tgdaya。大约在三四百年前，因人口增加，耕地及猎区分配不足，开始陆续翻越中央山脉迁移到东部的立雾溪、木瓜溪、陶赛溪等地区。因族人自称为 Truku（太鲁阁），所以迁移的居住地区才叫"太鲁阁地区"，此为太鲁阁名称的由来。这个地区，即现之太鲁阁国家公园之范围。

清朝时期的太鲁阁族群居于南投县仁爱乡静观一带，及花莲县秀林乡之山区，目前住于南投县者，分布于仁爱乡之松林、卢山、静观；在花莲县者，除分布于秀林、万荣两乡外，尚有一部分住于卓溪乡立山村，及吉安乡庆丰、南华与福兴等三村。

1914 年日本发动 20 世纪台湾岛上规模最大的"太鲁阁族与日本的战争"，及日本所谓的"太鲁阁讨伐之役"。日本动用 22 749 人的兵力及先进武器，分别从南投及花莲东西夹攻，太鲁阁族人的兵力约只有 2 500 人，与之对抗,因寡不敌众,族人几乎灭绝。

太鲁阁(Truku)族语意为"山腰的平台""可居住之地"、为防敌人偷袭的"瞭望台之地",因此太鲁阁族祖先称住在此地的人为太鲁阁族。

1. 太鲁阁族木瓜群

原居住于南投县仁爱乡"德克塔雅群"(Tgdaya),一部分族人则向东发展,溯雾卡山溪越过中央山脉,抵达花莲县境,于今木瓜溪流域形成木瓜群(Pulibau),因此木瓜群为 Tgdaya 群的分支。清朝末叶,木瓜群遭到太鲁阁群人之侵扰,再迁居到今天的寿丰乡溪口村与万荣乡之见晴、万荣。

2. 太鲁阁族太鲁阁群

分布于花莲立雾溪、三栈溪下游河谷地,今崇德村、富世村、秀林村、水源村、文兰村、景美村。

3. 太鲁阁族陶塞群

花莲南自秀林乡木瓜溪,北自南澳乡和平溪,今秀林乡和平村、万荣乡红叶及西林等村、卓溪乡立山和仑山等村。

4. 都达群

"都达群"最早形成部落于南投县仁爱乡境马赫坡溪支流雾卡山溪流域,建立雾卡山、鸣赫两个部落。其后因受到德奇塔雅群势力强盛的抗衡,道泽群受其侵扰,雾卡山部落族人乃越过中央山脉赴东方于今花莲县境之陶塞溪中游,形成"陶塞群"。因此,陶塞群为道泽群的分支,后因遭到太鲁阁群的侵扰,部分族人朝北移动,进入和平溪上游,遂与泰雅族南澳群混居,留在今花莲县境者,分布于花莲卓溪乡立山、仑山诸地;第二次世界大战结束初期,仑山聚落之一部分族人又移居到现今的玉里镇东丰里。

(十三) 撒奇莱雅族

撒奇莱雅族,阿美族称其为"Sakiraya",噶玛兰族称其为"Sukizaya",撒奇莱雅族当中的饱干(Cipawkan)系自称为"Sakizaya",达故部湾(Takobuan)系统则自称"Sakidaya",其差异在于饱干系统的"z"音,到了达故部湾系统时以"d"音代替。撒奇莱雅族原来分布在奇莱平原(花莲平原)上,范围相当于现在的花莲市区,花莲旧称"奇莱",是阿美族称其为"Sakiraya"撷取"Kiray"的音而来。Sakizaya一词意义倾向"真正之人",是特定的一群人,使用的语言亦称为"Sakizaya"。撒奇莱雅族的语言与周围的其他阿美族部落(例如Natawran荳兰、Pokpok薄薄、Lidaw里漏、Cikasuan七脚川)不同,两者间的差异程度几已达到无法沟通的地步。

(十四)赛德克族

原本的泰雅族分为两大群,其中的一群即为赛德克亚群,不过被学者分类为同一种族群,但是赛德克人从以前就知道自己是Sediq,还是与另一群阿泰雅尔群(Atayal)不同。至于在中央山脉东侧的东赛德克人(大部分为太鲁阁群)已向中国台湾地区当局正名为太鲁阁族,其他德克塔雅群(Tgdaya)和都达群(Toda)的赛德克人展现了族群的主体意识,积极向中国台湾地区当局提出正名,终于在2008年4月,赛德克族正式成为台湾少数民族第十四族。

赛德克族集中分布在南投县仁爱乡,以浊水溪上游一带为腹地并建立7个村12个部落。据说四五百年以前,赛德克族就已经在浊水溪及其支流建立许多群落;因为部落分散,交通不便,各社群社会封闭,所以形成各部落的文化习俗,并且发展独特的语言。而由于语言的差异,西赛德克族就分出3种语系,而且以浊水溪及其支流建立很多群落。

1. Truku 太鲁阁群

据说四五百年以前,太鲁阁(Truku)群赛德克族人以浊水溪Truku湾地带建立数个部落,因族人日渐增加使居住地的土地、猎场无法容纳他们,故一部分族人越过奇莱北峰,迁徙至今花莲县境,形成东赛德克族,目前东部的Truku太鲁阁群赛德克族人自称"太鲁阁人"。留在原居住地的族人在浊水溪畔最上源形成部落,于清朝末年建立起5个部落。即Sadu沙都、Blayaw布拉摇、Busicka布西资卡、Busidaya布西搭雅、Tluwan德鲁湾。

2. Toda 都达社

Toda都达社的赛德克族人,日人称"道泽"或"韬佗"群,清代旧志称"斗截"。居住地位于Tgdaya德克搭雅群东北方,Truku太鲁阁群西南方,即现今松岗底下浊水溪最大的河谷山台地上。据瓦历斯、搭那赫说：相传很久以前，Toda 都达群的赛德克族人即于现族人居住地建立数个部落。因族人日渐增加使居住地的土地、猎场无法容纳他们，故一部分族人越过能高山，迁徙至今花莲县境，形成东 Toda 都达群的赛德克族人。即现今的万荣乡立山村山里部落。留在原居住地的族人在浊水溪畔形成部落，于清朝末年建立 8 个部落。一为路固达亚（Lukudaya）群部落，有 Pexela 毕黑拉社、Homelesik 后米里西社、Qlapaw 喀拉胞社、Lukudaya 路固达亚社。二为 Toda 多达群部落，为 Rucaw 路朝社、Tnpalax 巴拉赫社、Aiyu 爱油社、PngPung 本布恩社。

1930 年雾社事件后，西 Toda 多达群的赛德克族人 8 个部落，有超半数被日人强迫迁徙至 Tgdaya 德克搭雅群的 Hogo 呼古社旧址，现在即仁爱乡春阳村。而 Luku-daya 路固达亚群 4 个部落也迁徙至较平坦之 Lukudaya 路固达亚社。Toda 都达群 4 个部落未迁的族人仍居住在原来社址，即仁爱乡精英村平静小区。

3. Tgdaya 德克搭雅群

德克搭雅（Tgdaya）群的赛德克族人居住地位于都达群的赛德克族人之西南方雾社附近，日人称"雾社群"；都达群（Toda）及太鲁阁群（Truku）称之为 Tgdaya 德克搭雅；花莲县的赛德克族人称之为 Plibaw 玻利胞。主要居住于眉溪上源、浊水溪上游及马赫坡溪等河谷台地。清朝末年建立 12 个部落，有 Buwalng 布瓦仑社、Mhbu 马赫布、Suku 苏谷、Dlodux 德勒都夫、Palan 巴兰、Hogo 呼古、Tongan 东眼、Sibaw 西宝、Katusuku 卡都苏谷、Tnkana 等卡那等。

德克塔雅群在 1930 年雾社事件前是赛德克族势力最大的族群。事件翌年后 7 个参与抗日之部落未战亡族人，被强制迁移至北港溪中游河岸台地，日人称之为川中岛社。现为仁爱乡互助村清流小区。

4. 赛德克族的主要文化特质

（1）文面的艺术：除了美观、避邪以外，代表了女子的善织、男子的勇武，也是死后认祖归宗的标志。

（2）精致的织布艺术：以苎麻为原料、植物染料为主。目前因毛线材料的便利性及色彩多样性，许多族人都乐于使用，反而使传统的原料逐渐没落。

（3）猎首以及狩猎技术：在族人的观念里，猎首是男人尊严的一种象征，也是一种表现英勇的图腾，同时猎首的成功与否也关系到男性族人能不能文面。人头在族人的观念是祭祀当中对祖灵最崇敬的祭品，在祭祀中可以为族人治病和祝福，在日据时代被禁止之后，就没有这项传统。赛德克族以狩猎以及种植谷粟为生，为集居式的部落为主。

（十五）拉阿鲁哇族

拉阿鲁哇族（Hla'alua）是指居住于荖浓溪上游一带，自少年溪至六猫溪间，海拔约400—600米高之河成段丘上，现今属于高雄市桃源区桃源与高中两里范围内，自称Hla'alua的一群人。除了桃源区之外，也有部分族人聚居在那玛夏区的玛雅里，两地人口共约500人（桃源区300余人，那玛夏区100余人）。但Hla'alua则仅知为自称，其原意不明。

到了清代末期，汉人称其为"顶四社"，之后，日本人引用此名称而称之为上四社或四社。这是因为清代与日治时代的拉阿鲁哇族社会是由4个部落单位所组成，其四社从南到北分别为：

1. 排剪社（Paichiana）

位于荖浓溪和埔头溪合流处与塔罗流溪之间北侧的山脚台地上。现今为高雄市警察局六龟分局高中派出所与兴中小学的所在地。

2. 美浓社（Bilanganu）

位于荖浓溪东岸，塔罗流溪河口对岸台地，其领土占荖浓溪至宝来溪间广大的区域。

3. 塔腊社（Tararalhobo）

位在塔罗流溪北岸山顶，由于此地交通较不便，社民已悉数迁移到排剪社，此地现已无人居住，其领土原在荖浓溪西岸埔头溪与塔罗流溪之间，以南即排剪社领土，现两社领土已经合并。

4. 雁尔社（Kalubunga）

位于荖浓溪西岸的河流第二层段丘上，其领域从荖浓溪至拉克斯溪之间。日据时此社居民散布于荖浓溪西岸的耕作地居住，现今又回到原址及第一层段丘上,区公所所在地的聚居。

根据拉阿鲁哇族的传说,关于族群的起源和迁移,主要有以下两个说法:

(1) 洪水传说

太古时候有一次大洪水,所有的人都爬到去玉山逃难,就一起到玉山顶上去避难,洪水退下后才移住各地,受到汉人的威胁,迁移到现居地居住,虽然从来自地方不同,但因为言语、风俗相同,现在已经变成一家人了。

(2) 祖居地在东方的 Hlasunga

除了洪水传说,拉阿鲁哇族最常谈的祖居地是东方的 Hlasunga(意即东方太阳升起之地,传说为中央山脉之东方,现在布农族所居住的新武路溪上游)。各社祖先经过几次迁移,经过不同路线来到现在居住的地方。依序形成美浓、雁尔、塔腊、排剪等 4 个部落。

拉阿鲁哇族的聚居地,在清代归南路理番同知管辖,到了 1904 年,改归阿緱厅六龟里支厅,1920 年以后隶属高雄州旗山郡番地。1948 高雄州旗山郡番地改名为高雄县雅你乡,1958 年以后,更名为桃源乡(高雄市桃源区公所官方网站,2014)。原拉阿鲁哇族居住之社分别改名为高中村(分为一村与二村)及桃源村(其中拉阿鲁哇人大多住在上部落)。之后,由于高雄县和高雄市合并,所以到了 2010 年之后,又改名为桃源区,现今则隶属于高雄市。

(十六) 卡那卡那富族

卡那卡那富族(Kanakanavu)是指居住于楠梓仙溪(Namasia)上游一带,现今主要分布在高雄市那玛夏区玛雅里和达喀尔努瓦两里范围内,人口 500 余人,自称 Kanakanavu 的一群人。Kanakanavu 为自称,其意涵是指住在 Kanakanavu 一地的人。也是最早移住楠仔仙溪上游一带的族群。

传说卡那卡那富族从祖居地 Natsunga(日据时代属于台东厅管辖区,在内本鹿社之东)迁移之后,在 Na-tanasa(位在老人南溪源流一带,相传是卡那卡那富族从祖居地迁移之后第一次定居的地方,又称为旧社)居住。

之后几经辗转迁移,到了日本学者小岛由道在 1916—1917 年左右前来调查时,他所看到当时卡那卡那富人的家屋以分散在河表湖高地(高雄市那玛夏区玛雅里西半部地区)附近,分别形成两个主要的聚落,族人称为:

1. Langtsulunga(汉人称之为"河表湖社")。在楠梓仙溪上游右岸海拔约3 000米山腰上,包含23户。

2. Tanu'utsu(汉人称之为"槌仔市社")。位居楠梓仙溪上游右岸海拔约3 200—3 500米的山腰上,包含19户。

到了1919—1925年,在台湾总督府的命令下,卡那卡那富族又从河表湖高地迁往楠梓仙溪沿岸居住,也就是今日那玛夏区南沙鲁里、玛雅里与达喀尔努瓦里所在地。

根据卡那卡那富族的传说,卡那卡那富族、拉阿鲁哇族(Hla'alua)及邹族的(Tsou)祖先是兄弟,太古时代曾经一起住在Natsunga(日据时代台东厅管辖区之内,内本鹿社之东,今天台东县海端乡利稻部落附近)。后来,有一位名叫"Napa'angana"的人带了一只母狗出去打猎,而这只母狗在行经na-tanasa(位在老人南溪源流一带,相传是卡那卡那富族从祖居地迁移之后第一次定居的地方,又称为旧社)时生了小狗,于是他把母狗和小狗一起带回家。但不久后,母狗带着小狗跑到Na-tanasa,于是他只好去将它们带回家。可是后来,这些狗又再度跑到Na-tanasa。如此几次,Napa'angana就干脆搬到Na-tanasa去住。然后,名叫Namaitana和Lukuana的两个人也跟着搬到Na-tanasa去,而且从Natsunga带女人过去组织家庭,并建立了一个社。此后,人口渐多而形成一个大聚落。

卡那卡那富族的聚居地,在清代归南路理番同知管辖,到了1904年,改归阿猴厅甲仙埔,1920年以后隶属高雄州旗山郡玛雅峻社。1947年高雄州旗山郡玛雅峻社改名为高雄县玛雅乡,1958年以后,更名为三民乡。原拉阿鲁哇族居住之社分别改名为民族村、民权村与民生村。到了2008年更名为那玛夏乡,而民族村更名为南沙鲁村,民权村更名为玛雅村,民生村更名为达喀尔努瓦村。之后,由于高雄县和高雄市合并,所以到了2010年之后,又改名为那玛夏区,村则改制为里,现今则隶属于高雄市。

三、两岸少数民族发展

(一) 台湾少数民族文化发展

在1603年明朝陈第的著作《东番记》中,将中国台湾少数民族称为东番(字面上为"东方的未开化民族");同一时期在台湾殖民的荷兰政府,则是依据先前在印度尼西亚殖民的经验,将台湾少数民族称为Indias或Blacks等提及台湾少数民族,自1898年人类学者伊能嘉矩首度提出了台湾少数民族的分类体系研究起至2020年10月在台湾约计有3 014篇以上有关台湾少数民族的研究论文及315个研究项目,这些研究涵盖了台湾少数民族历史源由、食、衣、住、行、教育、文化、文化产业发展、观光旅游、文化创意、艺术、音乐等方面。

台湾有少数民族自治区、少数民族委员会、少数民族电视台、财团法人文化艺术基金会、少数民族发展中心、少数民族文化与传播中心、少数民族国际事务中心、少数民族学生资源中心、少数民族课程发展协作中心、高校学程系所、各地方政府单位机构、博物馆、大型游乐园、各民间组织团体等全面性发展单位机构。

台湾少数民族文化是最早文化创意产业投入、在地文化与观光旅游结合可称全面性发展,而且取得国际肯定的佳绩,这些年来碍于目前经济环境消退及处境的关系却一直停滞发展,呈多年下滑趋势,平白浪费了几十年的发展经验。

这些年相继有卢梅芬、陈瑞麟、陈韦鉴、林育世、萧文杰、王嵩山等多位学者提出了中国台湾少数民族艺术、中国台湾少数民族艺术未来发展与中国台湾少数民族文化艺术定位等相关研究,将台湾少数民族文化再次提升与艺术及音乐方面发展,让台湾少数民族文化艺术再次开启文化创意产业发展,然也从先前中国台湾地区当局主导及政策扶持策略转为民间团体主导地区单位辅助策略,再次感受到台湾经济环境的停滞不前,中国台湾地区当局已无多余经费可辅助台湾少数民族文化艺术发展,这也造就了民间团体自由发挥台湾少数民族文化艺术的文化创意,并提升在国际间自力更生的文化创意产业能力。

（二）大陆少数民族文化发展

少数民族,是指多民族国家中除主体民族以外的民族。在中华人民共和国,除主体民族汉族以外的其余55个法定民族均是少数民族。经过努力,科学家理清了我国民族大家庭的基本构成,确认了56个民族成分。2018年3月11日,第十三届全国人民代表大会第一次会议通过的宪法修正案,在宪法第四条第一款规定:"国家保障各少数民族的合法的权利和利益,维护和发展各民族的平等团结互助和谐关系。"

大陆少数民族的分布有两个特点:第一,小聚居和大杂居。少数民族人口主要集中在内蒙古、新疆、西藏、广西、宁夏等5个自治区。第二,分布范围广,但主要集中于西部及边疆地区。全国拥有56个民族的省区有11个,占全国31个省区的35.5%。尽管少数民族分布范围很广,但其人口仍主要集中在西部及边疆地区。

中华人民共和国成立以后,又相继建立了新疆维吾尔自治区、广西壮族自治区、宁夏回族自治区和西藏自治区。在全国55个少数民族中,有44个民族建立了自治地方政府。实行自治的少数民族人口,占少数民族人口总数的75%。自治地方的数量和布局,与中国的民族分布和构成基本上相适应。

我国是统一的多民族国家,民族工作在国家治理中占有重要地位,是习近平总书记高度重视的工作。他深刻总结了民族观与历史观、国家观、文化观息息相关,树立正确的民族观,对于国家发展、民族复兴具有十分重要的意义。

1. 十八大以来习近平关于少数民族和民族地区的讲话

"各族干部群众都要像爱护自己的眼睛一样爱护民族团结、像珍视自己的生命一样珍视民族团结。"

"民族团结是各族人民的生命线……各民族要相互了解、相互尊重、相互包容、相互欣赏、相互学习、相互帮助,像石榴籽那样紧紧抱在一起。"

"要加大扶贫资金投入力度,重点向农牧区、边境地区、特困人群倾斜,建立精准扶贫工作机制,扶到点上、扶到根上、扶贫扶到家。"

"要坚定不移推动新疆更好更快发展,同时发展要落实到改善民生上、落实到惠及当地上、落实到增进团结上,让各族群众切身感受到党的关怀和祖国大家庭的温暖。要坚持就业第一,增强就业能力,引导各族群众有序进城就业、就地就近就业、返乡自主创业。要坚持教育优先,培养优秀人才,全面提高入学率,让适龄的孩子们学习在学校、生活在学校、成长在学校。"

"要紧紧围绕各族群众安居乐业,多搞一些改善生产生活条件的项目,多办一些顺民意、惠民生的实事,多解决一些各族群众牵肠挂肚的问题,让各族群众切身感受到党的关怀和祖国大家庭的温暖。"

"要坚持把培养少数民族干部作为干部队伍建设的重中之重来抓,按照德才兼备、以德为先的标准,坚持把坚定维护祖国统一,在大是大非问题上立场坚定、头脑清醒、行动坚决的优秀少数民族干部选拔到各级领导岗位上来。"

"坚持中国特色社会主义道路,是新形势下做好民族工作必须牢牢把握的正确政治方向。要全面贯彻落实党的民族政策,坚持和完善民族区域自治制度,不断增强各族人民对伟大祖国的认同、对中华民族的认同、对中华文化的认同、对中国特色社会主义道路的认同,更好维护民族团结、社会稳定、国家统一。"

"坚定不移走中国特色解决民族问题的正确道路,就是要旗帜鲜明地坚持和完善党和国家关于民族问题的基本理论、基本政策、基本法律、基本制度以及体制机制,就是要使每个民族、每个公民团结在中国特色社会主义这面旗帜下,为实现中华民族伟大复兴的中国梦而奋斗。"

"增强团结的核心问题,就是要积极创造条件,千方百计加快少数民族和民族地区的经济社会发展,促进各民族共同繁荣发展。"

"人民网、新华网都有少数民族语言版本吗?""各个自治区的官方网站都有少数民族文字版本吗?"……2014年全国"两会"期间,针对关于加大对少数民族文字互联网扶持力度的建议,习近平一连提出几个问题。

"要始终高举民族团结旗帜,坚持和发扬各民族心连心、手拉手的好传统,深入开展民族团结进步宣传教育,精心做好民族工作。"

"我这次到湘西来,主要是看望乡亲们,同大家一起商量脱贫致富奔小康之策,看到一些群众生活还很艰苦,感到责任重大。"

"加快民族地区发展,核心是加快民族地区全面建成小康社会步伐。"

2. "多元一体"——习近平的民族观

2019年9月27日,在庆祝新中国成立70周年前夕,习近平总书记出席全国民族团结进步表彰大会并发表重要讲话。"多元一体"。总书记用这四个字概括民族观的深刻内涵。多元聚为一体,一体容纳多元。"多元一体"既体现了充分尊重"多元",坚持平等和谐,又凸显了高度认同"一体",不断同心聚力。70年来,我们党创造性地把马克思主义民族理论同中国民族问题具体实际相结合,走出一条中国特色解决民族问题的正确道路,党的民族理论和民族政策都鲜明体现着"多元一体"。

回顾70年历史,习近平深刻总结了9条历史经验:

（1）坚持准确把握我国统一的多民族国家的基本国情,把维护国家统一和民族团结作为各民族最高利益。

（2）坚持马克思主义民族理论中国化,坚定走中国特色解决民族问题的正确道路。

（3）坚持和完善民族区域自治制度,做到统一和自治相结合、民族因素和区域因素相结合。

（4）坚持促进各民族交往交流交融,不断铸牢中华民族共同体意识。

（5）坚持加快少数民族和民族地区发展,不断满足各族群众对美好生活的向往。

（6）坚持文化认同是最深层的认同,构筑中华民族共有精神家园。

（7）坚持各民族在法律面前一律平等,用法律保障民族团结。

（8）坚持在继承中发展、在发展中创新,使党的民族政策既一脉相承又与时俱进。

（9）坚持加强党对民族工作的领导,不断健全推动民族团结进步事业发展的体制机制。

这9个"坚持"是"多元一体"在党的民族工作各个方面的体现。始终做到这9个"坚持",是70年来国家取得大发展,各族人民生活发生大变化的重要原因。"多元一体",我们的国是各民族共有的国,各族人民亲如一家,共同努力奋斗,中华民族伟大复兴就必定能够实现。

大陆少数民族文化有十八大以来扶贫脱贫政策的扶持,2020年习近平总书记提出达到"全面建成小康社会,一个民族都不能少",这使少数民族文化在政策的扶持下得以发展、传承及传播。

四、结　　语

两岸自开放以来一直朝和平统一融合发展进行,定期举办海峡两岸交流活动进行两岸经贸、文化及学术等合作交流,2020年12月中国台湾少数民族研究会于湖北宜昌开展的"台湾少数民族与两岸融合发展"文化交流也包含在两岸交流活动其中。中国台湾少数民族研究会(以下简称研究会)成立于1996年7月,是以台湾少数民族和民族政策为主要研究对象的国家级社会组织,业务主管单位为国家民族事务委员会,业务指导部门是国家民委研究室。研究会主要由民族学、对台研究方面的专家、学者,从事民族、对台事务的工作者以及有关高等院校、科研机构的研究人员所组成。主要任务是加强对台湾少数民族的研究;加强两岸少数民族间的往来与交流,增进两岸各民族间的了解与沟通。

新华社曾播发了中共十九届五中全会通过的《中共中央关于制定国民经济和社会发展第十四个五年规划和二〇三五年远景目标的建议》(以下简称《建议》)。其中第十五部分第五十八项是关于涉台的部分,为未来一段时间两岸经济社会发展指明了前进方向。

在这份关于中国国民经济和社会发展第十四个"五年规划"中,在涉台部分内容如下:推进两岸关系和平发展和祖国统一。坚持一个中国原则和"九二共识",以两岸同胞福祉为依归,推动两岸关系和平发展、融合发展,加强两岸产业合作,打造两岸共同市场,壮大中华民族经济,共同弘扬中华文化。完善保障台湾同胞福祉和在大陆享受同等待遇的制度和政策,支持台商台企参与"一带一路"建设和国家区域协调发展战略,支持符合条件的台资企业在大陆上市,支持福建探索海峡两岸融合发展新路。加强两岸基层和青少年交流。高度警惕和坚决遏制"台独"分裂活动。

《建议》聚焦于经济建设及发展规划,因此,在涉台内容部分,较多地着墨于经济政策方面。但也体现了人文关怀,强调"以两岸同胞福祉为依归",真正把2 300万台湾同胞视为中华民族的组成部分。

中国台湾少数民族文化整体发展已有了全面性的成果,尤其在传统文化传承、文化创意、观光产业及文化弘扬等发展经验,应可以透过《建议》中"加强两岸产业合作,打造两岸共同市场"为桥梁作为大陆少数民族文化发展的借鉴,真正落实"壮大中华民族经济,共同弘扬中华文化"。共同完成第十四个五年规划和二〇三五年远景目标。

粤港澳大湾区的文化挑战
——"媒介都市"视域下的香港电影*

孙佳山 易莲媛**

摘　要　重新梳理以香港电影为代表的香港大众文化在20世纪70年代中后期的历史生成,及其在回归前的"史前史"式历史背景;充分讨论和认知回归后,香港本地电影制作的衰落和"北上"融入中国电影版图的当代意义,及其对于我国以电影为代表的文化产业的长远影响;展望和谋划粤港澳大湾区的未来文化格局,重新梳理我国的大众文化结构,重新调整我国的文化产业格局,甚至重新描绘我国的文化图景,都将有着深远的影响。同时,对于今天的粤港澳大湾区的文化建设而言,通过重新追溯香港电影"新浪潮"所依托的历史结构的源头,以锻造粤港澳大湾区这一新的"媒介都市"为纽带,进一步释放大湾区的文化想象力、创造力,进而建构出面向未来的国家文化身份认同,也已经是首当其冲的当代使命。

关键词　香港电影　粤港澳大湾区　媒介都市　本真性

粤港澳大湾区建设,已经作为国家发展战略被写入党的十九大报告和《政府工作报告》,在改革开放40周年的历史节点,这究竟携带着怎样的意味已经毋庸多言。将粤港澳大湾区建设成为更具活力的经济区、宜居宜业

---

* 本文系广州大学校内科研项目"香港粤语片改编史研究(1933—1972)"(立项编号:YG2020023)阶段性成果。
** 孙佳山,中国艺术研究院文化发展战略研究中心副研究员,主要研究领域为影视、游戏;易莲媛,广州大学新闻与传播学院讲师,香港中文大学文化研究博士,主要研究领域为影视、游戏。

宜游的优质生活圈和内地与港澳深度合作的示范区,打造国际一流湾区和世界级城市群①——粤港澳大湾区的区域整合、协调发展,绝不仅仅是追求"世界四大湾区"的虚荣概念,而是通过对粤港澳区域的政治、经济、文化架构的重新梳理,使港澳地区深度参与和有机纳入国家发展战略;保持粤港澳区域的长期政治稳定,提升粤港澳区域的综合竞争力,进而为国家的经济增长提供可持续的强劲动能,势必将引发粤港澳地区文化空间的重新规制。这一具有时代变革意义的历史变迁的复杂影响,也绝不仅仅局限在政治、经济领域和粤港澳大湾区本身。在文化意义上,发生在改革开放40周年历史节点上的这一时代性变革,对于重新梳理我国的大众文化结构,重新调整我国的文化产业格局,甚至重新描绘我国的文化图景都将有着长期、深远的复杂影响。

因此,重新梳理以香港电影为代表的香港大众文化在20世纪70年代中后期的历史生成,及其在回归前的"史前史"式历史背景;充分讨论和认知回归后,香港本地电影制作的衰落和"北上"融入中国电影版图的当代意义,及其对我国以电影为代表的文化产业的长远影响;对展望和谋划粤港澳大湾区的未来文化格局,做出有实际意义的初步探索,有着提供可参照性的历史和现实的维度、坐标的基础性价值。

一、回归前的香港电影及其历史影响

今天的中国电影,无论类型片、艺术片,商业的、地下的,都还在以各自的方式,不断地向香港回归前的电影致敬。这些影片也以它自身的方式,悄无声息地构成了我们当下生活的背景和起源,我们今天的日常生活之所以能够呈现出这样的样貌、形态,都能在那个年代当中找到线索和源流。那么,香港电影如何在"新浪潮"之后的20年时间里,"不知不觉"地获得了那样的文化位置?回归之后,又经历了什么样的改变?这些都是我们站在粤港澳大湾区的新的历史起点上,展望香港电影在新的文化结构中的未来命运的基本前提。

---

① 《习近平出席〈深化粤港澳合作推进大湾区建设框架协议〉签署仪式》,新华社2017年7月1日。

回归前的香港一度成为世界第二大电影出口基地、世界第三大电影制作中心,其电影产品也更接内地的"地气儿"。20世纪80年代末90年代初,借助于改革开放的春风,尤其是伴随着在今天已经成为"古董"、但在80年代却为大陆城市家庭所狂热追求的录像机的普及,香港电影开始星火燎原地涌入内地的广阔天地。对于回归前的香港电影在那一历史时期对中国电影的内在结构所产生的多义的文化影响,我们其实一直都缺乏全面、充分的评估和评价,因为即便是经过改革开放40年的天翻地覆,其在今天仍然可以在各类媒介形态下的多重不同领域,迸发出令我们错愕不已的强劲文化势能。

早在1974年,许冠杰、许冠文兄弟的港式喜剧片《鬼马双星》一炮走红,使得香港粤语电影终于摆脱了粤语的地域局限和戏曲电影的形式束缚,进入了以国语/普通话为主的、以香港为中心的整个东南亚地区的新兴中产阶级观众圈,形成了制作商业类型电影的香港电影"新浪潮"。尤其经过1976年的《跳灰》《临村凶杀案》、1978年的《茄喱啡》《捞过界》,到了1979年及之后的《点指兵兵》《蝶变》《疯劫》《父子情》《半边人》《最爱》《阿郎的故事》等一系列香港电影"新浪潮"的代表作,开始以井喷的方式持续涌现在银幕上。香港电影"新浪潮"之后,作为中国电影的"外部"坐标,包括港式警匪片、港式武侠片、港式喜剧片、港式爱情片等在内的多个商业电影类型,在那个年代有着非常广泛的辐射范围,不仅仅在内地和华语地区产生了深远影响,对于东南亚、韩国,乃至日本等国家和地区,同样具有相当程度的"启蒙"式的样板示范意义,也是迄今为止华语电影勉强能够和好莱坞电影相抗衡的、屈指可数的几个有限的商业电影类型。

与此同时,在那一阶段的香港电影如日中天之际,恰好也正是改革开放大幕开启的时刻,其对内地大众文化的潜在影响之深,不可低估。从当时还处于青少年阶段的商业电影,到2012年以《泰囧》为标志的成熟的商业电影类型,在这个不算短的历史阶段,对于很多活跃在中国电影舞台的内地中青年导演、编剧、演员而言,那个时代的香港电影所留下的烙印性影响甚至构成了他们的集体无意识。从《唐人街探案》《港囧》《火锅英雄》《绑架者》,直到《我不是药神》等一系列电影中,都不难发现香港电影对于内地大众文化的影响和辐射的复杂性,至今依然还不断地得到验证。尽管涉及版权等问题,我国的网络大电影、网络剧市场还很不成熟、很不规范,但近年来不断涌现向港式警匪片、港式武侠片、港式喜剧片、港式爱情片等致敬的网络大电影、网剧等各类文化产品,无不说明在改革开放40年的时间里,香港电影对于内地大众文化的影响和辐射的深入程度。当然,这不是说内地电影在走香港电影的老路,而是旨在指出:在经济腾飞的历史大背景下,文化产业内部出现了历史性的突破,开始为不断增长的新兴中产阶级量身打造类型化的商业电影,批量生产具有稳定品质的、包括电影在内的各类文化工业产品。在今天,粤港澳大湾区的文化建设也依然要回应这一文化议题,而且是远比当年多出几何级数的规模上。

二、 香港电影的衰落、"北上"和中国电影版图的重整

1997年,在香港回归之后,由于地缘政治格局的结构性历史变迁,尤其是2003年《内地与香港关于建立更紧密经贸关系的安排》等一系列政治、经济的制度性文件的签署①,香港电影曾经的表意策略和文化功能,自然也不可避免地发生了历史性、结构性的巨大变迁。香港电影与中国电影的内外关系,也发生了翻转,从那时起,香港电影拉开了大规模集体"北上"的序幕。

当然,香港电影的"北上"还有更深层次的多重历史背景。由于20世纪90年代中期以来,数字化革命浪潮席卷了美国的好莱坞电影工业,好莱坞的数字特效及其制造的奇观,经过《侏罗纪公园》《玩具总动员》《泰坦尼克号》的跳跃和累积,在20世纪80年代前后的《星球大战》系列之后,再度广泛地收割全球的电影票房,美国电影年度票房冠军的全球票房总额,也拉升至10亿美元的门槛。以港式警匪片、港式武侠片、港式喜剧片、港式爱情片等为代表的香港电影,自然失去了20世纪80年代末20世纪90年代初这十几年在内地、东南亚等国家和地区所开拓的票房疆域。迄今为止,6 000万元港币都是香港本地电影票房的"天花板",香港电影也自始至终都没有找到应对数字化革命

---

① 《内地与香港建立更紧密经贸关系安排(补充协议八)签署》,新华社2011年12月13日。

后好莱坞数字特效奇观大片的策略。所以,无论主观上是否愿意面对和接受,重新调整其在中国电影版图中的坐标和定位,集体性的"北上"是其事实上的唯一现实选择。

只是回归之后的10年左右时间里,香港电影的"北上"之路并不顺畅。由于内地在2002年开始实行彻底的院线制改革,电影市场的规模、体量发生了爆炸式的增长,在票房平地惊雷式的迅速跃升至世界第二的同时,中国电影版图也在润物细无声地发生着跨时代的阶跃,内地的电影观众也由传统的北京、上海、广州等东部一二线城市,开始向中西部三四线城市,和迄今为止主流媒介还基本不了解的更为辽阔的众多县级市扩散,这一切都远远超出了香港电影在20世纪80年代末20世纪90年代初所积累的行业经验。所以,港式警匪片、港式武侠片、港式喜剧片、港式爱情片等曾经屡试不爽的各式香港商业电影类型,反而于回归后的最初10年在内地电影市场不断碰壁。香港电影的"北上"之路远不如想象中那么手到擒来、一马平川。

直到2005年之后的《神话》《宝贝计划》等影片的出现,香港电影才开始稳住阵脚,并逐渐找到适应内地电影市场的共振节奏。经过随后《霍元甲》《投名状》《十月围城》等影片的不断探索,2013年,真刀真枪地处理内地公安题材的《毒战》的出现,标志着香港电影开始真正有机地融入中国电影的内部结构。一直号称要"北上"赚钱的香港电影,还是通过其最为擅长的港式警匪片类型找到了突破口。尽管还有一部分香港电影人将《毒战》的成功归于"突破了内地影片的审查限制",但只要对中国电影稍有认识,就能充分意识到该片真正的示范意义和价值。香港电影的成功商业电影类型元素,在香港回归近20年之后,终于汇入了中国电影的核心和主流——近几年来的《智取威虎山》《湄公河行动》《非凡任务》《红海行动》等新主旋律影片,在吸收了香港电影的成功商业电影类型元素之后,反而可以更好地讲述这个年代的中国故事。因此,10亿元、20亿元、30亿元的票房自然也就水到渠成。从目前看,在完成了持续10年左右的阶段性调整之后,依托内地的巨大市场空间,以港式警匪片、港式武侠片、港式喜剧片、港式爱情片等为代表的几种成熟的香港商业电影类型,开始逐渐摸索出了适合自己的发展模式和路径,但从2017年开始,在内地电影市场上的比重又开始不断降低。

香港电影在本地及中国内地市场吸引力的进一步衰退是其"媒介都市"地位失落的表现之一。所谓"媒介都市"（media capital）是 Michael Curtin 在处理文化产品的全球流动时所使用的理论，其重点在于打破以主权国家为基本单位来研究文化工业的传统框架，而突出个别城市作为全球文化工业网络重要节点的特殊地位。它所强调的是资本、技术和人才等文化生产要素通过某些城市的流动与积累，而不是简单地将这些城市视为以上要素的汇集地。简而言之，"媒介都市"的形成是因为它们被特定的社会历史与政治经济环境塑造为资本、技术与人才流动的关键节点，构建了向外辐射的文化工业网络。①在 Michael Curtin 看来，香港能够成为"媒介都市"，是因为英国的殖民扩张、日本侵华和"冷战"等一系列历史条件所形成的华人文化圈，而香港成为这个文化网络的最重要节点。②但随着中国内地经济的崛起，在这个新的文化市场上，资本、技术与人才的流动和积累不再必然经过香港，以其为关键节点的文化网络逐渐解体，香港的"媒介都市"地位也就衰落下去了。这一衰落表现在电影领域，不仅是票房的减少和工业规模的收缩，也是电影生产模式的变化，即香港在电影生产所依赖的资本与人才流动网络中的重要性不断下降，这一下降不仅清晰地表现在"合拍片"中，也开始出现在"港产片"中。按照香港电影发展局根据 CEPA 相关条款制定的标准，2017 年上映的 53 部香港电影中有 21 部"港产片"和 32 部"合拍片"，其中"港产片"为所有出品公司均为香港注册公司的影片，而"合拍片"是出品公司中有一家为香港注册公司，同时监制（出品人）、导演、编剧、主要男演员和主要女演员这五个有效职位中 50% 以上的岗位由香港永久居民担任的影片。③但单纯"港产"与"合拍"的划分并不足

---

① Michael Curtain, "Media Capital: towards the Study of Spatial Flow", in International Journal Cultural Studies, 2003, Volume 6(2), pp.202—228.
② Michael Curtain, Playing to the World's Biggest Audience: the Globalization of Chinese Film and TV. Berkeley: University of California Press, 2007.
③ 但是由银都机构作为出品公司的影片，无论主创的比例如何，都会被视为是"合拍片"。香港影业协会编《香港电影资料汇编 2012—2019》，http://www.fdc.gov.hk/tc/press/publication.htm，2020 年 9 月 13 日。

以描述这些电影的属性,也不能反映香港电影工业的真实状况。因为CEPA实施至今,香港和内地电影工业的各个方面都发生了翻天覆地的变化,为适应这些变化,在CEPA的规约之内,无论"港产"还是"合拍"都在调整自身的生产模式,使得合拍片与合拍片之间、港产片与港产片之间的差异甚至大过彼此。

比如同为合拍片的《春娇救志明》与《建军大业》的市场定位完全不同,前者讲述"港男""港女"的感情生活,在香港还有广泛的观众基础,后者则是完全为内地市场拍摄的"港式主旋律"。同为港产片的《一念无明》与《我要发达》《小男人周记》,前者关注罹患精神疾病的"边缘人群",主旨在于"疯癫"与"文明"的悖论,以及香港社会压抑的现实,风格克制,是国际化的"艺术电影";而后者采用了大量"低俗"的笑料,试图复刻20世纪七八十年代的香港电影黄金时代的市民喜剧。而合拍片《生化药尸》和《常在你左右》与港产片《救僵清道夫》虽然在恐怖的尺度上有所差异,但都是对港式恐怖片的"鬼片""僵尸片"的改造。

如果跳出"合拍"与"港产"的官方划分,去关注影片的生产模式与香港"媒介都市"地位之间的关系,可以看到最近几年的香港电影,在市场策略上更为清晰地分为四类:1.传统合拍片:接近于CEPA签订时所设想的合拍片面貌,带有利用内地市场"复兴"以香港为基地的电影工业的期待,同时关注内地市场及香港电影的传统市场,比如《追龙》和《拆弹部队》;2.翻新港片:利用香港电影工业的人才及创意要素,但主要为内地市场拍摄的影片,出品公司与资金来源都以内地为主,比如《建军大业》和《悟空传》;3.本土片:完全为本地市场拍摄的商业片,首先不考虑能否在内地院线上映,刻意标榜"本土意识",比如《西谎极落:太爆·太子·太空舱》(以下简称《西谎极落》)和《空手道》;4.新生文艺片:整体风格更偏向国际化、中产阶级品位的"艺术电影",比如《一念无明》。其中,除了"传统合拍片"在生产上依赖于以香港为关键节点的资本、技术与人才的流动,体现了其"媒介都市"地位的历史惯性。其他三类影片的生产都与香港"媒介都市"的地位无关,特别是"翻新港片"基本以内地为融资、制作基地和目标市场,香港主要是创意人才的提供地,它实际上标志着香港电影工业的衰落和人才流出。"本土电影"更是不考虑外部市场的地方性产品,而某些"文艺片"虽然有一定的跨地域性,但从生产模式上来说与其他地区的独立电影已经没有明确的区分度。

但无论香港本地电影制作如何衰落,它在20世纪80年代至90年代中叶的15年左右的时间里,积累了符合大中华区风土人情的丰富的商业类型电影经验,其北上融合帮助了内地电影市场触底反弹,并在20年间迅速增长至600亿元的规模。这实际上也表明了,如果缺乏商业电影类型的基础,中国电影妄图以艺术电影的班底无缝切换到好莱坞数字特效奇观大片的路子是走不通的。的确,在中国电影内部无法完成新老交接、新旧更替的情况下,正是依托于改革开放这一大时代式的历史背景,才改写了中国电影曾经的内外关系。毫无疑问,香港电影为中国电影在新世纪的可持续发展,注射了新的活力。

三、 影像的枷锁,香港电影"本土意识"的文化政治和文化身份认同

正如上文分析所见,"本土"或者"香港性"依然是近年来香港电影的关键概念,因为无论在内地还是香港,能够获得市场承认的香港电影都是那些被认为保留了"港片特色"的。不过,究竟什么才是"港片特色"的"本土"或"香港性"构成了分化的起点,而这一分化在近年尤为明显。获得市场承认或者口碑良好的影片清晰地分为两个阵营,一部分基本为内地市场拍摄,它们有意或无意地复制黄金时代港片的精华与套路,希望唤起观众对逝去时代的集体记忆;而另一部分则只投合本土市场,其中最重要的是对本土情绪的宣泄与消费。

前者如上文提到过的《西游·伏妖篇》《追龙》,虽然这两部电影在一定程度上也获得了香港观众的认可,但很明显《大话西游》更属于内地观众在网络论坛上追封的经典,《追龙》里黑帮的江湖岁月回应的是老一代港片观众对古惑仔的观影经验。而更明显的原因则在于,这两部电影高额制作成本只有内地市场才可以承受,无法依赖香港和其他传统海外市场的收益。而获得香港"金像奖"11项提名的《明月几时有》中也有侠客一样的游击队员,当然,给人

印象最深的还是梁家辉饰演的老的士司机,当年东江纵队的小革命者现在还在为生活而奔忙。整部影片的情感结构是市民化的、传奇化的,而非革命的。甚至,在翻新港片中,可辨识的"香港性"也成为快感来源,如《建军大业》中"江湖个人主义",是以"小鲜肉"的身体奇观改写革命的阶级叙事的文化基础,正因为江湖义气替代了阶级情谊,个体身体的重要性才得以凸显。

而后者,最为典型的例子是本土片《西谎极落》。它改编自村上春树《西谎极落》中的三个故事,而该作者的成名作是发在香港本地社区"高登论坛"上的《东莞的森林》,后来改编成电影《一路向西》,并和同年的《低俗喜剧》一起,代表着自觉以"低俗"和"本土"为姿态的本土片的诞生。所谓"西谎极落",是粤语里面"西方极乐"的谐音,当然意在讽刺香港现实社会。故事的主线是"港大"毕业的底层白领为躲避银行卡债,栖身于唐楼中"棺材公寓"的故事。而穿插其中的,是另外五个边缘人:在"非典"前买房破产的生意人、攒钱买房的货车司机、想行走江湖但变成"行走罗湖"的前古惑仔现水货客、刑满出狱找不到工作的前抢劫犯,以及越境来香港从事性服务业的单身妈妈,基本集中了当前香港社会所有类型的悲剧人生。而所谓"太空舱"就是像太空舱一样只能供一人睡觉、无法起身站立的床位,很容易让人想起经典影片《笼民》。但这部电影不是现实主义的作品,而是如《一路向西》的荒诞喜剧,充斥大量性笑话,对香港现实颇多嘲讽,在类型、故事及主题上都与《一路向西》一脉相承。

事实上,除了《一念无明》这种讲述香港故事的国际电影节式的文艺片,所有本土片,即使是大量低俗笑料的戏谑调侃,也都是这种以个人的小确幸来消解宏伟的大叙事。其中,"本土"的"香港性"的元素和价值观,与面向内地市场的那些电影中的"港片特色"一样,都只是可供挑选的商品标签,目的在于让观众快速辨识出欲望对象——究竟哪些才是最想消费的"真正的港片"。可以说,这是在传统意义上的香港电影工业已经衰落的年代,对"港片""本真性"的再生产。所谓"本真性",是美国文化社会学家彼得森在分析美国乡村音乐商业化过程所使用的一个关键概念,原意指的是原创的,遗留的,不是伪造的,也不是捏造的,也没有改变的,而彼得森用它强调的是乡村音乐商业化过程当中生产其"本真性"的机制。①也就是说,关键并不在于美国乡村音乐的"本真性"都包括哪些特征——事实上其具体内涵是随着时间变化而变化的——而在于什么样的制度塑造了这些特征。相应地,香港电影的"本土性""香港性"具体是什么并不重要,而关键在于使得"本土性""香港性"显得特别重要的一整套机制。在香港电影的黄金年代,即香港还是华人文化圈的"媒介都市"的年代,香港电影的特质是多变的,可以是粤语,可以是国语,可以是大中华的,也可以是香港的市井生活。但在香港正在失去其"媒介都市"地位的今天,"港片"的特色却成为一系列可辨认的元素与售卖的标签,而在售卖的过程中,香港作为资本与人才流动节点的重要性正在下降。

香港电影的"北上"赚钱,既是在中国电影的广阔天地里实现包括港式警匪片、港式武侠片、港式喜剧片、港式爱情片等在内的各种商业电影类型的真正翻新的有效途径,也是使香港电影在当下这个过于烦躁和喧嚣的现实话语场域下,能够沉淀下来寻求新的表意空间的唯一可能。

因为,香港社会在回归后20年光阴里,各种形势的变化波诡云谲、错综复杂。丰富的社会现实使得近年来的香港电影自身也呈现出了"回暖"的趋势,出现了《踏血寻梅》《树大招风》《十年》《老笠》《选老顶》《Good Take!》等一系列类型、风格不同且极具争议的影片。我们应该看到,在这些电影的背后,一批1980年前后出生的香港年轻导演和编剧,开始登上了香港电影舞台,他们与前辈相比显然有着不一样的知识储备、情感结构和艺术的感受、表达方式。他们正在创造出一批在精神气质上溢出传统范畴的新香港电影范式。这一周期的香港电影也呈现出了前所未有的多义性,正在开辟出一个传统香港电影所不具备的全新的公共文化空间。在这个全新的场域内,各种话语、各种诉求将有着更为激烈的碰撞和交锋。在可预见的未来,这也将是粤港澳大湾区文化建设的一大现实挑战——鲜明的意识形态特征将是这一波"回暖"的香港电影的集体标签。

---

① [美]理查德·A.彼得森:《创造乡村音乐:本真性之制造》,卢文超译,译林出版社2017年版,第248—252页。

也就是说,在这一周期,香港电影的几乎所有题材和类型,都将会出现政治电影的影子,不管香港电影人愿不愿承认和面对,这恐怕都将是一个无法摆脱的轮回。因为自20世纪70年代末开始,全球冷战/后冷战格局全面转型,这使得包括香港在内的所谓"亚洲四小龙""亚洲四小虎"被选定为资本主义阵营的示范"橱窗",担负起独特的冷战/后冷战文化角色。从"新浪潮"时代开始,香港电影在这个大的"时势"下更成为了香港文化的一张名片,作为想象中更合理的社会秩序的文化范本,港式警匪片也继港式武侠片之后,在世界电影版图开始有了明确的存在感。这也是基于冷战/后冷战文化结构所衍生出的、被人为建构的香港"本土意识"的复杂历史的投影。

但是,由于原有的粤港澳架构未能在香港回归之后有效解决在回归前就已存在、近年来不断加剧的高房价、高失业等现实问题,从诞生到今天不超过40年时长的所谓"本土意识"就成为当下距离香港青年群体最近、也是最为"便捷"的文化身份认同资源。这种本土意识在香港回归后被不断偷梁换柱、人为挪用,已经内化到香港当下的文化政治和文化身份认同的斗争场域当中,并恐怕还将长期影响四方,不仅如此,这种脱胎于冷战/后冷战意识形态的"本土意识"甚至会导致对香港电影的想象力、创造力的绑架。《踏血寻梅》《树大招风》《十年》《老笠》《选老顶》《Good Take!》等影片,都是这一脉络的产物和结果,纵然它们在艺术表现上互有高下,但无疑深陷在意识形态主题先行的泥淖中。在这样的语境下,如果不能开拓出新的商业电影类型,就远谈不上创造出真正原创性的、有开拓性的艺术经验和文化身份认同资源。

毫无疑问,不是只有在政治经济周期的高潮期才能诞生伟大的影视作品,如果能够在时代浪潮的沉浮起落中对于自身命运有着更新的感受和认知,这一历史周期内的香港电影乃至香港文化,又何尝不能寻找到一个全新的起点?我们需要做的,并不是要迅速辨识出当下的香港电影实践中,诸多话语的高下对错之分,真正有价值的尝试和努力,是让其中的各类话语充分显影、定型。这既是探索香港电影全新的广阔表意空间,进而实现包括港式警匪片、港式武侠片、港式喜剧片、港式爱情片等在内的各种商业电影类型的真正翻新的有效途径；也是使香港电影在当下这个过于烦躁和喧嚣的现实话语场域能够沉淀下来的唯一可能。惟其如此，香港电影才能对加深华语电影工业的根基做出自身的历史贡献，是大投入、大制作、高卡司、高概念的数字特效奇观大片和有探索、有深度、有立意、有追求的艺术电影得以不断生长的真正坚实土壤。在此基础之上，不仅新的香港电影，而且成熟、理性、进取的政治、经济、文化意识，也可能在此基础上得到培育。这也是回归20年后，站在改革开放40年的历史节点上，香港真正融入粤港澳大湾区并获得持续发展动能的必要条件。

四、粤港澳大湾区的文化融合：新"媒介都市"的可能性

1974年2月15日，港英政府通过了《香港特派廉政专员公署条例》，宣布成立一个与任何政府部门、包括警务处都没有关系的独立反贪组织，即香港廉政公署，它独立于香港政府的架构，直接向香港最高行政长官负责。此后，葛柏、吕乐、蓝刚、韩森、颜雄等一连串警队高官的落马，非常清楚地标识出"二战"之后的香港社会现实。正是在面临着政府信用、政府形象崩盘的时代背景下，经过一系列在香港电影中也有着浓墨重彩一笔的"廉政风暴"，香港社会的政治、经济、文化架构才进入了阶段性的稳定周期。在这个意义上讲，香港电影"新浪潮"不过是这一历史结构翻转的必然产物。这也是我们今天理解香港电影的想象力、创造力的一个基本维度。

历史的复杂性就在于，经由"港独"话语不断偷梁换柱地建构出的"本土意识"，恰恰来自一代又一代香港普通民众反抗港英当局的剥削和压榨，争取自身的幸福和解放的不懈抗争，而并不是港英殖民政府的统治本身具有任何合法性和先进性。

香港"媒介都市"地位的失落及其电影产业在20世纪90年代的急转直下是一系列宏观政治、经济、文化乃至技术变迁的结果，而不可以简单归之为香港电影自身创作质量的下降。特别是"冷战"的终结造成了华人文化圈的结构性变迁，而东亚、东南亚地区在文化领域的新自由主义政策又为好莱坞大举

进入香港电影传统市场扫清了障碍。虽然中国电影的市场化改革,特别是CEPA的签订给香港电影带来了前所未有的广阔市场,但庞大的内地市场也改变了香港电影产业的结构,动摇了香港"媒介都市"的地位。因为以往的香港电影产业面对的是很多分散的小市场,生产者需要寻找这些小市场的最大公约数,主导权仍然在香港电影产业一方,而内地则是一个统一的大市场,香港的电影工作者只能全情投入其中。很多电影工作者在接受笔者访谈时表示,按照内地市场的需求生产影片并不是问题,香港电影一直以来都是商业导向,关键是内地市场规模的庞大,相对于以往海外市场,内地电影工业自身的活跃程度、电影工作者自身的创作才能以及内地的电影拍摄条件都更为优越,因此大部分的电影创作活动都转到内地进行,本地的电影工作者的社会网络逐渐解体。而在面向东南亚、韩国和中国台湾地区时,电影生产活动主要在本地进行,海外市场越繁荣,本地创作社群越繁荣。也就是说,CEPA之后的香港电影产业,正在跟"香港"这个城市"脱域"。以往黄金时代培养起来的电影人主要在内地活动,本土新人参与电影摄制的机会急剧减少,香港与内地电影产业逐渐融合。

粤港澳大湾区的文化规制,正是通过重新追溯香港电影"新浪潮"所依托的历史结构的真正源头,寻求进一步释放以香港电影为表征的粤港澳大湾区的文化想象力、创造力。因为在同样的历史节点,改革开放的历史帷幕也悄然开启,并以大开大合之势走到了第40个年,而粤港澳大湾区,正是这一切的最初的起点。经过40年的起承转合,而今深圳、广州2017年的GDP都已经站在了2万亿元人民币的上方,已经和香港呈三足鼎立之势,粤港澳大湾区也并不是一个关于未来可能性的畅想,而是还在继续演进的鲜活的现实。

所以,粤港澳大湾区的文化建设,首当其冲的,是不应回避当下粤港澳大湾区的文化政治和文化身份认同的全方位争夺。应充分调动一个半世纪以来香港普通民众争取更为合理的社会秩序的爱国主义热情,将香港回归前和回归后的历史纳入改革开放40年的历史格局,纳入现代中国争取自由、解放的伟大历史进程,进而最终安置在5 000年悠久、灿烂的中华民族的文明谱系。

综上所述,对于面向未来的粤港澳大湾区文化实践而言,建构出新的、至少能够达到20世纪80年代末90年代初的传播、影响力的流行文化,为深化内地和港澳交流合作提供令人信服的文化身份认同,进而为我国文化产业的转型升级提供丰富内容支撑,是当前粤港澳大湾区文化建设最为重要的工作任务。

图书在版编目(CIP)数据

上海文化交流发展报告.2021 / 徐锦江主编.——上海：上海社会科学院出版社，2021
（上海文化发展系列蓝皮书）
ISBN 978-7-5520-3503-2

Ⅰ.①上… Ⅱ.①徐… Ⅲ.①文化交流—研究报告—上海—2021 Ⅳ.①G127.51

中国版本图书馆 CIP 数据核字(2021)第 032481 号

上海文化交流发展报告（2021）
人与自然，共建人类卫生健康共同体

主　　编	徐锦江
执行主编	李艳丽
出 品 人	佘　凌
责任编辑	霍　覃
封面设计	周清华
出版发行	上海社会科学院出版社
	上海顺昌路 622 号　邮编 200025
	电话总机 021-63315947　销售热线 021-53063735
	http：//www.sassp.cn　E-mail：sassp@sassp.cn
照　　排	南京理工出版信息技术有限公司
印　　刷	上海景条印刷有限公司
开　　本	710 毫米×1010 毫米　1/16
印　　张	14.75
插　　页	1
字　　数	218 千字
版　　次	2021 年 4 月第 1 版　2021 年 4 月第 1 次印刷

ISBN 978-7-5520-3503-2/G·1065　　　　　　　　定价：98.00 元

版权所有　翻印必究